디지털 트랜스포메이션

디지털 트랜스포메이션

뷰카 시대, 살아남는 기업의 비밀

오상진 지음

교보문고

코로나 이후의 빅 체인지,
결국 변화에 적응하는 기업만이 살아남는다

2020년 경자년(庚子年). 말도 많고 탈도 많은 한 해의 시작이었다. 한국과 일본의 무역전쟁, 중국과 미국의 관세전쟁, 그리고 글로벌 기업 간 신사업 경쟁은 연초부터 치열한 전투를 예상케 했다. 설상가상으로 신종 코로나바이러스 감염증(COVID-19·코로나19) 사태는 우리의 머리와 가슴에 '뷰카(VUCA) 시대'라는 쓰라린 단어를 새겨 놓았다. 뷰카란 Volatility(변동성), Uncertainty(불확실성), Complexity(복잡성), Ambiguity(모호함)의 앞 글자를 딴 말로 현재의 예측 불가능하고 미래 생존을 담보하기 어려운 환경을 말한다.

이러한 가운데 엄청난 화제였던 '4차 산업혁명' 열풍은 어느새 사라졌다. 심지어 일부는 현실성이 떨어진다고 치부하기도 한다. 왜 이런 현상이 발생한 것일까? 캐즘(chasm) 때문이다. 캐즘은 아무리 훌륭한 제품도 대중적으로 사용하기까지 넘어야 할 침체기를 가리키는 경제용어다. 캐즘 이론의 핵심에는 '중요한 것은 기술이 아니라 사람'

이라는 사실이 자리 잡고 있다. 이제껏 본 적 없는 첨단기술이라도 소비자가 사용하지 않으면 아무런 쓸모가 없다. 결국 뷰카 시대에 우리가 집중해야 할 영역은 기술 그 자체가 아니라 사람들의 관심을 재빨리 캐치하고 쉽게 사용할 수 있도록 만들어주는 것이다.

일하는 방식과 생각하는 방식을 바꾸지 않으면 디지털 트랜스포메이션은 없다

2016년 다보스 포럼의 화두로 등장해 기업의 새로운 캐치프레이즈가 된 4차 산업혁명, 2017년 깜짝 등장해 AI의 발전과 동시에 인간의 일자리를 위협할 것이란 불안감을 안겨준 알파고, 거래 가격이 2천만 원을 돌파하며 투자 광풍을 일으킨 비트코인. 이러한 급격한 변화는 저성장 시대의 진입을 가속화시키고 동시에 디지털 혁신을 선택이 아닌 생존을 위한 필수 조건으로 만들었다. 여기에 코로나19까지 발생하면서 오프라인 구매가 언택트 기반의 온라인 구매로 빠르게 바뀌며 우리나라 기업의 최대 이슈는 디지털 트랜스포메이션이 되었다.

그런데 우리의 현실은 어떠한가? 여러 기업이 호기롭게 디지털 트랜스포메이션 전략을 시행했지만 대부분 고객들에게서가 아닌 회사 복도에서만 회자되고 말았다. 그들만의 잔치로 끝난 것이다. 이는 기업이 디지털 트랜스포메이션을 기술적 측면에서만 접근하려고 한 결과다. 공허한 기술의 나열과 먼 미래에 대한 막연함은 아무런 도움도 되지 않는다는 것을 방증한 셈이다. 기술은 혁신의 일부분일 뿐 전부가 아니다. 혁신을 가능하게 만드는 것은 새로운 기술을 시장으로 끌어내는 소비자의 니즈이기 때문이다. 디지털 트랜스포메이션이 무엇인지 잘 모르는 기업은 기술적 문제는 의외로 쉽게 해결할 수 있다는 사실도 모른다. 핵심을 보지 못한 채 마치 장님이 코끼리를 만지듯 시도한 디지털 트랜스포메이션은 소비자의 선택을 받지 못하고, 기업은 캐즘의 늪에서 빠져나올 수 없다.

변화 없이 안정적이고, 예측 가능한 경영환경은 존재하지 않는다. 지난 수 세기를 돌아봐도 경영환경은 언제나 요동치는 세상의 변화에 직격탄을 맞으면서 확장되고 재정립되어 왔다. 지금 세계 경제는 저임금 노동력 감소로 인한 현지 공장 철수, 리쇼어링(reshoring: 각종 세제 혜택과 규제 완화로 해외에 진출한 기업을 자국으로 불러들이는 정책) 현상, 4차 산업혁명 이슈에서 시작된 글로벌 신사업 선점 경쟁이 치열한 상황이다. 우리나라는 여기에 저출산 문제와 초고령사회로의 진입, 근무제도와 노동환경의 변화, 장기적 경기침체, 불안정한 정치상황과 대북 문제 등이 기업의 경영환경을 더욱 불안하게 만들고 있다. 이처럼 변화무쌍한 경영환경에서 디지털 트랜스포메이션이 성공하려면 무엇을 해야 할까?

아메리칸 리더십 포럼의 창시자 조지프 자보르스키는 "위대한 리더와 평범한 리더의 차이는 게임의 규칙과 성격을 파악하는 능력에 있다"라고 말했다. 디지털 트랜스포메이션의 핵심은 기술도 아니고 전략도 아니다. 아무리 훌륭한 기술과 전략이 있어도 일하는 방식과 생각하는 방식을 바꾸지 않으면 결코 성공할 수 없기 때문이다. 따라서 우리는 빠르고 정확하게 판세를 읽는 동시에 다르게 생각하고 다르게 일하면서 디지털 트랜스포메이션을 시행해야 한다.

결국 중요한 건 기술이 아니라
기술을 사용할 사람이다

얼마 전 한 트위터에 이런 질문이 올라왔다.

"Who led the digital transformation of your company?(당신의 조직에서 디지털 혁신을 주도한 사람은 누구인가?)"

당황스러운 것은 3가지의 보기였다.

A) CEO

B) CTO

C) COVID-19

현실을 반영하듯 많은 사람들이 문제의 답으로 C를 선택했다. 기업을 조롱하는 듯한 유머가 이토록 널리 퍼진 이유는 무엇일까?

팬데믹 이전에도 언택트(untact)는 이미 많은 기업에서 화두였다. 그런데 코로나19가 기름을 부은 격이 되고 말았다. 이때 미리 준비한 기업에게는 기회가 되었고, 그렇지 못한 기업에게는 변화에 적응하지 못하면 생존하기 어렵다는 경고가 되었다. 여기서 말하는 준비란 바로 '사람(소비자)'을 중심에 둔 디지털 트랜스포메이션이다. 지금껏 우리 기업은 공급자 중심으로 운영해왔으며, 기술 지향적 사고로 시장을 바라보았다. 기술 도입에만 혈안이 되었고 기업의 브랜딩에만 힘을 쏟아온 것이다. 하지만 그 기술을 사용하는 것은 사람이다. 결국 중요한 것은 어떤 기술을 사용하느냐가 아니라 고객이 원하는 것을 제공할 수 있는 디지털 트랜스포메이션이다.

디지털 기술은 그 자체만으로는 의미 없다. 중요한 것은 기술 자체의 서비스화가 아니라 고객이 '필요로 하는 서비스의 상품화'다. 기술을 활용해 고객에게 최고의 경험을 제공할 때 비로소 가치를 가진다. 앞으로 기업이 해야 할 일은 먼저 새롭고 파괴적인 기술을 개발하기 위해 고군분투하는 미련함을 버리는 것이다. 그 다음에는 기술을 소비자의 불편함을 덜어주고 새로운 경험을 제공할 하나의 기능으로 활용하도록 생각을 바꾸는 것이다. 이 책은 산업 간 경계가 사라지는 디지털 혁명 시대에 일하는 방식과 생각하는 방식을 바꿈으로써 기업이 아닌 고객을 위한 성공적인 디지털 트랜스포메이션을 이뤄낼 방법을 이야기한다. 이를 위해 우리가 갖춰야 할 역량은 크게 4가지다.

1부 테크 센서(Tech Sensor)는 기술과 휴머니즘을 융·복합하고 서비스를 상품화해, 고객에게 새롭고 차별화된 가치를 제공하는 것이다. 2부 센스 메이커(Sense Maker)는 평범한 일상 속에서 남들이 보지 못하는 불편함을 찾아내고 불확실한 인간의 선택과 예기치 못한 사건이나 복잡한 상황에 즉각 대처하는 능력을 말한다. 3부 디자인 씽커(Design Thinker)는 사용자의, 사용자에 의한, 사용자를 위한 고객 중심의 혁신적 사고를 갖추는 방법을 이야기한다. 4부 룰 브레이커

(Rule Breaker)는 기존에 존재하던 것들의 경계를 허물고 끊임없이 창조(make)와 파괴(break)를 반복하며 안전지대(comfort zone)에서 벗어나 창의지대(creative zone)에서 활약하는 능력을 말한다.

이 4가지는 이제껏 기업이 잘못 좇아온 소비자와 동떨어진 기업의 시스템과 전략에서 벗어나 디지털 트랜스포메이션 시대에 살아남기 위한 기업과 리더의 변화를 이끄는 핵심 역량이다. 책 속의 다양한 사례를 통해 일하는 방식과 생각하는 방식을 바꾸고 고객의 불편함을 해결해줄 진정한 디지털 전환을 통해 성과를 창출해낼 수 있다.

이제 디지털 트랜스포메이션은 선택이 아니다. 살아남기 위해 반드시 해결해야 할 과제다. 다윈은 '결국 살아남는 종은 강인한 종도 아니고 지적 능력이 뛰어난 종도 아닌 변화에 가장 잘 적응하는 종'이라고 말했다. 모든 것이 불확실한 뷰카 시대에는 특정 부서나 CTO(최고 기술 경영자)가 디지털 트랜스포메이션을 주도해서는 안 된다. 공급과 수요라는 기업과 소비자의 무한 루트에서 발생하는 모든 문제를 해결하는 활동 자체가 디지털 트랜스포메이션이 되어야 한다. 이 책을 통해 지금까지 가져온 안일한 생각을 버리고 기술 중심에서 벗어난 인간 중심의 디지털 전환 통찰력을 키워나가길 기대한다.

오상진

2부

센스 메이커Sense Maker
보이지 않는 불편함을 찾아내는 능력

3부

디자인 씽커 Design Thinker
사용자의, 사용자에 의한, 사용자를 위한

4부

룰 브레이커 Rule Breaker
완전히 새로운 판을 짜라

1부

테크 센서
Tech Sensor

기술 변화를 감지하고 예측하는 능력

"사람들은 내게 5년 후, 혹은 10년 후 무엇이 변할 것인지는 묻지만 무엇이 변하지 않을지는 묻지 않는다. 세상이 어떻게 변하더라도 고객이 원하는 가치를 제공한다면 고객은 절대 외면하지 않는다."

- 제프 베조스 아마존 CEO

1

디지털 트랜스포메이션,
경쟁이 아니라 생존이다

한 여성이 마트 앞에서 스마트폰을 꺼낸다. 그녀는 익숙한 듯 앱을 실행하고 지하철 개찰구처럼 생긴 곳에 스마트폰을 접촉한다. 삑 소리와 함께 문이 열리고, 그녀는 케이크 한 조각과 음료를 고른 뒤 재빨리 마트를 빠져나온다. 들어가서 나오기까지 걸린 시간은 단 17초. 순간 도둑인가 하는 의심을 품는다. 더욱 놀라운 것은 물건을 집어 들고 계산도 하지 않은 그녀를 누구도 제지하지 않았고, 다른 사람들도 자유롭게 물건을 고른 다음 그냥 나와 버린다는 사실이다. 대체 무슨 일이 벌어지고 있는 걸까?

이 상황은 2018년 1월 22일 정식으로 오픈한 세계 최초 무인 슈퍼마켓 '아마존 고(Amazon GO)'에서 고객들이 쇼핑하는 모습이다. 미국 아마존이 시애틀 본사에서 직원들을 대상으로 시범 운영하던 미래형 상점을 일반인에게 공개한 것이다. 이 무인매장은 고객이 줄을 설 필요도 없고, 계산할 필요도 없는 유통 혁신을 보여준다.

이 모든 것은 인간의 시각을 컴퓨터에 부여해 이미지를 분석하는 인공지능 기술인 컴퓨터 비전(computer vision)과 컴퓨터가 마치 사람처럼 생각하고 배우는 기술인 딥러닝(deep learning)과 카메라가 보내는 이미지와 데이터를 지능적으로 융합해 처리하는 센서 퓨전(sensor fusion) 기술이 결합한 것이다. 아마존은 이를 가리켜 저스트 워크 아웃(just walk out) 기술의 결정체라고 말한다.

고객이 매장에 들어서는 순간 천장에 설치된 100여 개의 카메라 센서가 고객의 동선을 촬영하고 식별해 어떤 물건을 고르고 다시 내려놓는지 파악한다. 그러고는 카메라로 습득한 영상정보를 학습해 스마트폰과 연동한 뒤 자동으로 결제를 진행한다. 덕분에 고객들은 말 그대로 그냥 걸어 나가기만 하면 된다. 혹자는 그냥 상점으로 들어가 필요한 물건을 가지고 나오는 행위가 "마치 도둑질을 하는 것처럼 스릴 있다"라며 쇼핑에서 새로운 즐거움과 만족을 느꼈다고 평가했다. 아마존은 2021년까지 아마존고 매장을 3천 개까지 늘리고 런던 지역, 공항, 대학 캠퍼스까지 사업을 확장할 계획이라고 밝혔다.

여기서 우리가 눈여겨봐야 할 것은 고객은 아마존 고에 어떤 기술을 적용했고 어떤 전략이 숨어 있는가에 관심이 없다는 점이다. 그저 매장에 들어갈 때 QR코드만 찍으면 그 다음부터는 매장에서 모든 것을 알아서 해준다는 것만 중요하게 생각한다. 고객은 여기에 열광한다. 이것이 핵심이다. 많은 사람들이 아마존 고 이용 경험을 놀랍고, 재미있고, 편리하다고 뜨거운 반응을 보이며 공감대를 형성하고 있다. 이처럼 고객을 달라지게 만드는 건 기술 자체가 아니라 불편함을 해결해줄 서비스다.

4차 산업혁명보다
디지털 트랜스포메이션

2016년 다보스포럼은 '4차 산업혁명'이라는 키워드를 세계에 처음 던졌다. 첨단기술 간, 산업 간 융합으로 새로운 고부가가치 산업과 신기술이 탄생하는 거대한 서막을 알린 것이다. 당시 수많은 사람들은 금방이라도 완전히 다른 세상이 탄생할 것이라 기대했다. 하지만 아직까지 4차 산업혁명이 무엇인지 명확하게 정의하는 사람은 없다. 단지 사물인터넷(IoT)의 '초연결'과 인공지능(AI)의 '초지능'이 사회 전반을 변화할 것이라는 추측만 할 뿐이다.

그런데 기업이 바라본 4차 산업혁명은 조금 달랐다. IoT, 클라우딩 컴퓨터, AI, 빅데이터, 자율주행, 로봇 등 공허한 기술의 나열과 먼 미래에 대한 막연함은 아무런 도움도 되지 않는다는 것을 깨달은 것이다. 동시에 거대하고 완전한 변화는 아니지만 크고 작은 기술이 소비자의 불편함을 해소해준다는 사실도 알게 되었다. 이를 위해 기업에서 가장 먼저 시작해야 하는 것이 바로 '디지털 트랜스포메이션 전략'이다.

이 용어는 기업에서 정보통신기술(ICT)을 활용해 기존의 전통적인 운영방식과 비즈니스 모델, 제품 서비스 등 기업의 모든 것을 혁신하는 개념을 뜻한다. 즉 디지털 관점으로 산업 구조를 재편하는 것이다. 고객과의 접점을 디지털화했을 때 지금껏 갖지 못한 정보와 통찰(insight)을 얻게 되고, 이를 통해 고객이 원하는 새로운 형태의 제품과 서비스를 제공하는 새로운 비즈니스로 발전할 수 있기 때문이다. 여기서 가장 중요한 것은 기술 자체의 서비스화가 아니라 고객이 '필요로 하는 서비스의 상품화'라는 것이다. 소비자가 원하는 것은 기술이 아니다. 그들에게 "나는 최첨단 기술을 활용할 줄 알아요"라는 니즈는 다른 세상의 말이다. 그러니 그들의 불편함을 해소해주고 편리하게 사용할 수 있도록 만들어주면 된다. 단지 그것뿐이다. 디지털 트랜스포메이션의 핵심은 고객이 편리하고 흥미로워할 새로운 경험 가치를 제공하는 것이다.

2020년, 코로나19는 인간이 눈에 보이지 않는 바이러스 앞에 얼마나 무기력해질 수 있는가를 보여주었다. 이 상황에서 많은 기업이 디지털 세상을 코로나19의 안전지대로 여기고 있다. 아이러니하게도 전 세계에 커다란 타격과 리스크를 가져온 코로나19가 기업의 4차 산업혁명 과제인 디지털 트랜스포메이션을 앞당기는 기폭제(trigger)가 된 것이다.

"코로나19 발생 이전의 세상은 이제 다시 오지 않는다. 이제는 완전히 다른 세상이다."

권준욱 중앙방역대책본부 부본부장의 말이다. 그렇다, 이제 완전히 다른 세상이 찾아왔다. 새로운 세상은 새로운 소비자를 만들어냈다. 이에 맞춰 기업도 완전히 바뀌어야 한다. 먼 훗날 인류는 코로나19를 디지털 트랜스포메이션을 가속화한 역사로 기억할 것이다.

오직 새로운 세계를
열어주는 기업만이 살아남는다

디지털 트랜스포메이션이 고객에게 제공하는 새로운 경험 가치는 크게 세 가지로 나뉜다.

①간소화(simplify)

핀테크의 발전과 스마트폰의 등장은 소비를 단순하게 만들었다. 언제 어디서든 비밀번호 몇 자리나 지문 하나로 결제가 가능하게 된 것이다.

직장인 오대리. 그의 출근길은 늘 정신없다. 하지만 오늘은 조금 여유롭다. 지하철 개찰구를 빠져나올 때마다 교통카드를 찾느라 주머니를 뒤적이는 번거로움이 없어진 것이다. 얼마 전 새로 장만한 스마트워치 덕분이다. NFC(Near Field Communication: 근거리 무선통신) 모드를 켜고 교통카드를 등록하면 끝. 스마트워치를 개찰구에 접촉하면 그대로 통과할 수 있다.

오전 근무 중 급한 은행업무가 생겼다. 점심시간에 가자니 기다리는 사람이 너무 많고, 업무 시간에 잠시 외출하자니 눈치가 보인다. 하지만 오대리는 비대면계좌 개설과 모바일뱅킹 서비스로 간편하게 처리한다. 지문만 있으면 공인인증서를 등록하거나 비밀번호를 외우지 않아도 된다. 계좌번호를 알 필요도 없다. 전화번호나 메신저로 얼마든지 입출금이 가능하다.

퇴근길에는 한 달간 벼르던 전자제품을 사기 위해 쇼핑몰로 향했다. 점원에게 설명을 듣고, 만져보고, 잠시 고민하더니 스마트폰을 꺼내든다. 온라인 쇼핑몰에서 사용 후기를 읽어보고 제품번호를 검색해 최저가를 찾은 것이다. 만족할 만한 가격에 고민 없이 스마트폰에서 결제를 마친다.

오대리는 오늘 현금이나 카드 없이 스마트폰 하나로 일상생활을 즐겼다. 하지만 그는 NFC가 무엇인지, 스마트폰의 페이(Pay) 기능이 어떤 원리로 작동했는지, 핀테크가 가져온 혁신이 얼마나 놀라운 것인지 관심도 없고 알 필요도 없다. 단지 편리함이라는 최고의 경험을 제공하기에 그냥 사용할 뿐이다.

②가상현실(Virtual Reality)

온라인과 오프라인의 경계가 무너지면서 가상현실(VR)과 증강현실(AR)이 우리의 생활을 바꾸고 있다. VR과 AR이 일상이 된 미래의 어느 날로 잠시 여행을 떠나보자.

2045년, 지구는 식량 파동과 무너진 경제로 암담한 나날이 계속되고 있다. '웨이드 와츠'라는 청년의 삶도 마찬가지다. 어린 시절 부모를 잃고 이모와 빈민가에서 하루하루를 겨우 버티는 그에게 희망이라고는 찾아볼 수도 없다. 그가 이런 현실을 탈출하는 유일한 희망은 엄청난 규모의 온라인 가상세계 '오아시스(oasis)'뿐이다. VR 헤드셋만 착용하면 원하는 캐릭터가 되어 어디든지 갈 수 있고, 무엇이든지 할 수 있다. 한마디로 상상하는 모든 것이 가능한 공간이다.

웨이드 역시 대부분의 사람들이 하루 종일 시간을 보내는 오아시스에 접속해 파르지발(ParZibal)이라는 닉네임으로 활동한다. 오아시스에서 만난 친구들로부터 'Z'라 불리는 그는 다양한 게임을 하며 가상화폐를 벌어들이고 쇼핑을 즐긴다. 그곳은 누구에게나 평등하며 똑같은 기회가 주어진다. 때문에 웨이드는 현실보다 가상공간이 더 익숙하다. 그곳에서 친구들을 사귀며 사랑하는 여인도 만난다. 게다가 가상공간에서 구입한 물건이 현실 세계에 실제로 배달이 되기도 한다. 어느새 그에게 오아시스는 가상과 현실의 구분이 없는 삶 그 자체가 되어버렸다.

이 여행기는 2018년 개봉한 스티븐 스필버그 감독의 SF 영화 〈레디 플레이어 원〉의 장면이다. 어느 부분은 우리의 현실과 너무도 닮아 있고, 다른 부분은 가까운 미래에 실현 가능한 모습을 현실적으로 보여준다. 사실 VR은 이미 오래전에 우리 일상에 파고들었다. VR 헤드셋만 착용하면 게임, 쇼핑, 건강 관리, 여행, 학습, 레포츠, 영화·공연·전시 관람 등 다양한 콘텐츠를 즐길 수 있다. 이 중에서도 가장 먼저 VR 서비스를 제공한 것이 게임이다. 순전히 VR 게임을 즐기는 VR 카페를 시작으로 놀이공원 규모에 가까운 VR 체험관까지 다양한 형태의 VR 게임 공간이 활발하게 만들어지는 중이다.

이제 우리는 아침 일찍 놀이공원에 가서 몇 시간씩 줄을 서서 놀이기구를 타지 않아도 된다. 그보다 더 재미있는 놀이기구를 VR 체험관에서 즐길 수 있기 때문이다. 코로나19로 꼼짝없이 집에만 갇혀 있어야 하는 요즘이나 어마어마한 미세먼지 농도로 집 밖을 나서는 것이 두려운 날도 걱정 없다. 비가 와도, 눈이 와도 상관없다. 롤러코스터부터 익스트림 스포츠까지 분야도 다양하다.

전 세계를 뒤덮은 코로나19는 평범한 일상만 무너뜨린 것이 아니다. 시간을 들여 계획하고 준비하는 특별한 즐거움인 여행도 빼앗았다. 이런 현실에서 VR은 우리에게 가상 여행이라는 새로운 경험 가치를 제공한다. 일본에 등장한 VR 관광이 대표적 사례다. 도심 한복판에 국제선 항공기를 탄 것 같은 기분을 만끽할 수 있는 VR 체험시설 '퍼스트 에어라인(first airline)'을 만든 것이다.

이곳에는 실제 비행기의 1등석과 비즈니스 클래스를 똑같이 만든 12개의 좌석이 있다. 방문객은 VR 헤드셋을 쓰고 비행기 이륙 영상부터 시작해 파리의 에펠탑 등 관광명소를 가상현실로 즐길 수 있다. 물론 승무원이 제공하는 기내식을 즐기면서 말이다. 1회 비행시간은 110분 정도다. 완전 예약제로 운영되는 이 서비스의 가격은 약 6만 원으로 뉴욕, 파리, 로마, 하와이 등 5개 노선이 운항 중이라고 한다. 조만간 1940년대 뉴욕과 동서 분단 시절 베를린을 방문하는 시공 초월 시간여행 서비스도 제공한다고 하니 여행을 좋아하는 사람들에겐 가뭄의 단비 같은 체험이 아닐 수 없다.

이 서비스가 단순히 실제 여행을 하지 못하는 사람들에게만 만족을 주는 것은 아니다. 1인 가구의 증가로 혼자 여행하는 것에 두려움을 느끼거나 준비 시간과 금전적인 부담 때문에 여행을 포기했던 사람들의 니즈를 충족시켜주고 새로운 경험을 제공한다. 이미 일본에서는 VR 관광이 선풍적인 인기를 얻고 있다는 사실이 이를 증명한다.

VR과 더불어 많은 사람들이 열광하는 기술이 증강현실이라 불리는 AR(Augmented Reality)이다. 가상현실의 한 분야로 실제 환경에 가상 사물이나 정보를 합성해 마치 원래부터 그곳에 존재하던 사물처럼 보이게 하는 컴퓨터 그래픽 기법을 말한다. 가장 대표적인 것이 2016년 전 세계를 휩쓴 게임 '포켓몬 고'다. 스마트폰용 AR 게임인 포켓몬 고는 출시되자마자 신드롬을 불러일으켰다. 위치 기반 게임이기 때문에 포켓몬 고를 하다가 자동차 사고가 나는 일은 다반사였고, 통행이 금지된 군사지역까지 침범하는 사람도 있었다. 당시 우리나라에서는 구글 지도 서비스가 되지 않아 게임을 할 수 없었는데 속초와 양양 등 일부 지역에서 게임이 가능하다는 제보가 SNS에 올라오자마자 이들 지역으로 가는 대중교통이 매진되기도 했다. 이들 이야기만으로도 사람들이 새로운 형식의 게임이라는 경험 가치에 얼마나 열광했는지 알 수 있다.

이후 AR 게임은 영역을 확장했다. 2018년 방영된 드라마 〈알함브라 궁전의 추억〉은 AR 게임을 기반으로 한다. 주인공이 게임용 콘택트렌즈를 착용하고 게임에 로그인하면 현실세계에 합성된 가상공간에서 다양한 무기를 가지고 적들과 대결할 수 있다.

최근에는 게임, 영화, 드라마와 같은 엔터테인먼트를 넘어 기업도 AR 기술을 활용해 새로운 비즈니스 플랫폼을 창조하기 시작했다. 대표적인 서비스가 증강현실 가구 배치 앱을 출시한 '이케아 플레이스(IKEA Place)'다. 애플의 증강현실 플랫폼 에이알킷(ARKit) 기술을 적용한 것으로 소비자의 가구 구매 방식을 변화시켰다. 이케아가 생산한 약 2천여 개 가구를 3D로 구현해 크기, 디자인, 기능은 물론 가구의 질감과 명암 대비까지 실제처럼 정밀하게 표현해 무려 98%의 정확도를 보여준다. 이케아 플레이스를 사용하면 집과 사무실, 학교, 스튜디오 등 가구를 배치하는 실내 공간의 크기에 따라 자동으로 제품 비율을 조절해준다. 또한 가구를 배치한 모습은 사진이나 영상으로 저장하거나 가족이나 친구들에게 손쉽게 공유할 수도 있다. 물론 마음에 드는 가구가 있다면 바로 주문도 가능하다. 이제 이케아의 경쟁 기업들은 가구와 브랜드 이미지뿐 아니라 증강현실 기술도 뛰어넘어야 한다. 단순한 가구 회사가 아니라 3D 공간 데이터 플랫폼으로 거듭나야 하는 셈이다.

글로벌 화장품 브랜드 로레알의 주문 앱 '메이크업 지니어스(Make up Genius)'도 AR 서비스를 제공한다. 여성들의 자신감과 개성을 표현하는 필수 아이템인 화장품. 그중에서도 색조 화장품은 화려함을 살려주고 얼굴의 매력을 돋보이게 해준다. 그런데 색조 화장품은 종류가 너무 많은 데다 자신의 피부 톤에 맞지 않으면 오히려 단점을 부각할 수도 있다. 그래서인지 소비자들은 온라인으로 색조 화장품을 구매하는 것을 꺼려한다. 직접 발라보고 어울리는지 확인한 뒤 구매하는 경향이 강하다. 그러려면 매장을 방문해야 하고 자신에게 어울리는 색을 찾기 위해 여러 귀찮은 과정을 거쳐야 한다. 사실 매장에서 직접 눈이나 입술에 색조 화장품을 바르는 고객은 별로 없다. 화장품을 바르고 지우는 것이 번거롭기도 하고 여러 번 반복되면 연약한 피부에 자극을 주기 때문이다. 따라서 대부분 손등에 발라 컬러를 확인하는 정도다. 이는 여러 차례 실패를 반복해야 자신에게 맞는 색조 화장품을 찾을 수 있기에 그다지 좋은 방법은 아니다.

로레알은 이러한 불편함을 해결하기 위해 고객 서비스에 AR 기술을 적용했다. 사용 방식은 간단하다. 먼저 앱을 실행해 스마트폰 카메라로 얼굴을 인식한다. 여기에 로레알 앱이 제공하는 다양한 색조 화장품을 선택하면 해당 부위에 화장품을 바른 모습을 화면으로 볼 수 있다. 이 기술은 매장에서도 사용할 수 있다. 직접 화장할 필요 없이 제품의 바코드를 스캔하면 곧바로 그 화장품을 바른 모습을 보여준다. 사진으로 남길 수 있고 동영상 저장도 가능해 친구나 주변 사람들의 의견을 듣는 것도 가능하다. 젊은 층 사이에서는 맨얼굴일 때 완전한 메이크업을 한 모습으로 셀카를 남기는 놀이로 활용되기도 하며 로레알에 무궁무진한 확장성과 가능성을 가져다주었다.

여기서 우리가 한번 짚고 넘어가야 할 것이 있다. 소비자는 왜 이렇게 VR과 AR에 열광하는 것일까? 놀랍게도 두 개념을 정확하게 이해하는 소비자는 많지 않다. 그들에게 중요한 것은 기술이 아니다. 직접 사물을 관찰하고 체험하고 싶은 인간의 원초적인 욕구를 가장 잘 충족시켜주는 매개체가 VR과 AR이기 때문이다. VR과 AR을 이용하면 사물과의 소통으로 1인칭 시점을 체험할 수 있고, 손과 몸을 움직이는 실시간 상호작용으로 경험을 고도화하며, 실제 세계와 같은 공간에서 몰입도를 높여 관점이 확대되는 과정을 즐길 수도 있다. 이것이 소비자가 VR과 AR에 열광하는 이유다.

결국 기업은 소비자의 불편함을 해소해주고 시간과 공간의 자유로움을 채워주어야 선택받을 수 있다. 이제 소비자들은 더 이상 불편함을 감수하지 않는다. 편리함과 자유로움을 제공하는 콘텐츠에 기꺼이 지갑을 열고, 마음을 열어 신뢰를 보인다. VR, AR 기술이 무엇인지는 그들에게 중요하지 않다. 그들에게 중요한 건 일상에서의 즐거운 경험이다.

③커스터마이징(customizing)

이는 소비자의 기호에 맞춰 상품을 구성해 공급하는 일종의 맞춤 서비스다. 소비자는 자신이 원하는 디자인과 사양을 적용해 가장 최적화된 제품을 받아볼 수 있다. 미래형 공장이라 불리는 스마트 팩토리, 3D 프린터, 인공지능(AI), 자율주행 시스템 등이 이를 가능하게 해주었다. 자, 그렇다면 이번에는 스포츠 용품을 판매하는 매장으로 가보자.

한 고객이 운동화를 구입하기 위해 매장에 들어서는 순간 당황스러움을 감추지 못한다. 그곳에는 운동화가 단 한 켤레도 없기 때문이다. 커다란 디지털 사이니지와 러닝머신, 그리고 스캐너만 놓여있을 뿐이다. 신어볼 수 있는 운동화가 없는데 어떻게 운동화를 구매할 수 있을까? 걱정하는 사이 점원이 자연스럽게 고객을 맞이한다. 점원의 안내에 따라 신발을 벗고 러닝머신 위에서 걸어보고 가볍게 조깅을 해보기도 한다. 그 다음에는 의자에 앉아 마치 MRI 촬영을 하듯 발 모양을 스캔한다. 쇼핑을 위한 과정은 모두 끝났다. 이제 남은 것은 운동화를 선택하는 것뿐이다.

벽면의 커다란 디지털 사이니지에는 다양한 색상과 디자인의 운동화가 나열되어 있다. 고객이 원하는 용도와 스타일, 디자인만 선택하면 운동화 구매는 끝난다. 운동화를 신고 발이 편한지 걸어보지 않아도 된다. 발 모양이 남들과 달라서 불편하지 않을까 걱정할 필요도 없다. 고객의 발 모양과 특징을 고려한 디자인으로 가장 적합한 맞춤형 운동화를 제공하기 때문이다. 결제를 마치고 주소를 입력하면 12시간 안에 오직 자신만을 위한 세상에서 하나뿐인 운동화를 받아볼 수 있다.

이 이야기는 상상 속 미래의 모습이 아니다. 스포츠 브랜드 아디다스가 세운 신발 공장이 일하는 방식이다. 동남아시아에서 OEM 방식으로 제품을 생산하던 아디다스는 본사가 위치한 독일 안스바흐에 스마트 팩토리 컨셉의 공장을 설립했다. '스피드 팩토리'라는 이름의 이 공장은 10명의 근로자가 연간 50만 켤레의 신발을 생산할 수 있다고 한다. 매장의 러닝머신과 스캐너로 고객 데이터를 실시간으로 받아 3D 프린터를 활용해 개인 맞춤형 운동화를 만드는 데까지 걸리는 시간은 단 5시간이다. 운동화는 드론을 활용해 즉시 고객에게 배송될 예정이다. 빅데이터, IoT, 클라우드 컴퓨팅, AI 로봇, 3D 프린팅 기술 덕분에 최적화된 커스터마이징 생산이 가능한 것이다.

이러한 서비스는 자동차 생산에도 도입되었다. 이제껏 우리는 기업이 생산한 자동차를 구입하는 게 전부였다. 단지 일부 옵션을 변경할 수 있을 뿐이었다. 그런데 최근 3D 프린터를 이용한 개인 맞춤형 자동차가 등장했다. 미국 스타트업 다이버전트 마이크로팩토리스(Divergent Microfactories)는 세계 최초로 3D 프린터로 만든 스포츠카 '블레이드(Blade)'를 제작했다.

놀라운 것은 성능이다. 가스와 가솔린을 사용하는 이 자동차는 출발 2초 만에 시속 100km까지 속도를 낸다. 친환경 탄소 섬유를 사용해 차체 무게를 절반으로 줄였고, 사고가 일어났을 때의 치사율도 현저히 낮췄다고 한다. 가장 큰 장점은 3D 프린터로 차체를 생산하기 때문에 고객이 원하는 디자인으로 만들 수 있다는 것이다. 저렴한 가격으로 세상에 하나밖에 없는 나만의 자동차를 소유할 수 있는 시대가 온 것이다.

이미 우리 일상에는 커스터마이징의 중간 단계라고 불리는 다양한 서비스가 존재한다. 패스트푸드 매장의 키오스크에서 음식에 들어갈 다양한 토핑을 내가 정할 수 있고, 금융회사의 로보어드바이저(RA: Robo-Advisor)는 고도화된 알고리즘과 빅데이터를 통해 나에게 가장 최적화된 대출상품, 보험, 자산 관리를 추천해준다. 아마존의 AI 스피커 에코룩(ecolook)은 개인의 SNS 계정 속 사진을 분석해 패션 전문가와 AI 알고리즘이 나에게 가장 어울리는 옷을 추천해주고, 온라인 쇼핑몰에서는 계절, 체형 등에 따라 가장 알맞은 옷을 우선 배치해 마치 나만을 위한 매장을 만들어준다.

간소화, 가상현실, 커스터마이징이 제공하는 새로운 경험은 기업의 디지털 트랜스포메이션이 단순한 기술 도입이 아니라, 새롭고 차별화된 가치를 창출하는 데 초점을 두어야 함을 말해준다. 이제는 소비자에게 오직 새로운 세계를 열어주는 기업만이 살아남는다.

기술은 왜 캐즘 앞에 무릎 꿇을까?

2019년 미국 국제전자제품박람회(CES: International Consumer Electronic Show)에서 가장 인기 있었던 제품 중 하나는 소니의 애완견 로봇 아이보(Aibo)였다. 두 대의 카메라와 세 개의 터치센서, 그리고 4천여 개의 부품과 22개의 액추에이터(actuator: 에너지를 사용해 기계를 작동시키는 부품)로 구성된 아이보는 꼬리 흔들기, 손 내밀기, 귀를 앞뒤로 움직이기, 공차기 등을 할 수 있다. 두 개의 OLED로 구성된 아이보의 눈은 슬픔, 기쁨, 놀람, 두려움 등 감정을 표현하는 것처럼 보인다. 주인을 정확하게 인식해 따라다니며 각종 애교를 부려 여성과 아이들이 특히 좋아한다. 그런데 진짜 강아지와 흡사한 이 사랑스러운 로봇에게도 시련의 세월이 있었다.

아이보의 첫 탄생은 1999년이었다. 당시 일본은 청년 실업, 고용 악화, 부동산 시장 침체 등 저성장의 늪에서 허덕이고 있었다. 여기에 인구 감소와 고령사회 진입, 1인 가구 증가라는 사회적 변화까지 겹치면서 외로움을 달래줄 반려동물에 대한 관심이 높아졌다. 소니는 분명 로봇 강아지에 대한 수요가 높을 것이라고 생각해 아이보를 개발했다.

그런데 결과는 예상을 처절하게 빗나갔다. 출시 초기 잠깐 반짝했던 아이보의 판매량은 좀처럼 증가하지 않았고 2006년에는 생산 중단, 2013년에는 부품 공급 중단이라는 최악의 상황을 맞이했다. 도쿄 외곽의 한 신사에서는 부품을 구하지 못해 고장난 아이보의 합동 장례식을 치루는 상황까지 벌어졌다. 목탁을 두드리는 스님 앞에 위패 대신 놓인 수백 대의 아이보와 눈물 없는 반려 로봇을 눈물로 보내는 주인의 모습은 웃프기까지(웃긴데 슬픈) 했다.

첨단기술 분야의 마케팅 전문가 제프리 무어는 이를 가리켜 캐즘(chasm) 현상이라고 말한다. 캐즘은 지질학에서 사용되는 전문 용어로 지면의 갈라진 틈이나 깊은 구렁을 뜻한다. 자연 다큐멘터리나 재난 영화에서 거대한 지각변동으로 땅이 갈라져 깊은 골이 생겨나는 모습을 떠올리면 이해하기 쉽다. 이 틈에 빠지면 나락으로 떨어진다.

비즈니스에서의 캐즘은 첨단기술 제품이 초기 시장을 거쳐 대중화되는 과정에서 일시적으로 수요가 정체되거나 후퇴하는 상태를 말한다. 아무리 뛰어난 첨단기술이라고 해도 소비자가 쉽게 사용하기까지는 시간이 걸린다. 따라서 첨단기술을 이용한 제품이나 서비스는 성장의 단절이 생기는 것을 피할 수 없다. 캐즘이라는 침체기를 넘어선 제품은 주류 시장에 진입해 대중화의 길을 걷는다. 그렇지 못한 제품은 일부 얼리어답터의 전유물로 남고 만다.

미국의 사회심리학자 에버렛 로저스는 소비자 집단과 사회가 기술뿐 아니라 문화와 제도까지 포함해 어떻게 혁신을 수용하는지 분류했다. 그는 소비자의 유형을 시간 순서에 따라 5가지로 나눴다. 초기시장의 주요 소비자인 혁신가(innovator)와 얼리어답터(early-adopter), 주류시장의 주요 소비자인 조기 다수자(early majority)와 후기 다수자(late majority), 그리고 말기시장의 주요 소비자인 지체자(laggards)다. 캐즘은 초기시장과 주류시장 사이에 생기는 단절된 계곡이다. 아이보는 혁신가와 얼리어답터를 열광시켰지만 대량 판매의 열쇠를 쥔 조기 다수자의 눈앞에서 캐즘에 빠져버리고 말았다. 끝내 주류시장을 뚫지 못하고 실패했다. 아무리 혁신적인 기술이라도 초기시장과 주류시장 사이에 존재하는 캐즘을 극복하지 못하면 무릎 꿇을 수밖에 없다. 이제는 주류시장의 다수 소비자가 요구하는 수요 중심의 세상이다.

다시 2019년에 새롭게 출시한 아이보로 돌아가보자. 소니는 주류시장의 다수 소비자를 겨냥한 듯 아이보에 개성을 부여하고 기술이 아닌 감성으로 접근했다. 얼굴 인식 기능은 시간이 지날수록 아이보와 소비자의 상호작용을 불러일으켰고 이에 맞춰 아이보가 각각의 성격을 만들어나가도록 했다. 딥러닝 기술로 집 구조를 파악하고 소리와 이미지를 감지하며, 주인의 손길에 반응하고 칭찬과 미소도 인식할 수 있게 만들었다. 즉 처음에는 모두 똑같은 아이보지만 시간이 지날수록 나만의 아이보가 된다. 주인과 함께 성장하고 주인의 라이프스타일과 성향에 맞도록 철저하게 커스터마이징한 것이다. 이는 충분히 소비자에게 매력적인 가치다.

소비자들은 심플하다. 더 이상 기술에 열광하지 않는다. 어렵고 복잡한 기술의 상품화보다 자신의 불편함을 해결해줄 서비스에 열광할 뿐이다. 기술은 단지 소비자의 불편함을 해결하기 위한 아이디어를 만드는 도구에 지나지 않는다. 기업은 기술이 아닌 소비자의 불편함을 해결해주는 융복합 서비스의 상품화에 집중해야 한다.

오프라인 매장의 불편함과 비싼 가격은 소비자를 온라인 플랫폼으로 불러들였다. 여기에 핀테크로 스마트폰 결제가 간소화되면서 새로운 소비 트렌드가 생겨났다. 이제 3D 프린터와 스마트 팩토리 덕분에 개인 맞춤형 주문이 가능해졌고, 이는 다품종 소량 생산의 시대를 만들었다. 지금 기업에 필요한 것은 기술 지향적 디지털 트랜스포메이션이 아니다. 소비자에게 최고의 경험 가치를 제공할 수 있는 서비스 지향적 디지털 트랜스포메이션이 필요하다.

성공한 디지털 기업의 가장 강력한 무기

이제 디지털 트랜스포메이션은 기업의 성장과 생존을 위한 핵심 과제가 되었다. 이미 많은 기업이 디지털 트랜스포메이션을 시도하고 있지만 만족할 만한 성과를 얻은 기업은 별로 없다. 이유는 명확하다.

낡은 사고방식과 기존의 관행을 버리지 못하고 따라 하기에 바쁜 것이다. CTO(최고기술경영자)를 무작정 선임하고, 전담 부서를 만들어 전략을 세우라고 독촉한다. 이런 방식이 성공할 수 있을까? 진정한 디지털 트랜스포메이션의 성공은 조직의 리더가 생각의 틀을 전환하는 것에서 시작된다. 그렇다면 리더는 어떻게 바뀌어야 할까?

첫째, 디지털 트랜스포메이션이 IT의 확장이자 데이터의 확보라는 생각을 버려야 한다. 단순히 IoT, 5G, AI 등 4차 산업혁명 기술을 활용한 채널 다변화와 기존의 플랫폼을 디지털화하는 것이 아니다. 그런데 많은 기업이 디지털 부서를 만들어 오프라인 방식을 온라인으로 전환하려 무리수를 둔다. 그리고 처참하게 실패한 뒤 마녀 사냥을 시작한다. 디지털 트랜스포메이션의 책임은 조직의 리더에게 있다. 단순히 기술적 확장과 디지털화가 아니라 기업의 가장 큰 뼈대인 사업전략부터 고려해야 한다. 또한 IT 중심이 아닌 고객 중심에서 기존의 사업을 바라봐야 한다. 디지털 트랜스포메이션은 디지털화의 '메커니즘'이 아니라 모든 비즈니스 모델을 고객 중심으로 재편하기 위한 '콘텍스트'이기 때문이다.

둘째, 비고객(non-customer)에 집중하고 비연관 산업에서 기회를 찾아야 한다. 지금까지 기업의 비즈니스 성공 전략은 우리 고객에 집중하는 것이었다. 또한 지속적 성장을 위한 새로운 먹거리를 찾을 때면 기존 사업과 연관된 것만 찾았다. 하지만 디지털 기술은 이런 고정관념을 과감히 깨버린다. 아마존은 온라인 서점에서 시작해 지금은 클라우드 시스템 사업인 아마존 웹서비스(AWS)로 돈을 벌고 있다.

SNS 서비스로 시작한 페이스북은 온라인 마켓의 확장과 페이스북 페이로 암호화폐의 선두주자로 나서고 있다. 구글은 검색 광고회사로 시작했지만 지금은 노화 방지를 연구하는 캘리코, 스마트 홈, 금융업, 우주 산업 등 상상을 초월할 만큼 영역을 확장하고 있다. 대표적 디지털 기업인 이들은 비고객에 집중하고, 디지털 기술을 활용해 비연관 사업의 확장을 실현하는 중이다.

셋째, 고객의 경험 범위를 최대한 확장해야 한다. 지금까지 기업의 제품과 서비스는 고객의 사용 범위에 영향을 미치는 수준에 머물렀다. 단순히 서비스를 받고 제품을 사용하면서 느끼는 경험이 전부였다. 하지만 디지털 기술은 이를 넘어 고객의 삶 전반에 영향을 미치기 시작했다. 이동수단에 지나지 않던 자동차는 자율주행 시스템으로 의식주와 문화생활, 쇼핑을 즐기는 곳이 되었다. 저축과 대출 기능에 머무르던 은행은 인터넷 뱅킹으로 우리 삶 전반에 영향을 주는 동반자 역할을 하기 시작했다. 디지털이 가진 잠재력을 최대한 발휘하면 산업의 경계는 물론 일상생활과 직장생활 사이의 경계도 허물 수 있다. 여기에 새로운 먹거리가 숨어 있다.

넷째, 기존 절차를 과감하게 깨뜨려 기업의 유연성을 높여야 한다. 리더에게 경영은 비즈니스를 유지하기 위한 모든 절차의 집합체다. 따라서 경영의 모든 영역에는 절차가 존재하고 이를 통해 조직은 유기체처럼 움직였다. 이러한 절차 중심 사고는 소품종 대량생산 방식의 아날로그 시대에 적합한 전략이다. 소비자가 개인 맞춤형 제품 및 서비스를 요구하고 수많은 변수가 존재하는 디지털 환경에는 적합하지 않다. 리더는 절차를 중시하는 사고방식에서 벗어나 예기치 못한 상황에서 즉각 반응할 수 있도록 사업 전략과 의사결정, 투자 등 모든 과정에 유연하게 대처해야 한다.

마지막으로 디지털 시대는 단순함이 최고의 경쟁력이라는 것을 깨달아야 한다. 단순함은 급변하는 환경에 적절하게 대처하고 빠른 의사결정을 내릴 수 있게 해준다. 리더는 수직 구조의 복잡한 절차를 수평적 구조로 바꿔 간소화하고 고객 접점 직원에게 의사결정권을 부여한다. 그래야 고객의 니즈를 정확히 파악했을 때 지체하지 않고 적절한 대응을 할 수 있다. 플랫폼을 단순화하고 동일한 메시지를 전달하는 것도 중요한 전략이다. 대부분의 리더가 더 많은 분야에 진출해 더 많은 시스템과 서비스, 조직을 구축하길 원한다. 그러나 단순할수록 기업의 가능성이 성장할 기회가 찾아온다는 것을 잊어서는 안 된다. 성공한 디지털 기업의 가장 강력한 무기는 단순함이다.

2

온디맨드 경제(On-demand Economy),
소비자가 달라졌어요

주방에서 분주하게 움직이는 여성이 있다. 가족을 위해 저녁을 준비하던 그녀는 몇 가지 채소가 떨어진 것을 눈치 챘다. 대형 마트는 30분 거리에 있고, 집 근처에는 채소를 구입할 만한 곳이 없다. 마트에 가자니 시간이 너무 오래 걸리고 채소를 빼고 요리하자니 맛이 없을 것 같다. 고심하던 그녀는 스마트폰을 꺼내 들었다. 몇 차례 터치와 함께 '주문한 채소가 곧 도착합니다'라는 메시지와 인증 코드가 날아왔다. 잠시 후 초인종이 울리고 현관으로 달려간 그녀가 양손에 채소를 들고 돌아왔다.

깜짝 배달의 주인공은 로보마트(Robomart)다. 미국 샌프란시스코의 스타트업에서 개발한 세계 최초 자율주행 식료품 배달 자동차인 로보마트는 전기를 이용해 운전자 없이 신선한 농산물을 싣고 소비자를 찾아간다. 창업자 알리 아메드는 전 세계에서 가장 저렴한 식료품을 가장 신속하게 제공하기 위해 자율주행 배달 자동차를 선택했고 오랜 개발 끝에 로보마트가 탄생했다고 말했다. 이미 온라인 배송이 일상에 자리 잡았는데 왜 굳이 로보마트를 개발한 걸까? 해답은 소비자에게 있다.

온라인으로 식료품을 배달하는 사람들은 넘쳐나고 신선도를 높이기 위해 새벽 배송까지 등장해 출혈 경쟁을 하고 있다. 하지만 소비자는 만족하지 못했다. 기존 방식은 배송비가 너무 비싸거나 유통 과정을 알지 못해 자신이 주문한 신선식품의 상태를 믿을 수 없어 불안해한 것이다. 게다가 유통기한이 있는 식료품의 특성 때문에 무조건 시장이나 마트에서 구매하는 식품도 있다. 실제로 미국의 24세~44세 여성을 대상으로 설문조사한 결과 85% 이상이 온라인으로 신선식품이나 채소를 구입하지 않는다고 대답했다.

이런 상황에서 2018년 CES에 소개된 로보마트는 많은 이들의 주목을 받았다. 언제 어디서나 내가 원하는 시간과 장소에 필요한 채소와 과일을 배달해줄 뿐 아니라 제품의 상태를 보고 직접 고를 수 있기 때문이다. 고객은 스마트폰으로 집 근처의 로보마트를 호출하기만 하면 된다. 잠시 후 현관문 앞에 로보마트가 도착하면 미리 발송된 인증 코드를 입력해 주문한 물건을 확인하고 자동차의 문을 닫는 순간 모든 결제가 완료된다. 고객이 요청하면 찾아가는 온디맨드 서비스와 무인매장의 결합이라는 새로운 시도가 어떤 변화를 일으킬지 지켜봐야 할 것이다.

바보야, 중요한 건
기술이 아니라 소비자야!

2002년 IBM의 CEO 샘 팔미사노는 차세대 비즈니스 전략으로 온디맨드(On-demand)라는 개념을 처음 제시했다. '모든 것이 수요에 달려 있다'라는 사전적 의미의 이 전략은 플랫폼과 기술력을 가진 회사가 수요자의 요구에 즉각 대응해 제품 및 서비스를 제공하겠다는 뜻이다. 공급 중심이 아니라 수요가 모든 것을 결정하는 시스템 및 전략인 온디맨드 경제에서 기업은 질 좋은 서비스와 제품을 공급을 넘어 수요자와 공급자를 연결해주고, 이들 간의 거래가 원활하게 이루어지도록 관리하는 역할까지 해야 한다.

대표적인 온디맨드 경제가 에어비앤비와 우버다. 숙소가 필요한 고객에게 쉽고 편하게 이용할 수 있도록 해주고, 차량이 필요한 고객에게 자동차를 연결시켜 주는 원리다. 그렇다면 무엇이 이런 패러다임의 변화를 가져온 걸까? 혹자는 기술 발전이 근본적 원인이라고 하지만 틀렸다. 바로 고객, 즉 소비자의 변화 때문이다. 기술은 단지 그들의 욕구를 채워주기 위한 수단일 뿐이다. 이제는 소비자가 원하는 시간에, 원하는 장소에서, 즉각적으로 소비자가 원하는 형태로 문제를 해결해주는 것이 수요 시장의 새로운 규범이 될 것이다. 중요한 것은 어떤 기술을 사용할 것이냐가 아니라 소비자가 원하는 것이 무엇이냐는 것이다.

이번에는 대학 캠퍼스로 가보자.

"뭐 먹을 건대" 대학 캠퍼스를 달리는 '로봇 배달'

얼마 전 한 미디어에 실린 온라인 기사의 제목이다. 내용인즉, 우리나라 배달 앱 시장 1위 배달의민족을 보유한 우아한형제들이 건국대학교에 5대의 자율주행 배달 로봇 '딜리'를 배치하고 캠퍼스 로봇 배달을 시범 운행한다는 것이다.

몇 년 전까지만 해도 대학 캠퍼스 내 음식 배달은 오토바이가 전부였다. 요란한 굉음을 내며 짜장면을 배달해주고 군만두를 서비스로 주던 시대 말이다. 그런데 이제는 로봇이 배달을 시작했다. 최초의 캠퍼스 배달 로봇은 미국 조지메이슨 대학을 누비는 스타십(starship)이다. 6개의 바퀴로 보행자 속도보다 약간 빠르게 이동하는 스타십은 사람과 사물을 탐색할 수 있어 장애물을 피해 다닌다. 보안을 위해 짐칸은 잠겨 있으며 스마트폰 앱으로 수령인만 열수 있다. 최대 적재량은 약 9kg으로 반경 6km 이내의 상점부터 학생들이 지정한 캠퍼스 위치까지 정확하게 음식을 배달해준다. 위치 추적이 가능해 어디쯤 와 있는지, 언제 도착하는지 실시간 조회가 가능하고 도착하면 알림도 받을 수 있다.

눈치 빠른 사람이라면 앞서 등장한 로보마트 이야기를 들으며 의문을 품었을 것이다. 우리나라에서 자율주행 배달 로봇은 아직 상용화되지 않았고 언제 가능할지 아무도 모르기 때문이다. 나라마다 도로교통법에 따라 순차적으로 자율주행을 도입하고 있다. 다만 운전자가 탑승하지 않고 시스템이 운전을 100% 담당하는 자동차의 도로 자율주행을 허가한 나라는 아직 없다. 그런데 건국대학교에는 딜리가 캠퍼스를 누비고 있고, 스타십은 2019년 상용화에 성공해 큰 인기를 얻는 중이다. 우리나라의 현재 도로교통법과 녹지공원법 상으로 배달 로봇은 차도는 물론 보도, 횡단보도에서도 운행할 수 없다. 다만 대학 캠퍼스와 같은 사유지의 한정된 구역은 운행이 허용된다. 미국 역시 캠퍼스처럼 활동 범위가 좁은 곳은 도로교통법상 제약을 받지 않는다.

그런데 이들 기업은 대체 왜 캠퍼스를 주목한 걸까? 앞서 성공적 디지털 트랜스포메이션을 위해 기업은 기술이 아닌 소비자에 집중해야 한다고 말했다. 배달 로봇을 대학에 배치한 기업은 대학생들의 속성과 캠퍼스 환경을 명확하게 파악한 것이다. 소비자들은 편리함을 좋아해 배달을 원한다. 특히 캠퍼스처럼 활동 범위가 좁고 공부를 위해 이동 시간조차 아끼고 싶은 대학생들은 훌륭한 고객군이다. 게다가 그들은 스마트폰을 신체의 일부처럼 사용하는 인류라는 뜻의 포노 사피엔스(phono sapiens)라 불리며 디지털 기술에 대한 거부감도 거의 없다. 일찌감치 배달 앱을 사용했고 스마트폰으로 금융거래를 해왔다. 여기에 풍부한 산책로와 잘 정리된 경계선에 계단이 적어 복잡하지 않은 캠퍼스의 지형 또한 배달 로봇이 제 역할을 하기에 적합한 환경이다.

주문당 1.99달러의 배송료를 받는 스타십은 2021년까지 약 5천 대가 캠퍼스를 돌아다닐 예정이다. 현재 20개국 100개 이상의 도시에서 테스트를 마쳤으며, 대학 및 식당과 계약을 맺고 있다. 오전 8시부터 새벽 2시까지 비가 와도, 눈이 와도, 태풍이 몰아쳐도 아랑곳 하지 않고 일주일 내내 운행할 수 있는 스타십은 인간이 개입하는 배달 서비스보다 우위에 있다고 말한다. 그에 대한 믿음일까? 최근 펀딩을 진행해 8,500만 달러를 유치하기도 했다.

스타십과 달리 배달료가 없는 우리나라의 캠퍼스 배달 로봇 딜리는 최근 이제껏 출입이 제한된 보도와 행단보도에서 운행하고 공원까지 음식을 배달할 수 있게 됐다. 과학기술정보통신부의 ICT 규제 샌드박스 실증특례 승인을 받은 것이다. 배달의민족은 이를 발판 삼아 식당에서 아파트 단지로 스스로 이동해 엘리베이터를 타고 현관 앞까지 음식을 배달하는 신규 서비스를 선보이겠다고 말했다. 캠퍼스와 대학생이라는 새로운 소비자에 집중한 디지털 트랜스포메이션의 성공이 아파트 단지라는 크고 탄탄한 다음 소비자에게 접근할 수 있는 길을 열어준 셈이다.

자본이 움직이던 규모의 경제는 끝났다

3차 산업시대를 이끈 대표적 경제 이론은 규모의 경제(economics of scale)였다. '더 큰 것은 언제나 더 낫다'라는 논리로 상품의 생산이 늘어나면 그만큼 제품 하나를 만드는 단위당 비용이 줄어드는 현상을 말한다. 대량생산과 대량유통, 그리고 불특정 다수를 대상으로 하는 매스 마케팅이 이를 대표하는 방식이다. 2차 산업혁명을 기반으로 20세기 초 비행기, 라디오, TV를 개발하고 전력망을 구축해 기술의 부흥기를 맞이했다. 생산 라인의 자동화는 대량 생산을 가능하게 했고, 라디오, TV라는 대중매체는 매스 마케팅을 가능케 했다. 규모는 고정비를 낮추는 동시에 거대한 진입장벽을 쌓으면서 엄청난 경쟁 역량이 된 것이다.

그러나 21세기 초 인터넷의 비약적 발전과 페이스북의 등장은 미디어의 다변화를 예견했고, 2007년 애플의 아이폰과 SNS의 보편화는 모바일 혁명으로 이어져 지금까지와는 완전히 다른 세상이 되었다. 여기에 클라우드 컴퓨팅과, AI는 데이터를 중심으로 한 대량 맞춤생산(mass customizing) 시장을 만들어냈다. 개인에 대해 학습한 정보를 바탕으로 그 고객에게 맞춤화된 제품을 제공하기 시작한 것이다. 이 제껏 기업이 내놓은 똑같은 제품만 사야 했는데 자신의 니즈에 딱 맞는 기능을 넣고 디자인한 제품이 있다면 어떨까? 누구라도 소유하고 싶은 충동을 느낄 것이다. 그것이 인간의 가장 기본적인 욕망이기 때문이다. 불특정 다수를 위한 제품보다 나만을 위한 특별한 제품을 더 선호하는 건 소비자의 당연한 반응이다. 이제 철저하게 1인에 초점을 맞춘 탈규모의 경제(economics of unscale)가 시작된 것이다.

SNS의 폭발적 증가, 데이터를 기반으로 한 AI 기술의 발달은 탈규모의 경제를 가속화하고 있다. 이런 비즈니스 형태는 크게 두 가지로 나뉜다. '플랫폼 비즈니스'와 공유경제 시스템이라 불리는 '렌탈과 서브스크립션 비즈니스'다. 이들은 범위의 경제(economies of scope)를 만들어내기 때문에 한계비용을 줄일 수 있다.

범위의 경제를 만들어내는
플랫폼 비즈니스와 공유경제 시스템

　범위의 경제란 여러 산업에 걸쳐 기업이 생산 범위를 늘릴 때 비용이 절감되는 효과를 말한다. 기업이 두 가지 이상의 제품이나 서비스를 함께 생산하면 각 제품을 다른 기업이 각각 생산할 때보다 발생하는 평균 비용이 적게 든다. 이는 창구효과(window effect)를 통해 구체적으로 실현되는 경우가 많다. 창구효과란 하나의 콘텐츠나 제품을 서로 다른 시점에 서로 다른 채널로 공급해 부가가치를 높이는 전략이다. 생산된 제품이나 서비스의 재사용이 가능하다면 여러 채널에 공급함으로써 한계비용을 줄이면 되고, 재사용이 불가능하다면 하나의 유통 채널을 활용해 다양한 제품을 공급하면 고정비용을 줄일 수 있다. 이는 새로운 방식의 플랫폼 비즈니스를 탄생시켰다. 우리 주변에서 쉽게 볼 수 있는 범위의 경제를 만들어내는 새로운 플랫폼 비즈니스를 살펴보자.

　거리를 걷다 보면 재미있는 풍경을 목격하곤 한다. 살굿빛 유니폼을 입고 묵직한 전동 카트를 타고 다니는 일명 '야쿠르트 아줌마'다. 우리에게 너무도 익숙한 야쿠르트 아줌마의 탄생은 1971년으로 거슬러 올라간다. 당시만 해도 가정주부가 밖에 나가 일을 하는 건 드물었다. 47명의 방문 판매원으로 시작한 야쿠르트 아줌마는 국내 최초 유산균 발효유에 맛도 좋고 건강에도 좋은 음료라는 이미지로 빠르게 성장해 1998년에는 1만 명까지 늘어났다. 하지만 소비자의 취향이 다양해지고 대형마트와 편의점이 유통시장을 장악하면서 고민에 빠졌다. 더 이상 야쿠르트 아줌마의 방문판매 전략이 먹히지 않았던 것이다. 새로운 흐름에 동참하기 위해서는 지금까지의 방식을 과감히 버려야 했다.

그런데 윤덕병 회장은 범위의 경제를 고려했던 걸까? 오히려 시대의 흐름을 거슬러 방문 판매를 강화하기 시작했다. 2014년까지 손수레를 끌던 이들에게 세계 최초 냉장시설을 갖춘 전동카트 코코(cold&cool)를 보급했다. 이후 CI와 BI를 과감히 바꾸며 또 한 번의 혁신을 감행했다. 2017년 기존 홈페이지와 온라인몰을 통합한 하이프레시를 오픈해 O2O(Online to Offline) 시스템을 도입했다. 하이프레시 앱에는 야쿠르트 아줌마의 위치를 실시간으로 확인할 수 있는 기능이 있다. 이를 이용하면 온라인 쇼핑뿐 아니라 클릭 몇 번으로 제품을 주문하면 고객이 원하는 시간과 장소로 야쿠르트 아줌마가 신선 배달까지 해준다. 자율주행 스토어의 전신 모델이라 할 수 있다.

그리고 판매 제품의 종류도 어마어마하게 증가했다. 현재 야쿠르트가 판매하는 제품은 유제품, 커피 등 음료부터 간편식, 국, 반찬, 김치, 정육, 수산, 과일, 채소, 선식, 건강식품, 베이커리와 같은 식품을 넘어 뷰티 제품, 수입·선물세트, 베이비·키즈 제품 등 지속적으로 영역을 확장하고 있다. 하이프레시라는 하나의 유통 채널을 활용해 다양한 제품을 공급하는 플랫폼 전략을 감행함으로써 고정비용을 줄이는 범위의 경제를 실천한 것이다. 야쿠르트 아줌마의 플랫폼은 다른 기업을 끌어 모으고 있다. 오리온은 디저트 제품을, 롯데는 오트밀 제품을, 사조해표는 자사의 식재료 등을 위탁 판매한다.

전동카트 코코는 1만 대 넘게 보급되었고 야쿠르트 아줌마는 '프레시 매니저'로 바뀌며 소비자에게 더욱 가까이 다가갔다. 이제 야쿠르트는 단순히 유산균 음료를 판매하는 회사가 아니라, 야쿠르트 아줌마의 플랫폼을 활용해 세상의 모든 물건을 판매하는 온디맨드 경제의 선두 기업으로 탈바꿈한 것이다.

플랫폼 비즈니스는 다양한 형태로 나타난다. 300개 이상의 브랜드를 보유하고 연매출 380억 달러를 벌어들이는 P&G는 탈규모 경제를 주도하는 스타트업에 치명상을 입었다. 그러자 지난 10년간 연결개발(C&D: Connect & Development)이라는 프로그램을 도입했다. 모든 제품의 기획과 개발을 회사 내부에서 추진하는 게 아니라 외부 기술과 아이디어, 인력 등을 활용해 그 결과물을 내부의 연구개발(R&D)과 결합하는 것이다. 이를 위해 외부인과 협력해 새로운 아이디어와 신제품을 도모하는 플랫폼을 제공했다. 그 결과 기술 협업을 통해 제품 출시를 몇 년 이상 앞당길 수 있었고, 친환경 포장이나 새로운 디자인 등의 혁신을 빠르게 실현시켰다. P&G는 C&D 전략으로 R&D 생산성을 60% 향상하고 성공률을 두 배로 높였다고 한다.

세계 최대 다국적 기업 GE도 IoT를 기반으로 하는 산업용 인터넷 플랫폼 프레딕스(Predix)를 오픈해 디지털 트랜스포메이션을 가속화했다. 거대 유통기업 월마트도 2016년 고객에게 최저가 상품을 추천해주는 제트닷컴을 인수해 개별 소매업체의 플랫폼을 제공하는 서비스를 시작했다. 아마존은 자사의 클라우딩 서비스인 AWS를, 구글은 검색엔진을, 페이스북은 인스타그램을 기반으로 주요 서비스를 기반으로 플랫폼을 제공해 다양한 소규모 기업이 비즈니스를 할 수 있도록 상생하고 있다.

플랫폼 비즈니스에 이어 두 번째 탈규모 경제를 만들어내는 비즈니스는 렌탈과 서브스크립션(구독) 서비스다. 공유경제 또는 일종의 구독경제라 불리는 이 방식은 한계비용을 최소화하는 장점이 있다. 제품을 소유하는 게 아니라 필요할 때 빌려 쓰기 때문이다. 2008년 미국 하버드 대학교 로스쿨의 로런스 레식 교수가 처음 사용한 말로 협력소비라고도 불린다.

소비자는 왜 렌탈과 구독 서비스를 이용하는 것일까? 이는 세계 경제의 저성장과 맥을 같이 한다. 2008년 금융위기를 시작으로 취업난, 가계소득 저하 등이 시작되며 과소비를 줄이고 합리적인 소비생활을 하자는 인식이 등장했다. IT 기술도 한몫했다. 거래의 편리성을 높여준 것이다. 그리고 MZ세대(밀레니얼 세대와 Z세대)가 소유보다 공유에 관심이 많다는 취향도 반영됐다. 이에 발맞춰 최근 제조업들은 공유 서비스 기업으로 업의 개념을 바꿔나가고 있다.

2019년 현대자동차그룹 정의선 회장은 "앞으로 우리 회사는 제조업이 아니라 공유 서비스 기업이다"라고 새로운 전략을 발표했다. 삼성전자와 LG전자는 제품의 제조를 넘어 렌탈 서비스로 그 영역을 확대하며 공유경제에 대한 기대감을 나타내고 있다. 서울에만 기업형 쉐어 하우스가 1,500여 개가 생겼고, 시장 규모는 3년 새 7배 이상 커졌다. 공유 오피스 시장은 오피스 공실률과 더불어 더욱 성장하고 있다. 렌탈 시장 역시 가치소비와 1인 가구의 증가로 2020년에는 규모가 40조 원까지 증가할 것으로 보인다. 1세대 정수기와 생활가전, 2세대 헬스케어와 대형가전에 이어 3세대는 행복을 중시하는 욜로족과 1인 가구를 중심으로 예술작품, 드론 등 고가 제품으로 이어질 전망이다. 렌탈 시장의 바통을 이어받은 구독 서비스 시장도 자동차에서 명품백으로 이어지면서 과시 소비에서 합리적 소비로 변화해 나가고 있다.

고객의 불편함을 관찰하고 모방하라

누구나 배낭여행의 추억거리는 하나씩 가지고 있을 것이다. 넉넉하지 않은 형편에 조금이라도 더 보기 위해 열심히 걷고, 숙박비를 아끼기 위해 값싼 유스호스텔을 이용하고, 비행기표를 싸게 구하기 위해 LCC(저가 항공)를 이용했던 기억들 말이다. 그런데 여러 도시를 이동할 때면 기차나 비행기 시간에 맞추다 보니 짐을 들고 관광지를 돌아다녀야 할 때가 많았다. 값싼 유스호스텔은 관광지에서 멀리 떨어져 있고 기차역이나 전철역에 맡기자니 너무 비쌌다. 결국 돈을 아끼려고 하루 종일 무거운 짐을 들고 다닌 것이다. 도시 간 이동은 밤기차를 이용하고 저가항공은 늘 새벽편을 이용했는데 짐까지 들고 하루 종일 돌아다니면 관광은커녕 기진맥진한 채로 아무것도 하지 못하는 경우가 생긴다.

여행을 좋아했던 매슈 마예브스키는 끔찍했던 여행을 생각하며 이런 질문을 던졌다. "어떻게 하면 배낭여행자들이 자유롭고 편하게 여행할 수 있을까?" 그와 친구들이 해답을 얻은 곳은 다름 아닌 온디맨드 경제의 대표 기업 에어비앤비였다. "에어비앤비가 남을 방을 빌려준다면 우리는 남은 공간을 빌려주는 회사를 만들자."

이렇게 탄생한 것이 영국의 짐 보관 스타트업 시티스테이셔(CityStasher)다. 방법은 간단했다. 주요 관광지 주변의 미용실, 카페, 신문가판대, 식당 등 소규모 매장에 남은 공간을 활용해 여행객의 짐을 맡아주게 한 것이다. 여행객은 먼저 시티스테이셔 앱을 깔고 본인이 갈 관광지 주변의 가게를 고른다. 고객정보, 맡길 가방 개수, 시간을 적고 금액을 결재하면 예약 확인 메일과 함께 호스트 정보와 위치가 전송된다. 해당 매장에 가서 확인서를 보여주고 짐을 맡긴 후 찾아가는 시점에 호스트 평점을 매긴다. 시티스테이셔의 주요 이용고객은 밀레니얼 세대다. 이들은 합리적인 소비를 즐기는 것과 동시에 자신이 받은 서비스를 평가하고 공유하는 것을 좋아한다. 때문에 시티스테이셔는 호스트 선정을 까다롭게 하기로 유명하다. 내부 CCTV 설치와 잠금장치가 되어 있는지 확인하고 짐 분실 시 회사가 최대 약 108만 원까지 보상해준다. 여행객이 평가한 점수를 종합해 계약을 연장할지 자격을 박탈할지 정한다.

2016년에 시작한 이 회사는 현재 200여 개 도시에 1천 곳이 넘는 짐 보관소를 운영하고 있다. 나날이 성장하고 있는 이들의 매력은 세 가지다. 첫째, 교통 요지에 저렴하게 짐을 보관할 수 있는 것이다. 24

시간 기준 짐 하나당 8,000원 정도다. 주변 보관소 비용이 평균 1만 8,000원 정도니 확실히 가성비가 좋다. 둘째, 짐을 보관해주는 상점은 자투리 수입이 생긴다. 여행객의 짐 보관료는 회사와 호스트가 절반씩 나눠 가지는데 한 달 평균 50만~150만 원 정도의 수익을 올린다고 한다. 셋째, 여행객의 75%가 짐을 보관했던 상점에서 추가로 음식이나 상품을 구매해 추가 수익을 올릴 수 있다. 호스트 입장에선 이보다 더 좋을 수 없다. 더욱 놀라운 것은 회사 설립에 창의적인 아이디어가 필요하지 않았다는 사실이다. 단지 에어비앤비를 모방했을 따름이다. 놀라운 IT 기술이나 특별한 기능도 없다. 앱을 만들어 운영할 뿐이다. 시티스테이셔는 타깃 고객을 명확하게 세우고 그들의 페인 포인트(Pain Point)를 정확히 읽어내 그 문제를 해결해주었다. 그게 전부다. 고객의 불편함을 관찰하고 모방을 통해 지속성장을 만들어내는 것은 온디맨드 경제의 핵심이다.

아마존의 탈규모 정신

온디맨드 경제 시대 기업의 패러다임을 바꾸기 위해 리더는 무엇을 해야 할까? 2017년 초 아마존 CEO 제프 베조스는 회사의 주주에게 이런 편지를 보냈다.

"저는 수십 년 간 직원들에게 오늘이 바로 데이 원(Day 1)이라는 말을 계속해 왔습니다. 우리는 데이 원이라는 건물에서 일하고 있고,

언제 어느 곳에 있든 데이 원이라는 이름을 가슴속에 간직할 것입니다."

첫날, 즉 초심을 강조한 베조스는 이어서 아마존의 지속 성장을 위한 4가지 전략을 제시했다.

첫 번째 전략은 앞에서도 언급했던 '고객 중심주의'다. 아마존은 회사 중심의 제품을 만들지 않는다. 고객 한 사람 한 사람을 위한 제품에 집착한다. 지난 몇 년간 출시한 제품을 보면 킨들(Kindle), AWS, 알렉사(Alexa), 키바(Kiva), 인공지능 스타일리스트 아마존 에코, 프라임에어(Prime Air) 등 모두 개인을 위한 제품이었고, 이는 고객의 찬사를 받았다. 고객에 대한 끊임없는 집착이 아마존을 지속 성장하게 만든 힘이다.

두 번째 전략은 '프록시(대용품)에 연연하지 말고 핵심에 집중하는 것'이다. 그는 기업의 덩치가 커질수록 중요하지 않은 프록시에 신경 쓰느라 핵심을 놓치는 경우가 많다고 강조한다. 그중 하나로 프로세스를 들었다. 조직이 방대해지고 연관 부서가 많아지니 당연히 결과보다 프로세스를 중시하고 지키도록 종용하는 경우가 많다. 이는 배가 산으로 가게 만든다. 조직의 각 부서가 서로 다른 부서와 담을 쌓고 자기 부서의 이익만 추구하는 사일로(silo) 현상이 나타나고 협업이 제대로 이루어지지 않는 것이다. 프록시의 대표적 예로 고객을 이해하지 않고 무작정 시장조사를 하는 경우를 꼽았다. 제프 베조스는 제품이나 서비스를 보유하고 있다면 고객을 이해하고, 비전을 갖고, 회사가 판매하는 상품을 아껴야 한다고 말한다.

세 번째 전략은 세상에 관심을 갖고 외부 트렌드를 민감하게 캐치하며, 이를 아이디어에 반영할 수 있는 '통찰력을 갖는 것'이다. 대기업은 스타트업에 비해 외부 트렌드에 둔감하다. 현대 사회의 거대한 조류를 뜻하는 메가트렌드는 쉽게 포착되기 마련인데 말이다. 인터넷이 급속도로 성장할 때 수많은 스타트업이 O2O시장에 뛰어들었지만 대규모 유통업체는 설마설마하는 마음으로 지켜만 보다가 무너져 내렸다. 뉴 미디어가 등장하면서 다양한 매체가 인터넷 언론사로 전환했지만 정작 정통 매스미디어 기업들은 넋 놓고 바라보다 주도권을 빼앗기고 말았다. 2007년 애플이 아이폰을 출시하며 모바일 혁명이 예견되었지만 데스크탑의 정통 강자들은 PC 시장을 고집하다 흔적도 없이 사라져버렸다. 트렌드를 통해 변화를 대비할 수 있는 통찰력을 겸비하는 것이 중요하다.

네 번째 전략은 '현장 중심의 빠른 의사결정'이다. 조직이 비대해질수록 의사결정권자가 많아진다. 현장을 제대로 이해하지 못한 의사결정권자의 발언은 기업을 죽이는 독이 될 뿐이다. 그들은 의사결정을 위해 많은 양의 정보를 요구한다. 이런 행위는 결정을 지연시키고 빠른 변화에 대응하지 못해 오히려 뒤처지게 만들 뿐이다. 현장 중심의 빠른 의사결정은 고객의 욕구를 명확히 이해해야 하고, 외부 트렌드와 다양한 현장 경험의 통찰력이 융합되어 나오는 결과물이다.

3

문제는 기술이 아니라
사람이다

강남의 한 매장. 들어서자마자 직원들의 고함소리가 들린다.

"필요하시면 언제든지 불러주세요."

여기저기서 외치는 소리에 잠시 짜증은 났지만 이내 그곳은 쾌적하고 눈치 보지 않는 나만의 공간이 된다. 어느 누구도 나에게 다가와 귀찮게 하지 않기 때문이다. 상품 정보를 알고 싶으면 스마트 테이블에 얹어 놓기만 하면 된다. 재료의 성분이 무엇인지, 가격은 얼마인지 필요한 정보를 바로 알려준다. 곳곳에 비치된 태블릿에 얼굴을 비추고 내가 원하는 화장품을 선택하면 화장한 내 얼굴이 화면에 나타난다. 굳이 얼굴에 바르고 지우는 귀찮음을 경험할 필요가 없다. 내 피부 상태를 체크하고 싶으면 스마트폰처럼 생긴 디바이스를 얼굴에 접촉하기만 하면 된다. 추천 화장품 목록도 즉시 확인할 수 있다. 내가 매장 직원에게 도움을 요청하지 않으면 들어와서 나갈 때까지 누구도 나를 방해하지 않는다. 필요하면 언제든지 불러달라는 고함만 듣게 될 뿐이다.

지금 당장 주요지역의 리테일 매장에 가보자. 이 상황을 직접 겪을 것이다. 어떤 곳은 들어갈 때 셀프(self)와 헬프(help) 바구니를 배치했다. 셀프 바구니를 들고 있으면 어떤 행동을 해도 점원들이 신경 쓰지 않아 자유롭게 쇼핑할 수 있다. 이것이 바로 몇 해 전 대한민국을 떠들썩하게 만든 언택트(untact) 마케팅 현장이다. 《트렌드 코리아 2018》에서 언급한 이 용어는 사람과 사람 사이에 접촉하지 않는 '비대면'을 의미한다. 이런 현상을 예견한 것은 기술 발전과 인구 감소에 따른 1인 가구 증가 때문이다. 디지털 환경에 익숙한 소비 주체가 직접 접촉을 피하고 비대면 형태의 서비스를 선호하기 시작했고, 1인 가구의 증가는 홀로 쇼핑하는 소비자 형태를 만들어냈다. 게다가 2020년에 발생한 코로나19 사태는 이런 현상을 더욱 강화시켰다. 여기에 최저임금 인상도 한몫했다. 인건비 절감을 위해 키오스크(kiosk, 무인계산대)가 등장한 것이다. 키오스크는 신문, 음료 등을 파는 매점이란 뜻의 영단어로 공공장소의 무인단말기를 뜻한다. 지금부터 언택트 기술이 우리 일상에 얼마나 들어와 있는지 살펴보자.

요즘 패스트푸드점에 가면 점원보다 키오스크가 더 많이 보인다. 단말기 앞에 서서 원하는 상품을 고르고 현금, 카드, 혹은 스마트폰 페이로 결재하면 자동 주문과 함께 번호표를 발급한다. 번호 호출과 함께 주문한 상품을 받으면 끝난다. 키오스크는 젊은이들이 많이 찾는 곳에 설치되어 있는데 특히 대부분의 대학에서 쉽게 볼 수 있다. 대형 마트도 이미 언택트 시스템이 확산되고 있다. 이마트는 전용 앱을 통해 상품 정보를 그 자리에서 확인해볼 수 있고, 롯데마트는 셀프 계산대가 점점 증가하고 있다. 노브랜드에는 퀵 스캐너가 등장했다. 계산대에 줄 설 필요 없이 퀵 스캐너로 구입한 물건을 스캔하면서 쇼핑을 하고 나올 때 카드만 넣으면 끝난다. 편의점도 무인 시스템으로 언택트 기술을 적용 중이다. 이마트24 무인 매장은 고객이 물건을 직접 결제한다. 세븐일레븐은 생체정보를 이용한 정맥 결제 시스템을 도입했고, AI 로봇을 점원 대신 배치한 곳도 있다.

다시 강남역으로 가보자. 셀 수 없이 많은 커피전문점. 다양한 커피를 맛볼 수 있어서 좋지만 이렇게 많은데 장사가 될지 걱정이 앞선다. 그런데 강남역 한복판에서 프랑스와 이탈리아 원두를 사용한 정통 에스프레소를 단돈 1,500원에 맛볼 수 있다면 어떨까? 주인공은 '터치카페'라는 언택트 카페. 자동문을 열고 들어가면 5평 남짓한 공간에 깔끔하고 현대적인 인테리어와 커피 자동판매기가 보인다. 21.5인치 터치 스크린으로 손쉽게 주문하며 신용카드, 교통카드 등 간편한 결제 시스템으로 40초 만에 고급 커피를 마실 수 있다. 위생을 위해 국내 최초로 자판기에 세스코를 도입했고 IoT와 스마트폰으로 원두와 우유의 상태를 파악할 수 있다. 비용의 최소화, 관리의 편리성, 쉬운 접근성이라는 세 마리 토끼를 동시에 잡은 셈이다. 학동역 1호점에서 출발한 이 브랜드는 1년 만에 38개까지 매장을 확장했다.

한동안 줄어들던 자판기가 다시 도심 곳곳에 생겨나는 이유는 뭘까? 우선 인건비와 임대료 부담이 적다는 데 있다. 최저임금과 임대료 상승은 젠트리피케이션(gentrification)을 불러일으켰다. 다음으로 ICT 기술로 중간 유통이 간소화되었다는 것이다. O2O 플랫폼과 IoT 기술은 스마트폰과 결합해 재고, 보관상태, 고장 유무 등 관리와 유통을 최적화시키고 있다. 마지막으로 인구 감소로 인한 가족 구조의 변화도 한몫했다. 1인 가구가 늘어나면서 적은 분량을 간편히 구매하고자 하는 욕구가 증가하고 이는 자판기 전성시대를 열어주었다. 그리고 2020년 전 세계를 휩쓴 코로나19의 장기화가 결정적인 역할을 했다. 하루 종일 마스크를 끼고 수시로 손 소독제를 사용하는 일상이 1년 가까이 지속되면서 소비 형태도 비대면을 선호하게 된 것이다. 언택트 마케팅은 포스트 코로나 시대에 필수적인 트렌드라 할 수 있다.

이러한 이유로 최근 이색 자판기가 많이 등장하고 있다. 도정 과정을 한눈에 보면서 적은 양의 쌀을 구매할 수 있는 쌀 자판기, 바나나 자판기, 한우 자판기 등이 대표적이다. 애완견 간식, 달고나, 끓여 먹는 라면, 우유, 계란, 책, 응원용 플랜카드에 마음을 치유하는 마음약방이라는 자판기까지 이 시장은 2,500억 원 규모로 폭발적인 성장 중이다. 이런 현상은 일본에서 먼저 시작되었다. 일본은 자판기 보급 대수 세계 1위로 552만 대의 자판기를 보유하고 있다. 23명당 1대 꼴이다. 한 해 평균 자판기 매출액은 69조 원에 달하며, 네일아트, 아이스크림, 병맥주, 피자, 붕어빵, 채소, 명함, 우산 등 우리나라에서 볼 수 없는 이색 제품을 자판기로 구매할 수 있다.

성공 요인 역시 우리나라와 비슷하다. 코로나19와 더불어 저출산과 고령화 현상으로 노동력이 부족한데 인건비까지 상승해 자판기 산업이 급부상한 것이다. 또한 비싼 부동산과 낮은 범죄율, 현금 결제 비율이 높다는 것도 한몫했다. 최근에는 도심의 사무실 밀집 지역 건물 1층에 도시락 자판기 '타쿠벤'이 등장했다. 오전에 타쿠벤에 주문을 하면 12시까지 따끈따끈한 도시락을 배달해주는 시스템이다. 2020년까지 1천 개로 확장한다고 하니 자판기 시장은 마르지 않는 샘인 셈이다.

무인화 시대는 IoT, O2O, 자율주행 시스템 등의 기술을 등에 업고 대세로 떠오르고 있다. 누군가는 언택트, 캄테크(camtech)라고 표현하지만 저성장과 저출산, 고령화, 그리고 포스트 코로나 시대가 가져올 수밖에 없는 현상이다. 여기에 온라인과 오프라인의 경계가 무너지고 가족 구조가 변화함에 따라 소비의 간소화는 앞으로도 계속될 것이다.

미래 10년을 지배할 키워드, 디지털 전환

2020년 1월 7일 CES가 미국 라스베이거스에서 그 서막을 열었다. 미국 소비자 기술협회(CTA: Consumer Technology Association)가 주관하는 세계 최대 규모의 ICT 융합 전시회인 CES 2020의 키워드는 '데이터 시대를 향해!(Into the Data Age!)'였다. 디지털 기술이 인류의 생활을 바꾸고 있다는 것이다. 주요 기술 키워드로 제시한 것은 2019년과 동일한 5G, IoT와 AI, 미래형 교통시스템, 디지털 헬스케어, 재난대응 기술, 로봇 기술이다. 가장 먼저 소개한 기술은 IoT의 진화였다. 기존 IoT가 사물인터넷(Internet of Things)이었다면 5G 시대의 IoT는 AI와 결합해 사물을 연결하는 지능(Intelligence of Things)이 된다는 것이다. 스마트폰에 5G와 AI를 탑재해 이전과 다른 세상이 펼쳐질 것이라 단언했다. 5G는 농업 분야의 혁신에도 큰 영향을 미칠 것으로 내다보았다. 농업용 생산기기의 자동화, 마이크로 기상 관측 시스템, 지능형 저장고, 드론, 토양 센서, 인공위성 시스템 등의 혁신이 인류의 식량 문제를 해결할 것으로 기대했다.

두 번째로 소개한 것은 AI다. AI의 진화는 이 세상에 상상도 못한 변화를 불러올 것으로 보인다. 소비자의 판단을 돕는 AI 소비자화, 개인 학습을 보조하는 AI 주도 학습, 조직을 관리하고 평가해 의사결정을 돕는 AI 경영 등 다양한 분야에서 혁신을 만들고 있다. 고화질 TV, 안면인식 기술을 이용한 보안, AI 스피커를 활용한 제품 추천 및 구매, 음성인식 기술을 활용한 스마트 미러, 스마트 샤워기, 스마트 홈 제품 등을 소개했다. AI 기술은 스트리밍 전쟁을 촉발시키기도 했다. 현재 서비스 중인 넷플릭스, 유튜브뿐 아니라 미국 NBC의 유니버설이 보유한 영화와 드라마 등의 콘텐츠를 시청할 수 있는 피콕(Peacock), 디즈니 스튜디오와 드림웍스의 대표로 있던 제프리 카젠버그가 창립한 퀴비(Quibi) 등 새로운 형식의 스트리밍 서비스는 우리의 일상을 바꾸어 놓을 예정이다.

세 번째는 스마트 모빌리티의 성장이다. 자율주행 시스템을 기반으로 하는 전기 자동차, 자율주행 드론 등 모빌리티 시장의 재빠른 교체가 예상된다. 배터리 기술 발달, 레이저 측정 시스템, 초음파, 광학센서 등으로 엄청난 양의 데이터가 발생하고 이를 처리하는 것이 가능해진 것이다. 핵심 기술은 AI와 5G, 그리고 데이터 처리 능력이다.

네 번째로 디지털 헬스케어 시장의 강세다. 자는 동안 생체정보를 측정하는 슬립 테크, 건강 데이터를 실시간으로 의료진에게 전달해 진단을 돕는 헬스·웰니스 피트니스, 아기의 건강을 관리해주는 베이비 테크 등을 소개했다. 디지털 헬스케어 역시 웨어러블 기능과 결합해 실시간으로 개인의 생체 데이터를 수집하고 건강을 관리해주는 기능으로 발전하고 있다.

마지막 이슈가 된 기술은 로봇이다. AI의 발전으로 로봇이 스스로 판단하고 사람을 도울 수 있는 길이 열렸기 때문이다. 이제껏 인간이 정해놓은 작업 순서대로 움직이던 임무형 시스템에서 함께 사회생활을 하는 소셜 로봇으로 진화하고 있다.

지금까지 언급한 기술의 공통점은 무엇일까? 4차 산업혁명을 이끌 기술로 불리지만 정리해보면 디지털 트랜스포메이션의 핵심 기술이다. 이 핵심 기술은 끊임없이 데이터를 발생하는 디지털 영역과 그 데이터를 인간이 경험할 수 있도록 만들어주는 아날로그 영역으로 나뉜다. 디지털 영역 기술은 IoT, LBS(공간정보 시스템), 빅데이터, 클라우드(빅데이터 저장소), 생체 인터넷(IoB: Internet of Biometry), SNS(인간의 감성을 반영한 소셜 미디어)로 구분할 수 있다. IoT 센서는 끊임없이 데이터를 만든다. LBS는 자동차에 설치하거나 스마트폰의 내비게이션이 대표적이다. 생체 인터넷은 사람의 몸에 착용하는 웨어러블 디바이스로 우리 행동이나 신체 데이터를 저장한다. SNS는 전 세계 사람들의 욕망 데이터를 축적하고 있다. 이 외에도 엄청난 빅데이터가 모여 클라우드에 저장된다.

이렇게 모인 데이터를 활용해 우리는 새로운 가치를 경험할 수 있다. 대표적인 기술로 가상 데이터를 물리적 상태로 만들어주는 3D 프린터와 가상의 상태로 표현해주는 VR(가상현실)과 AR(증강현실)이 있다. 로봇은 데이터를 받아서 행동으로 보여주는 도구로 쓰인다. 음식을 만들고, 서빙을 하며, 집안일을 도와준다. 플랫폼은 데이터가 끊임없이 오가는 곳으로 사람들을 모으고 그들에게 거래를 만들어준다. 다양한 데이터가 결합해 자칫 재미없어 보이는 공부, 운동, 치료, 집안일 등을 게임화 해서 사용자가 몰입해 행동을 지속할 수 있도록 유도하는 게이미피케이션(gamification)으로 최고의 경험을 제공한다. 그리고 이 모든 거래의 위험을 줄여주는 기술이 바로 블록체인이다.

기술이 발전할수록 보안 취약성은 점점 증가하며 해킹의 위험도 커진다. 블록체인은 이를 보완하기 위한 최선의 방책으로 떠오르고 있다. 이들 기술을 기획하고 실현하기 위해서 마지막으로 해야 할 일은 창의적 문제 해결법(CPS: Creative Problem Solving)을 익히는 것이다.

CPS 서비스 디자인은 디지털 데이터를 아날로그에서 구현하기 위한 방법을 찾는 것으로 인간의 창의력이 필요한 영역이다. 여기에 더할 중요한 기술은 AI다. AI가 수많은 빅데이터를 딥러닝 기술로 최적화하기 때문이다. 한마디로 디지털을 최적화해 사람들이 최고의 경험을 할 수 있는 아날로그로 변화시키는 매개체 역할을 한다. 디지털 트랜스포메이션의 핵심 기술은 수많은 디지털 데이터를 AI를 통해 소비자가 직접 경험할 수 있는 아날로그로 변환하는 것이다.

디지털 전환 시대,
혁신의 출발은 로봇이다

다시 CES 2020으로 돌아가자. 공식 개막을 알리는 기조 연설자는 놀랍게도 한국인이었다. 삼성전자 소비자가전 부문 사장인 그의 첫 마디는 "Technology Customized to You!"였다. 사람들은 자신에게 맞춘 기술을 원하고, 이는 사람이 기술보다 중요하다는 것을 강조한 말이다. 그러고는 허공을 향해 한마디를 더했다. "Hello, Ballie." 그러자 노란색 테니스 공 같은 것이 무대 위로 굴러 나왔다. 인사를 건네자 깜박깜박 빛을 내며 반응했다. 그가 움직이자 그림자처럼 적당한 거리를 두고 따라다녔다. 짧게 조깅을 하자 그에 맞춰 속도를 높였다. 이 물체는 사람과 생활하며 맞춤형 케어를 제공하는 지능형 컴퍼니언(Companion: 동반자) 로봇 볼리(Ballie)다.

인공지능 기반 로봇 볼리는 공처럼 둥근 모양으로 바퀴나 다리가 없어도 자유롭게 이동할 수 있다. 카메라로 주인을 인식하고 반려동물처럼 졸졸 따라다니며 명령을 수행하고 스스로 판단해 일을 처리하기도 한다. 집안 곳곳을 돌보고 다양한 디바이스와 소통해 컨트롤할 수 있는 기능도 가졌다. 볼리의 하루는 바쁘게 지나간다. 아침이 되면 집 안의 커튼을 열고 주인의 방으로 이동해 알람을 울려준다. 간단한 운동을 위해 모니터를 틀어놓고 현재 신체 상태에 가장 적합한 운동 프로그램을 실행한다. 그 다음에는 주인의 그날 일정을 확인하고 스마트 미러에 오늘의 날씨 정보를 보여준다. 주인이 출근한 뒤 볼리의 역할은 더욱 커진다. 반려견에게 다가가 좋아하는 TV 프로그램을 틀어주고 심심하지 않도록 놀아준다. 만일 반려견이 집 안을 더럽히면 로봇청소기를 작동시켜 치우고 반려견이 잠들면 커튼을 닫아주고 곁에서 지켜준다. 볼리는 반려견을 걱정하는 주인에게 실시간으로 반려견의 모습을 찍어 영상을 보내주기도 한다. 이처럼 볼리는 단순한 로봇이 아니다. 아이와 반려동물의 친구이자, 가족의 특별한 순간을 기록하고 저장해주는 카메라이며, 집안의 모든 곳을 관리하는 비서이기도 하다. 단순히 인간을 돕는 부차적 존재를 넘어 인간과 감정을 교감하며 그들의 삶에 깊숙이 개입해 맞춤형 운영을 지원한다. 볼리의 사례는 디지털 전환이 기술이 아닌 인간을 중심에 두고 이루어졌을 때 혁신으로 이어진다는 것을 보여주는 단초가 될 것이다.

스타벅스,
디지털 전환으로 기회를 잡다

전 세계 3만 개가 넘는 매장을 보유한 스타벅스는 단순히 커피를 파는 곳이 아니라 문화를 주도하는 곳이 되었다. 이러한 변화에서 디지털 트랜스포메이션 전략이 주도적인 역할을 했다. 앞서 디지털 전환에서 핵심 기술이 중요하다고 말했다. 하지만 대부분의 기업은 이를 활용하는 방법을 모른다. 특히 '왜 핵심 기술을 사용해야 하는가?'라는 근원적인 고민을 해본 기업과 리더는 매우 드물다. 디지털 전환이 기업의 혁신으로 연결되기 위해서는 먼저 3단계의 혁신이 이루어져야 한다.

1단계는 고객의 니즈를 정확히 파악하기 위한 감정 혁신(emotional innovation)이다. 고객이 무엇을 원하는지 파악하는 것은 그들의 고충(pain point)을 해결해주는 출발점이기 때문이다. 2단계는 기능 혁신(functional innovation)이다. 다양한 기능의 혁신을 통해 고객의 고충을 해결할 수 있는 아이디어를 만들어 내는 단계다. 3단계는 과정 혁신(process innovation)으로 기업이 일하는 방식과 생각을 바꿔 내재화를 이루는 것이다. 그리고 가장 중요한 다음 단계가 남아 있다. 감정·기능·과정이라는 세 가지 혁신을 해야 하는 이유다.

이 모든 것이 고객의 경험 혁신(experience innovation)을 위해 이루어져야 한다는 것이다. 스타벅스는 일찍부터 고객의 경험을 혁신하기 위해 최신 IT 기술을 더욱 적극적이고 빠르게 도입해야 한다고 생각했다. 기능 혁신을 단행한 것이다. 스타벅스의 수석 부사장 겸 CTO 제리 마틴 – 플릭킨저는 이렇게 말한다.

"어떤 기술이 스타벅스에 구현되는지는 중요하지 않다. 어떻게 스타벅스에 구현되는지가 중요하다."

그렇다, 스타벅스는 기술을 혁신하지 않았다. 기술을 적용해 서비스를 혁신한 것이다. 이것이 스타벅스가 디지털 전환으로 기회를 잡은 핵심이다.

스타벅스가 가장 먼저 혁신을 시도한 서비스는 원두의 품질 관리와 소비자의 신뢰 확보다. 커피를 마시는 고객의 가장 기본적인 욕망은 더욱 좋은 품질의 원두를 선호하는 것이다. 따라서 고객은 자신이 마시는 커피의 원두가 어디서 왔고, 어떻게 관리되는지 궁금해한다. 이를 위해 블록체인 기술을 도입했다. 무려 38만 곳의 커피 농장에서 구입한 원두를 로스팅해 매장으로 공급하는데, 모든 과정을 투명하게 제공하기 위해서다. '빈 투 컵(bean to cup)'이라 불리는 이 기술은 스마트폰으로 원두 포장에 부착된 마크를 인식하면 해당 원두의 생산지는 물론이고, 해당 지역 농부를 지원하기 위한 스타벅스의 사회공헌, 로스트 일정, 맛 평가 기록 등 세부 정보를 확인할 수 있다. 이것이 가능한 것은 위·변조가 불가능한 블록체인 기술의 특징에 있다. 스마트 계약(smart contract)을 이용해 커피 농장, 로스팅 공장, 메인 센터와 원장을 공유하고 소비자에게 정보를 제공하는 방식이다. 커피 시장의 중요 이슈였던 공정무역의 가치를 블록체인 기술을 통해 투명하게 검증하고 공개할 수 있게 된 것이다.

그 다음 서비스 혁신은 IoT 기술을 활용한 빅데이터 분석과 실시간 대응이다. 전 세계 3만 개가 넘는 스타벅스 매장에는 커피 머신, 그라인더와 믹서 등 12종의 장비가 하루 16시간씩 운영된다. 하지만 매장 상황에 따라 장비 관리가 제각각인 탓에 스타벅스 커피의 품질을 떨어뜨리거나 균일한 맛을 제공할 수 없다는 문제를 안고 있었다. 스타벅스는 최상의 커피를 제공하면서 동시에 모든 매장의 맛을 동일하게 유지하기 위해 클라우드 기반의 IoT 기술을 활용했다. 애저 스피어(Azure Sphere)라는 마이크로소프트(MS)의 IoT 솔루션을 활용해 전 세계 스타벅스 매장의 장비 데이터를 수집하는 센서 칩셋을 장착한 것이다. 이를 통해 실시간으로 압력, 물의 양, 온도, 원두 상태 등의 데이터를 수집했다. 어느 한 매장의 장비에 이상이 감지되면 바로 조치가 가능했고, 더불어 새로운 커피 레시피가 개발되면 동시에 매장에 업데이트 되면서 최상의 품질 유지가 가능해졌다.

마지막으로 적용한 서비스 혁신은 AI다. 클라우드 기반의 AI 기술로 고객 맞춤형 경험을 제공하기 시작한 것이다. 딥 브루(deep brew)라고 이름 붙인 맞춤형 메뉴 추천 서비스는 새로운 음료를 시도해보고 싶지만 혹시나 하는 마음에 늘 마시던 음료만 마시는 고객의 행동을 고려한 것이다. 사이렌 오더를 이용하는 고객의 주문과 구매 이력을 분석하고 여기에 개인의 취향, 날씨, 이용 시간 등을 참고해 강화학습 알고리즘을 활용했다. 이 AI 시스템은 이러한 정보를 종합해 고객에게 상황에 따른 새로운 메뉴를 추천해준다. 특히 드라이브 스루를 이용하는 고객에게 바쁜 아침 시간에 신속하고 후회 없는 선택을 하도록 도와준다.

기업은 늘 어떤 기술을 사용해야 하는가에만 관심을 두느라 고객이 무엇을 원하는지는 중요하게 생각하지 않는다. 고객의 경험 가치를 생각하지 않고 기술을 도입하고 적용하는 것은 어느 누구에게도 도움이 되지 않는다는 사실을 잊어서는 안 된다.

핵심 기술보다 중요한 것은 내재화다

MS의 CEO 사티아 나델라는 "핵심 기술을 빠르게 도입하는 것보다 중요한 것은 이를 수용하고 기업 고유의 것으로 만드는 내재화 과정이다"라고 말했다. 테크 인텐시티(tech intensity)라는 이 개념은 최신 기술을 도입하는 데 급급하기보다 최적 기술을 도입해 기업의 고유 역량으로 승화시키는 것이 디지털 트랜스포메이션 시대의 경쟁력이라는 것이다. 그렇다면 이를 위해 기업은 무엇을 해야 할까?

가장 먼저, 고객의 행동에 집중해야 한다. 고객이 제품을 구매하는 모든 과정을 면밀히 관찰하고 그들의 페인 포인트(불편한 부분)를 찾아내는 것이 중요하다. '클라우드 시스템을 도입했고, 고객 데이터를 모았으니 이제 AI를 활용해 분석만 하면 끝이다'라는 어리석은 생각에서 벗어나도록 하자. 고객은 의외로 자신의 생각과 다른 행동을 하는 경향이 있다. 주변을 의식하고 타인의 행동에 민감하기 때문이다. 또한 수없이 많은 데이터에서 제대로 된 데이터를 찾아내기는 어렵다. 데이터 분석가 세계에는 "Garbage In! Garbage Out!"이라는 말이 있다. 쓰레기를 넣으면 쓰레기만 나온다는 것이다. 아무리 세계 최고의 시스템을 갖췄다고 해도 쓸모없는 데이터를 넣으면 쓸모없는 결과만 나올 뿐이다. 고객을 관찰하고 그들의 니즈를 정확히 파악한 뒤, 정교한 알고리즘을 만들 수 있는 역량을 키워야 한다.

그 다음에는 모든 직원이 능동적으로 일할 수 있는 혁신적인 디지털 문화를 구현하자. 디지털 기술 도입은 그리 어려운 일이 아니다. CEO의 의사결정과 돈만 있으면 해결될 일이다. 하지만 최신 디지털 기술이 도입된다고 바뀌는 것은 아무것도 없다. 모든 임직원이 왜 조직이 변해야 하는지, 어떻게 변화해 나가야 하는지 공유하고 인식하지 않으면 일부 IT 부서의 전유물로 전락하고 말 것이다. 시스템을 도입하는 주관 부서부터 디지털 기술을 활용할 현장 직원까지 당위성을 받아들이고 쉽게 접근하고 활용할 수 있도록 혁신적 디지털 문화를 만드는 것이 중요하다. 모든 직원의 디지털 기술 접근성을 손쉽게 만들어주자.

새로운 변화는 늘 두렵다. 디지털 트랜스포메이션은 세상에 없던 새로운 것을 만들어내는 것이 아니다. 현실에 존재하는 고객의 작은 불편함이나 틈새를 파고드는 것부터 시작해보자.

4

산업 간 경계를 허무는 순간
모든 것이 바뀐다

MIT 미디어랩은 아이디어 하나로 산업 간의 경계를 무너뜨리는 세계 최고의 융복합 연구소다. 1985년에 처음 설립된 이곳은 미국의 미디어 학자이자 멀티미디어 개념을 처음으로 제시한 니콜라스 네그로폰테 교수와 인공지능의 창시자로 불리는 마빈 민스키, 발달과 학습 이론의 권위자 시모어 페퍼트, 3차원 홀로그램의 창시자 스티븐 벤턴 등이 참여했다. MIT 미디어랩의 주요 연구는 과학과 미디어, 예술 등의 융합이지만 연구의 폭이 한정되어 있지 않다. 영상 또는 음성 기반 인터페이스 기술, 지능 기반의 애니메이션 기술, 마개를 열면 음악이 나오는 병, 전자 잉크, 지능형 건축표면, 생명과학, 나노 기술 등 모든 분야를 어우르는 융합기술을 선보인다. 설립 이후 지속적으로 산학협동의 새로운 모델을 제시한 이곳은 아이디어와 상상력이 넘치는 기발하고 창조적인 연구로 세계의 주목을 받고 있다. 그런데 융복합화의 상징인 이곳이 만들어진 계기는 너무도 어처구니없는 우연의 시작이었다.

1941년 미국은 진주만 공습으로 제2차 세계대전에 참전했다. 중립을 지켜오던 미국의 선전포고는 일본, 독일, 이탈리아의 전면전으로 확대되었고 1942년 국민과 모든 산업생산력에 대한 동원령을 선포하며 급속한 전시 체제에 돌입했다. 학교도 예외는 아니었다. 군사기술 개발을 위한 다양한 공간이 대학에 들어섰는데 대표적인 건물이 1943년 정부의 명령으로 MIT에 지은 '빌딩 20'이었다. 이는 젊은 건축가 돈 휘스턴이 몇 시간 만에 설계하고 몇 개월 만에 지은 임시 건물이었다. 허름한 3층짜리 건물은 급하게 만들어 수도, 전기, 전화선 등이 천장에 노출된 흉측한 모양이었다. 전쟁이 끝난 뒤에는 실험실로 쓰였는데 공간 배치에 전혀 규칙이 없어 자기 방을 찾으러 가다 다른 연구실로 들어가는 경우가 허다했고, 엘리베이터 없는 저층 건물이라 이동거리가 매우 길었다. 피아노 수리점, 세계 최고의 언어학자 노암 촘스키 사무실, ROTC 학생회실이 혼재되어 있었고, 태양열 자동차 연구소는 건물 복도에서 주행 테스트를 실시할 정도였다. 적은 비용으로 대충 지은 이 건물의 특성 때문에 연구원들은 전화선이나 전기선을 천장에서 직접 끌어다 썼고, 필요한 공간을 알아서 확장해갔다.

그런데 끝도 없는 복도를 헤매다 다른 과학자와 만나 잡담을 하고 자신의 연구에 대해 이야기를 나누다가 다양한 문제를 해결하는 엉뚱한 상황이 일어나곤 했다. 이런 경험이 쌓여 어느새 이곳은 세계 최고의 융복합 연구소가 되었다. 1998년 철거되기 전까지 이 엉망진창 건물에서 9명의 노벨상 수상자가 탄생했고 제2차 세계대전 당시 적의 비행기를 신속하게 포착하는 레이더 기술을 발명해 전쟁을 승리로 이끌기도 했다. 실제로 이 건물은 6개월 뒤 철거할 예정으로 지었다고 한다. 하지만 신입생이 입학하면서 철거를 미루던 것이 무려 55년이나 이어져 지금의 MIT 미디어랩을 만든 기반이 된 것이다. 서로 다른 영역의 연구자가 격의 없이 만날 수 있었던 환경이 기술의 융복합화를 만들어냈고 이는 시대의 흐름에 맞춰 빠르게 혁신하는 비결이 되었다.

메디치 효과로
융복합적 사고를 창출하라

기술의 융복합이란 무엇일까? 융합은 둘이 녹아서 하나가 되는 것을 말하고, 복합은 둘을 합쳐놓는 것을 말한다. 예를 들어보자. 융합 기술은 의료 기술과 IT 기술이 하나로 합쳐져 디지털 헬스케어라는 새로운 기술 영역을 만드는 것이다. 즉 기존 기술의 한계를 극복하기 위해 인간에게 필요한 새로운 기술을 만드는 것을 의미한다. 그러나 복합기술은 의미가 조금 다르다. 건축 기술과 음향 기술을 결합해 최고의 공연장을 만드는 것처럼 각각의 본질은 그대로 유지한 채 시너지를 만들어내는 과정을 말한다. 결국 '융복합화'는 단순히 기술의 결합만을 의미하는 게 아니라 장르와 장르의 결합, 이종 간 협업이 기업·연구·산업 등 다양한 영역으로 확대하는 것이다. 여기서 신기술·신제품·신서비스가 탄생한다.

그렇다면 기업이 융복합화를 성공적으로 추진하려면 어떻게 해야 할까? 먼저 강요보다는 필요에 의해 융복합화가 일어나는 환경을 만들어주어야 한다. MIT 미디어랩의 시초가 되었던 빌딩 20에서는 누구도 융복합을 강요하지 않았다. 우연의 일치로 혹은 어쩔 수 없이 다양한 분야의 연구자들이 만남을 갖게 되었고 잡담을 나누는 과정에서 자연스레 서로 다른 영역의 기술과 경영, 예술 등이 융복합화 되었던 것이다.

이런 현상을 메디치 효과(medici effect)라고 부른다. 서로 다른 분야의 요소가 결합했을 때 각 요소들이 갖는 에너지의 합보다 더 큰 에너지를 분출하는 효과를 말한다. 인터넷 기업 인카닷넷(Inka.net)의 창업자 프란스 요한슨은 혁신적인 아이디어가 교차점에서 폭발적으로 증가하는 현상을 가리켜 메디치 효과라 말했다. 그는 자신의 영역에 빠져 고립되고 둔감해질 수 있는 전문가가 서로 다른 영역의 전문가와 만나 교차하고 융합하면서 창조와 혁신의 빅뱅이 일어난다고 설명했다. 르네상스 시대에 이탈리아 피렌체를 지배한 메디치 가문은 당대의 유명한 조각가, 과학자, 시인, 철학자, 화가 등을 광범위하게 지원함으로써 그들이 자유롭게 교류하도록 만들었다. 이들이 자유롭게 소통한 결과 예술과 교육, 과학 등의 경계가 허물어지면서 피렌체는 역사상 가장 혁신적인 창조의 중심지가 되었다.

그렇다면 기술과 산업 간 융복합 혁신의 트렌드는 어떻게 확산되고 있을까? 기존의 전통적 기업은 동종 산업 내에서 가격, 제품력 등을 중심으로 경쟁해왔다. 하지만 급격히 변하는 환경과 디지털 트랜스포메이션의 다양한 IT 기술로 많은 기업이 다른 산업과의 협업과 동맹을 본격화하는 추세다. 실제로 매우 보수적인 것으로 유명한 자동차 산업이 최근 혁신적인 발걸음을 시작했다. 신기술을 접목한 융복합 기능과 서비스 개발, 새로운 사업 모델과 고객의 경험 가치를 극대화시키고 있는 것이다. 최근 기업의 융복합화는 크게 두 가지 특징을 보인다.

하나는 기술 중심의 융복합화로 그 범위가 확대되는 것이다. 일반적인 융복합 기술을 의미하는 것으로 IT뿐만 아니라 바이오, 화학, 농업, 심리학 등의 서로 다른 분야에서 융복합을 통한 새로운 기술을 만들어내고 있다. 대표적인 집단이 앞에서 언급한 MIT의 미디어랩이다.

다른 하나는 비즈니스 모델을 중심으로 사용자 기반과 같은 비 기술적 요소를 융복합화하거나, 기존의 IT 기술을 활용해 소비자 경험 가치를 혁신하는 방법이다. 최근 디지털 트랜스포메이션의 형태는 기술의 융복합화보다 비 기술적 요소인 비즈니스 모델을 4차 산업혁명 기술에 접목해 고객에게 최고의 경험 가치를 제공하는 방식으로 바뀌고 있다.

자동차 회사의 변신은 무죄:
슬리퍼도 스스로 주차시키다

오늘은 승진자 교육이 있는 날이다. 모든 교육이 끝나자 사람들이 하나둘씩 빠져나갔다. 늘 그렇듯 의자는 여기저기 흩어져 있고 이 모든 건 인사팀 막내 최사원이 정리해야 한다. 그런데 웬일인가? 예전 같으면 투덜거리며 의자를 옮겼을 최사원이 갑자기 기분 좋은 표정으로 크게 박수를 한 번 친다. 그러자 마술처럼 교육장 안의 모든 의자가 저절로 움직이기 시작한다. 이내 최사원이 정리한 것보다 더 깔끔하게 정돈되었다. 2016년 유튜브에 공개된 이 영상은 영화의 한 장면도, 합성을 한 것도 아니다. 실제 일본의 한 기업 교육장에서 시연한 것이다.

의자가 저절로 움직여 정돈되는 모습도 신기하지만 더욱 놀라운 사실은 이 영상을 만든 곳이 최첨단 IT 기업도 아니고 의자를 생산하는 가구점도 아닌 자동차 회사라는 것이다. 이 프로젝트의 공식 명칭은 지능형 주차 의자(intelligent parking chair)로 닛산자동차의 자율주행 시스템의 우수성을 알리기 위해 영상을 제작했다. 박수 한 번이면 회의실 의자, 사무실 의자, 휴게실 의자, 심지어는 대형 강당 의자까지 깔끔하게 자동으로 정리된다는 것이다. 더욱 당황스러운 것은 엄청난 첨단기술 하나 없이 IoT 기술만 응용했다는 사실이다. 원리는 간단하다. 천장에는 각각의 의자를 인식할 수 있는 4개의 센서가 부착되어 있다. 그리고 의자 바퀴에 IoT 칩을 설치했다. 전체 시스템을 관리하는 메인 컴퓨터에 각 의자에 설치된 IoT 칩 순서를 사전에 세팅해 놓으면 박수와 같은 특정 신호를 인지해 천장 센서가 각각의 의자를 파악한 뒤 세팅된 위치로 이동시키는 것이다. 파격적인 이 영상은 사람들의 호기심을 불러일으키기에 충분했다. 닛산은 소비자에게 경험 가치를 제공하기 위해 이미 개발된 기술을 활용해 자동차와 의자를 융복합화한 것이다.

닛산의 질주는 여기서 끝나지 않았다. 뒤이어 우리가 평소에 신고 다니는 슬리퍼에도 자동 주차 아이디어를 실현시켰다. 두 번째 융복합 프로젝트는 닛산이 개발한 자동주차 기술 프로파일럿 파크(ProPILOT Park)를 적용한 편의 시스템이다. 료칸에서 촬영한 이 동영상은 입장할 때부터 슬리퍼를 신고 다녀야 하는 이곳의 손님이 나간 뒤 버튼을 한 번 누르는 것으로 모든 슬리퍼가 자기 자리를 찾아가 가지런히 정렬하는 모습을 보여준다. 프로파일럿 파크는 닛산의 전기자동차 리프(LEAF)에 처음 도입한 시스템으로 운전자가 주차 버튼을 누르면 자동차가 스스로 주변 사물을 감지하고 선택된 주차공간에 자동으로 차량을 주차하는 기능이다. 이 기술을 료칸의 실내화에 적용한 것이다. 방법은 앞서 이야기한 지능형 주차 의자와 같다. 이 료칸은 슬리퍼뿐만 아니라 객실의 탁자와 방석에도 자동 주차 기술을 적용했다. 손님이 방을 나가면 탁자와 방석이 자동으로 움직여 정리하도록 만들어 고객에게 최고의 경험을 제공한 것이다. 닛산의 프로파일럿 파크 기술은 2018년 CES에서 최고의 혁신상을 수상했다. 비즈니스 모델의 융복합화를 통해 새로운 혁신이 탄생했다.

블록체인,
비즈니스의 융복합의 열쇠

《세계미래보고서 2050》과 2016년 세계경제포럼은 미래를 바꿀 10대 기술 중 하나로 블록체인을 선정했다. 그러나 블록체인이라는 용어는 여전히 생소하다. 4차 산업혁명을 구성하는 대부분의 요소는 기술에 기반한 우위성을 내세우지만 유독 블록체인은 기존 비즈니스 모델의 혁신 기술로 확산되는 추세다. 예를 들면 2020 CES의 핵심 키워드로 선정된 AI, 5G, 로봇, 헬스케어 등의 기술은 고도의 개발이 필요한 영역이다. 하지만 블록체인 기술의 핵심은 어떻게 기존 서비스 분야를 혁신하느냐에 있다. 그만큼 디지털 전환의 중심에 있고 비 기술적 요소로 융복합화가 가능하다. 그렇다면 블록체인 기술의 융복합화로 혁신에 성공하려면 어떤 전략을 가져가야 할까?

먼저 해당 기술 플랫폼 구조를 완벽하게 이해해야 한다. 블록체인 기술의 핵심은 혁신 방법이다. 완전히 새로운 기술이 아니라 기존 서비스의 혁신을 통해 도출되기 때문이다. P2P 원장을 공유하는 부분이 순수 블록체인의 기술 영역이라면, 이를 활용해 기존 비즈니스 모델을 혁신하는 부분이 서비스 플랫폼 영역이 된다. 블록체인 2.0의 스마트 계약(smart contract) 기능은 자동 계약 기능으로 전자상거래에 활용할 수 있다. P2P 원장 공유로 조작과 해킹이 거의 불가능하고 비트코인이나 이더리움 같은 암호화폐를 사용하면 전 세계 어느 곳이든 단일 통화로 거래가 가능하다.

다음으로 기술의 가치를 명확히 이해해야 한다. 블록체인은 공유라는 특성 때문에 자동으로 투명성이 보장된다. 앞서 언급한 P2P 기술은 원장 공유로 무결성을 제공할 수 있다. 이 두 가지 요소는 정보의 신뢰성을 높이는 데 중요한 역할을 하고 기존 서비스의 신뢰성과 효율성을 향상시키는 가치가 된다.

그렇다면 블록체인 기술은 어느 분야에 적용할 수 있을까? 가장 많은 논의가 이루어지는 분야는 전자투표다. 전자투표는 장소의 제약을 받지 않고 투표가 가능하다는 장점이 있지만 해킹과 조작이 가능하다는 치명적인 단점을 가지고 있다. 그러다 보니 늘 국가에서 진행하는 투표에는 어마어마한 비용을 들여 투표소를 설치하고 관리하며 개표를 진행해왔다. 하지만 투표가 끝나고 나면 늘 그렇듯이 조작 의혹이 따라다닌다. 여기에 블록체인을 적용한 전자투표 시스템을 도입하면 이런 문제점을 한방에 해결할 수 있다. 앞서 말한 무결성과 투명성을 제공하기 때문이다. 실시간 확인이 가능할 뿐만 아니라 중앙관리자의 개입도 불가능하므로 사실상 조작이 불가능하다. 스페인의 신생 정당 포데모스(Podemos)는 블록체인 기반 전자투표인 아고라보팅(Agora voting)이라는 시스템을 도입했다. 스웨덴은 토지대장 업무처리에 블록체인을 적용해 평균 6개월의 심사기간을 3일로 단축시켰다. 최근에는 미국을 시작으로 음원 거래 방식에 블록체인을 적용해 중간 유통업자의 중개비용을 없애고 정확한 음원 판매량을 집계해 제작자에게는 더 많은 수익을 지급하고 소비자에게는 저렴한 비용으로 공급하는 시스템이 확대 중이다. 모두 블록체인의 제공 가치를 명확히 이해하고 활용한 사례다.

　블록체인 기술 융복합화로 혁신에 성공하려면 마지막으로 기술을 적용할 수 있는 빈틈을 찾아야 한다. 사업 아이디어를 도출하기 위해서는 공급과 수요 간의 빈틈을 발견해야 하기 때문이다. 해당 기술이 제공하는 가치를 활용할 수 있는 새로운 서비스 분야를 찾는 것이다. 이를 위해 관심 있는 서비스를 정리하고 문제점을 파악해야 한다. 비자(Visa)라는 금융회사는 금융거래에 적합한 블록체인 기술 확보를 위해 체인닷컴(Chain.com)을 인수했다. 그리고 비트코인 블록체인 거래 처리량보다 1만 배 빠른 기술을 개발해 다양한 블록체인 서비스를 구상 중이다. 월마트는 식품 이력관리 시스템에 블록체인을 적용할 계획이다. 유통기업에 있어 신선한 식품을 적재적소에 공급하는 것은 커다란 경쟁력이다. 월마트는 블록체인을 적용해 여러 단계의 생성 이력을 공유하고 유통 이력을 한번에 정리해 신속한 유통관리를 가능하게 한다는 전략이다. 블록체인을 적용하면 유통 이력 조회에 불과 2.6초밖에 걸리지 않는다고 한다.

디지털 은행을 꿈꾸는
페이스북과 스타벅스

　비트코인 하면 무엇이 떠오르는가? 아마 대부분의 사람들은 눈에 보이지 않는 가상화폐 혹은 검증되지 않은 투기 정도 수준에서 답을 할 것이다. 주변에 비트코인으로 돈을 많이 벌었다는 사람과 많은 돈을 잃었다는 사람들로 북적이는 것도 사실이다. 누군가는 채굴을 시도하기도 하고, 어떤 사람은 검증되지 않은 거품이라며 블록체인 기술 자체를 평가절하하기도 한다. 우리나라에서 블록체인은 단순히 비트코인 기술이라는 협소한 평가와 만능 보안기술로 인식되는 경향이 있다. 하지만 전 세계 수많은 기업은 블록체인 기술을 다른 시각에서 바라본다. 융복합 전략가들은 기존 서비스와 비즈니스 모델에 블록체인 기술을 활용하면 혁신을 만들어낼 수 있다고 말한다. 그렇다면 블록체인 기술은 융복합화를 통해 어떻게 활용되고 있을까? 먼저 페이스북 사례를 살펴보자.

2019년 IT 업계의 가장 큰 화두 중 하나는 페이스북의 암호화폐 리브라(Libra)의 발표였다. 페이스북이 암호화폐를 만든다니 이상하게 들릴 것이다. 페이스북은 소셜 미디어 기업이라는 이미지가 강하기 때문이다. 2004년 탄생한 페이스북은 어느새 기술이 아닌 플랫폼을 융복합하기 시작했다. 그들은 기존 SNS 서비스의 불편함을 느끼는 사용자의 불만을 인지하고 직관적인 이미지 중심의 SNS로 확장하기 위해 2012년 인스타그램을 인수했다. 그리고 2014년에는 전 세계 최대 메신저 서비스 기업 왓츠앱을 인수했다. 그들의 행보는 여기서 끝나지 않았다. 페이스북의 전체 매출의 98%가 광고에 의존하고 있다는 현실을 깨달은 것이다. 게다가 아마존, 구글 등 경쟁 기업의 질주와 새롭게 등장하는 미디어들, 그리고 광고시장의 정체는 이들의 지속 성장을 위협했다.

그렇다면 페이스북의 궁극적인 목표는 무엇일까? 바로 초국가 디지털 은행이다. 그들이 시도한 것은 새로운 기술 개발이 아니다. 사용자의 호감도(desirability)를 정확히 파악한 것이다. 사용자가 점점 뉴스피드 기반의 플랫폼에서 메신저 앱으로 옮겨가고 있다는 것을 간파하고 인스타그램, 페이스북 메신저, 왓츠앱 플랫폼을 통합하겠다고 선언했다. 20대가 인스타그램에서 옷을 사고, 페이스북에서 마약베개와 같은 기이한 바이럴 제품을 구매하는 것을 보고 전자상거래의 꿈을 꾸어왔던 것이다. 페이스북 사용자들이 모바일 앱에 돈을 넣어두고 간편하게 쓰는 걸 당연하게 여긴다는 니즈도 간파했다. 어느새 간편 결재는 모바일 전자상거래 플랫폼의 필수 아이템이 되었기 때문이다.

이러한 현상은 이미 중국의 모바일 서비스 플랫폼 위챗의 변신으로 검증되었다. 위챗은 메신저로 시작해 간편 결제를 기반으로 택시비, 계좌이체, 소셜 미디어까지 장악했다. 위챗의 그룹 채팅방은 전자상거래 창구가 되었고, 인플루언서들은 디지털 중개상으로 활동한 지 오래다. 사람들은 위챗을 통해 쇼핑뿐 아니라 송금, 결제, 금융상품 구매도 한다. 단순한 전자상거래 메신저를 넘어 디지털 금융 플랫폼이 된 것이다. 현재는 위챗페이와 생명보험·손해보험 온라인 서비스, 그리고 위뱅크라는 자체 인터넷 은행으로 개인 소액대출도 하고 있다. 이런 비즈니스가 가능했던 것은 중국의 금융환경이 큰 역할을 했다. 중국은 사회 전반적으로 신뢰도가 떨어져 신용카드 이용률도 낮다. 아직까지 위조지폐가 넘쳐나다 보니 위챗페이는 검증된 결재수단이 되었고 메신저 구성원 사이에 친밀감과 공감대가 형성돼 친구가 추천한 제품을 믿고 구매하는 것이다. 이제 "위챗에 없는 서비스는 중국에 없는 서비스"라는 말이 생길 정도다.

페이스북의 암호화폐 리브라의 출시는 위챗 모델을 염두에 둔 것으로 보인다. 과거 인터넷이 사업 수단이었다면 향후 인터넷은 돈이 흐르는 시장 자체가 된다는 것이다. 디지털 트랜스포메이션의 가속화로 산업 간 경계가 무너지면서 금융업은 금융기업의 전유물에서 벗어난 지 오래다. 페이스북은 위챗의 플랫폼 통합 전략에 블록체인 기술의 융복합화를 시도했다. 현재 인스타그램에서 활동하는 인플루언서나 콘텐츠 마케팅에 페이스북, 왓츠앱의 단톡방이 생기고 전 세계 사람이 믿고 신뢰할 수 있는 간편결제가 가능한 전자상거래 플랫폼을 만들기 위해 블록체인 기술을 적용한 것이다. 각국에서 예치될 각종 통화를 일일이 관리하기보다 이를 하나의 암호화폐로 통일해 플랫폼에서 활발하게 거래하기 위한 것으로 해석할 수 있다. 리브라는 간편결제뿐 아니라 고객의 금융 데이터를 기반으로 관련 광고나 금융상품을 추천할 수도 있다. 페이스북을 사용하는 24억 명이 하나의 플랫폼으로 연결되어 블록체인 기술로 안정성과 투명성이 보장된 리브라 암호화폐를 사용한다는 페이스북의 전략은 비즈니스 모델의 융복합화 전략의 대표적인 사례라고 볼 수 있다.

여기 디지털 은행을 꿈꾸는 거대 기업이 또 있다. 전 세계 82개 국가에 3만 개가 넘는 매장을 거느린 다국적 기업 스타벅스가 그 주인공이다. 어느 누구도 이들을 금융업과 관련된 기업이라고 생각하지 않는다. 그저 커피를 팔며 새로운 문화를 창조하는 나름 성공한 기업 정도로 여긴다. 하지만 커피 하나로 연매출 30조 원을 웃도는 스타벅스에는 또 다른 꿈이 있다. 모바일 핀테크 기업이 그것이다. 대체 스타벅스는 무슨 일을 벌이고 있는 것일까?

최근 스타벅스는 블록체인 기술과 비트코인에 관심을 보이며 디지털 화폐 서비스를 시작했다. 스타벅스 고객들은 커피를 주문할 때 카드나 현금 대신 스타벅스 선불카드나 모바일 앱을 이용한다. 편리하고 공짜 쿠폰 발행 등 혜택이 많기 때문이다. 스타벅스 앱의 사이렌 오더를 통해 주문하면 e쿠폰 관리와 모바일 자동충전 등을 편리하게 이용할 수 있다. 한 번에 1만~55만 원까지 충전이 가능한 선불카드는 사용이 편리하고 다양한 혜택을 제공해 많은 고객이 선호한다. 덕분에 선불카드 예치금만 1조 4천억 원이 넘는다고 한다. 이는 미국의 웬만한 지방은행보다 많은 현금 보유량이다. 미국에서 가장 많이 이용하는 모바일 결제 앱 역시 스타벅스다. 이쯤 되면 왜 스타벅스를 모바일 핀테크 기업이라 칭하며, 디지털 은행을 꿈꾼다고 하는지 이해가 된다.

스타벅스의 전략은 페이스북과 비슷하다. 스타벅스만의 가상경제 생태계를 구축하는 것이다. 이를 위해 특별한 기술을 개발하지는 않았다. MS가 개발한 기업용 블록체인 애저(Azure)를 활용해 스타벅스에서 사용하는 원두의 원산지와 유통 이력을 투명하게 관리하는가 하면, 비트코인 선물 거래소인 백트(Bakkt)에 투자해 암호화폐를 공식 통화로 활용할 계획이다. 전 세계에 매장을 둔 스타벅스는 글로벌 기업으로서 여러 통화를 관리하는 데 어려움이 많다고 한다. 82개 국가의 통화를 통합 관리하기 위해 각 지역의 금융규제와 환전 비용을 고려해야 한다. 고객 입장에서는 한국에서 쓰는 선불카드를 다른 나라에서 충전하거나 사용하지 못하는 불편함을 겪어야 했다. 이를 디지털 자산으로 통합함으로써 현금의 환율 변동 문제나 각국 중앙은행 시스템을 거쳐야 하는 어려움을 해결할 수 있게 된 것이다.

고객은 비트코인이나 블록체인 기술을 알 필요가 없다. 그냥 전 세계 어느 곳에서든 스타벅스 앱을 통해 커피를 즐기면 되는 것이다. 더 나아가 스타벅스는 블록체인을 활용한 데이터를 기반으로 전자상거래 플랫폼으로 확장할 계획이다. 전 세계의 다양한 물건을 판매할 수 있으며 고객은 환전을 하지 않아도 간편하게 구매할 수 있다. 암호화폐로부터 파생되는 다양한 금융 서비스를 도입할 수 있다는 것이다. 스타벅스를 포함해 중국 텐센트의 위챗, 알리바바의 알리페이, 페이스북의 리브라, 한국의 카카오뱅크와 삼성페이는 출발선이 전혀 달랐다. 하지만 자신의 플랫폼에 블록체인이라는 기술을 융복합화해 기존 비즈니스 모델을 혁신시켜 나가는 방법은 같다는 공통점을 지니고 있다. 이것이 바로 사람에 집중한 디지털 트랜스포메이션이다. 새로운 경험의 가치를 제공하고 산업 간 경계를 허무는 융복합으로 완전히 다른 비즈니스 모델을 창조하는 것이다. 이제는 이런 기업만이 살아남는다.

2부

센스 메이커
Sense Maker

보이지 않는 불편함을 찾아내는 능력

지금 기업이 마주한 비즈니스 환경은 매우 불확실하다. 기술의 끊임없는 발전, 새로운 세대의 출현, 업무 방식의 변화, 기존 시장의 몰락과 세상에 없던 시장의 탄생 등 커다란 불확실성과 변화 앞에서 갈피를 잡지 못하고 있다. 이럴 때 필요한 것이 센스메이킹(sensemaking)이다.

센스메이킹이란 고객이 원하는 니즈나 데이터처럼 눈에 보이지 않거나 예상치 못한 사건이나 불확실하고 복잡한 상황에 의미를 부여해 즉각적으로 대처하는 능력을 말한다. 끊임없이 변화하는 상황에서 개인이 만들어내는 주관적 지각(직관, 의견, 생각, 질문 등)이 어떻게 변화하고 의미를 형성해 가는지 관찰함으로써 그 사람의 행위를 이해하는 방법론이다. 센스 메이커는 평범한 일상에서 남들이 보지 못하는 불편함을 찾아내는 능력이 뛰어나며, 사람들이 집단적 경험에 의미를 부여하는 프로세스를 잘 만들어낸다.

디지털 트랜스포메이션의 핵심은 기술에 대한 절대적 믿음에서 시작되었다. 최대한 많은 데이터를 정량적으로 모아서 오류를 범할 가능성이 큰 인간적 요소를 제거한 뒤 이를 체계화하는 알고리즘을 개발하면 모든 문제를 해결할 수 있다는 게 그들의 주장이었다. 하지만 우리가 살고 있는 사회는 인간으로부터 출발

한다. 비즈니스 역시 인간의 행동에 대한 도박과 같다. AI의 알
고리즘을 활용한 빅데이터 분석은 패턴만을 제시하므로 돈을
쓰는 소비자의 감정을 완벽하게 파악하기란 불가능하기 때문이
다. 결국 최종 의사결정과 방향의 설정은 인간이 하므로 인문학
에 기초한 센스메이킹을 했을 때 불확실한 인간의 선택에 대처
하고 기업이 나아갈 방향을찾을 수 있다.

1

불확실을 이기는 전략,
센스메이킹하라

"당신은 변화 없이 안정적이고, 예측 가능한 경영환경에서 일하고
있는가?"

만약 이런 질문을 받는 다면 "예!"라고 대답할 수 있는 직장인은 몇
명이나 될까? 단언컨대 아무도 없을 것이다. 세계 경제는 저임금 노
동력과 성장의 한계에 따른 현지 공장 철수, 리쇼어링(reshoring: 해외
에 나가 있는 자국 기업을 각종 세제 혜택과 규제 완화 등을 통해 본국으로
불러들이는 정책) 현상 증가, 4차 산업혁명에 따른 글로벌 신사업 선점
경쟁이 치열하다. 국내 경영환경 역시 기업이 살아남기 어려운 상황이
다. 저출산, 초고령 사회로의 진입 등 사회적 문제와 함께 근로제도와
노동문화의 변화, 장기적 경기 침체, 불안정한 정치 상황과 대북 문제
는 기업의 경영환경을 더욱 불확실하게 만들고 있다.

이처럼 변화무쌍한 경영환경에서 우리는 무엇을 해야 할까? 전미 리더십포럼의 창시자 조지프 자보르스키는 앞으로 리더가 길러야 할 핵심역량은 빠르고 정확하게 판세를 읽는 힘이라고 말했다. 그러면서 위대한 리더와 평범한 리더의 차이는 게임의 규칙과 성격을 파악하는 능력이라고 덧붙였다. 그 능력이 바로 센스메이킹이다.

미시간 대학교 경영대학 석좌교수 칼 웨익은 센스메이킹을 가리켜 "조직 및 경영환경의 다양한 불확실 요인을 파악하고 이해해 자신이 취할 행동을 결정하는 것"이라 말했다. MIT 슬론 경영대학원 교수 데보라 안코나는 "센스메이킹이 가장 필요한 순간은 우리가 알고 있는 세상이 우리가 이해할 수 없는 방향으로 움직일 때"라고 말한다.

그렇다면 디지털 트랜스포메이션과 센스메이킹은 어떤 연관이 있을까? 기업을 이끄는 리더에게 무엇보다 필요한 역량이 바로 센스메이킹이다. 획기적인 컨설팅으로 각광받는 레드 어소시에이츠의 CEO 크리스티안 마두스베르크는 "센스메이킹이란 사람들의 문화를 분석하고 맥락을 파악한 뒤 인과관계를 통해 사람들의 행동 패턴을 찾아내는 과정"이라고 말한다. 특히 데이터와 알고리즘을 중심으로 돌아가는 디지털 트랜스포메이션 시대에는 수치와 데이터에만 의존해서는 비즈니스의 정확한 답을 찾아낼 수 없다. 이때 리더가 센스메이킹을 발휘한다면 데이터의 이면에 숨어 있는 인간의 행동에 대한 진짜 원인을 찾고 데이터가 놓친 기회도 잡을 수 있다.

데이터는 완벽하다,
하지만 인간을 설명하는 데는 적합하지 않다

2007년 미국 라스베이거스에서 세계 최대 규모의 국제전자제품 박람회(CES)가 열렸다. 하지만 많은 사람들의 이목은 샌프란시스코에 집중되어 있었다. 이들의 시선을 사로잡은 주인공은 스티브 잡스였다. 애플 및 소프트웨어 전문잡지 〈맥월드(Macworld)〉가 주최하는 엑스포 행사의 기조연설에서 잡스가 엄청난 제품을 내놓을 것이라고 추측했기 때문이다. 그는 역시 기대를 저버리지 않았다. 무대에 오른 잡스는 "그리고 또 하나(and one more thing)"라고 말하며 작은 기기를 꺼내들었다. 무성한 소문으로만 떠돌던 아이폰이었다. 그의 기조연설을 들은 사람들은 의아했다. MP3 플레이어인 아이팟과 비슷하게 생겼고 전화, 이메일, 웹서핑, 메시지, 아이튠즈 등이 들어간 PDA(Personal Digital Assistant)의 유사품 같았기 때문이다.

시작은 소박했다. 잡스는 멋진 프레젠테이션과 함께 2008년 말까지 전 세계 휴대폰 시장의 1%를 점유하는 게 목표라고 밝혔다. 이 작은 시작은 세상의 모든 것을 변화시키는 여정의 출발이 되었다. 당시 데스크탑 중심의 PC 산업은 자신의 운명을 가늠하지 못하고 있었다. 특히 데스크탑 시장을 독점하며 지속 성장을 하던 MS의 CEO 스티브 발머는 아이폰 발매 직후 한 인터뷰에서 이렇게 말했다.

"500달러 요금제에 가입하면 보조금을 지급한다니. 아마도 세상에서 가장 비싼 전화기일 듯한데. 게다가 자판이 없으니 그다지 좋은 이메일 기기는 되지 못할 것이고…”

　500달러나 하면서 물리적인 키보드 없이 전면이 모두 화면인 이 신기한 물건은 이들에게 그저 일부 얼리어답터의 전유물로 보였다. 게다가 이미 데스크탑 시장은 안정기를 지나 탄탄한 정착기를 유지하고 있었다. 소비자 만족도나 점유율 같은 통계와 데이터 역시 지금의 시장이 얼마나 견고한가를 나타내주었다. 따라서 이들은 아이폰으로 인해 자신들이 타격을 받을 것이라고는 전혀 예상하지 않았다. 그로부터 3년이 지난 2010년 6월 잡스는 아이패드를 출시하며 더 충격적인 예언을 했다. PC 시장의 종말을 단언한 것이다.

　당시 PC 시장을 이끌던 기업의 리더들은 코웃음을 쳤다. 이들에게 아이패드는 그저 아이폰의 화면을 키운 것과 다를 게 없어 보였기 때문이다. 하지만 아이패드 등장 이후 2년 만에 PC 시장은 내리막길을 걷기 시작했다. 2012년 2.5% 감소, 2013년 11.5% 감소로 이어졌다. 시장의 선도 기업인 델, HP, 노키아, 모토롤라, IBM 등은 몰락의 길을 걸어야 했다. 이로 인해 인텔과 MS도 상당히 힘겨운 시기를 보내게 된 것이다.

　잡스가 쏘아올린 작은 신호탄인 아이폰은 모바일 혁명을 가져오는 계기를 만들었다. 스마트폰이 삶의 일부가 된 신인류 포노 사피엔스를 탄생시켰고, 인류의 삶을 송두리째 바꿔버렸다. 아이폰에서 아이패드로 이어진 혁명은 애플을 2013년 세계 최고의 기업으로 만드는 데 결정적 역할을 했다. 그 배후에는 스티브 잡스라는 센스 메이커가 자리 잡고 있었다. 기업과 비즈니스에 있어 데이터는 매우 중요하다.

그리고 지금은 시장과 제품, 소비자에 관한 완벽에 가까운 데이터를 얻을 수 있는 세상이다. 그러나 데이터는 인간의 모든 것을 설명해주지는 못한다. 결국 기업의 미래를 바꾸는 것은 데이터로는 설명할 수 없는 인간의 욕망과 시장의 숨은 틈새를 읽는 통찰력, 즉 센스메이킹이다.

센스메이킹은 오하이오 주립대학교 커뮤니케이션 교수인 브렌다 더빈이 처음 제시한 개념이다. 그녀는 현실은 고정된 것이 아니라 끝없는 불연속의 상태에 존재하며, 이러한 불연속은 현실 속 존재가 모두 연결된 게 아니라 지속적으로 변하기 때문에 생긴다고 했다. 또한 이것은 인간의 삶에 있어서 필수적으로 일어나는 현상이며 자신과 문화, 사회, 조직 간에 존재하는 지식과 정보를 의미한다고 설명했다. 결국 센스메이킹이란 불확실한 환경에서 전체적인 맥락을 읽고 큰 그림을 그린 후 최선의 의사결정을 도출하는 과정이라고 할 수 있다.

더빈 교수는 센스메이킹 과정을 3단계로 나눴다. 1단계는 상황(situation)이다. 이는 인간의 삶에서 어떠한 차이가 발생해 질문이 생기고 그에 대한 답변이 필요한 상태다. 2단계는 차이(gap)인데, 사람들이 마주하는 불확실성이나 혼돈 등의 차이를 좁히기 위해 지식과 정보를 활용해 다리를 놓는 과정이다. 3단계인 사용 및 도움(use & help)은 제기된 질문에 대한 답변을 찾아 사람들이 앞으로 나아갈 수 있도록 해주는 과정이다. 리더의 센스메이킹은 그들의 아이디어, 인식, 생각, 태도, 신념, 가치, 느낌, 감정, 직관, 기억, 이야기, 서사 등을 활용해 사람들 간의 차이에 다리(bridge)를 놓아 도움을 주는 과정이다.

다시 애플의 사례로 돌아가 보자. 잡스의 센스메이킹이 두각을 나타낸 시기는 2001년 아이팟의 개발 과정이다. IT 역사의 한 페이지를 장식한 그의 이름을 대중에게 알리게 된 계기가 아이팟의 성공이기 때문이다. 그러나 아이팟이 잡스 혼자만의 아이디어로 탄생한 것은 아니다. 하나의 팀이 센스메이킹으로 만들어낸 결과물이다. 아이팟 개발팀을 총괄했던 잡스와 포터블 제품 기술자인 토니 파델, 아이팟 하드웨어 부분 리더 존 루빈스타인, 아이팟 디자인팀을 총괄한 조너선 아이브, 그리고 애플의 내부 기술팀이 협업해 만들어낸 것이다. 당시 애플은 간신히 경영 정상화에 도달한 직후였다. 때문에 신제품 아이맥의 판매를 늘릴 방법을 고민했다. 하지만 젊은이들은 냅스터(Napster)에 열광하며 디지털 음악에 빠져 있었다. 애플은 음악재생 프로그램도 없는 아이맥의 상황을 정확히 인지했다. 그들은 급격한 변화를 따라잡기 위해 아이튠즈(iTunes) 개발을 시작으로 기존 MP3 플레이어 시장조사에 들어갔다. 당시 디지털 음악 재생기기는 덩치가 크고 투박하거나 작고 쓸모가 없었다. 게다가 32M, 64M 메모리칩 기반이어서 겨우 수십 곡의 노래를 저장할 뿐이라 재생시간도 짧았다. 이런 상황(situation)에서 발생한 차이(gap)를 줄이고 다리(bridge)를 놓기 위해 전문가들과 소통을 시작한 것이다. 작은 메모리는 1.8인치 하드디스크로 대체하여 수백곡을 저장할 수 있었고, 인터페이스는 스크롤힐 방식을 도입해 직관적이고 빠르게 검색할 수 있도록 개선했다. 아이튠즈와 와이파이 연결로 자신이 듣고 싶은 곡을 단

몇 초만에 다운받을 수 있는 편리함, 10시간의 재생시간과 미니멀리즘의 깔끔한 디자인 구현으로 젊은이들의 호응을 얻었다. 결국 스티브 잡스가 한 일은 상황(situation)을 명확히 파악하고, 소비자들과의 차이(gap)를 줄이기 위해 아이디어, 인식, 생각, 태도, 신념, 가치, 느낌, 감정, 직관, 기억, 이야기, 서사 등을 활용해 제품에 다리(bridge)를 놓아준 것이었다. 2001년 10월 23일 세상에 선보인 아이팟은 디지털 음원시장의 혁명을 불러일으키며 2004년 말 기준 디지털 음악 재생기기 시장에서 70%가 넘는 점유율을 기록했다.

센스메이킹은
정보 공유와 신뢰에서 탄생한다

"세계 최고의 갑부는 제프 베조스."

2018년 3월 국내 한 일간지를 장식한 타이틀이다. 미국의 경제 전문지 〈포브스〉는 매년 세계 부자 순위를 발표한다. 당시 지난 4년 연속 세계 최고 부자를 차지했던 빌 게이츠를 제프 베조스가 밀어낸 것이다. 더욱 놀라운 것은 1987년 순위 발표를 시작한 이래 가장 큰 폭의 재산 증가액이라는 사실이다. 이 모든 결과는 제프 베조스의 센스메이킹에서 답을 찾을 수 있다.

아마존 주식회사, 일명 아마존. 이 회사를 모르는 사람은 없을 것이다. 1994년 7월 6일 제프 베조스는 미국 시애틀에서 자그마한 온라인 서점 사업을 시작했다. 1997년부터는 VHS, DVD, CD, 전자제품, 옷, 가구, 음식 등으로 영역을 확장해 나갔다. 그때까지도 아마존은 단순히 물건을 싸게 판매하는 온라인 쇼핑몰에 지나지 않았다. 하지만 아마존은 평범한 기업이 아니었다. 2000년 이후 급격하게 변화하는 시대 흐름에 맞춰 전자책 킨들을 제작했고, 물류창고 효율화와 배송시간 단축을 위해 선반 운송 로봇 '키바'를 개발하고 드론 배송 서비스 '프라임 에어'에 도전했다. 여기에 무인매장 시스템 '아마존 고'를 선보이면서 업계를 선도하는 기업으로 자리매김했다.

하지만 세계 최대 온라인 기업 아마존의 이익을 담당하는 효자는 따로 있다. 2006년에 설립한 아마존의 자회사 AWS(Amazon Web Service)다. 이 회사의 실적은 놀라울 정도다. 매출은 아마존 그룹 전체의 10% 수준이지만 영업이익의 70% 이상을 AWS가 책임지고 있다. 전자상거래 기업에 뿌리를 둔 아마존은 어떻게 AWS를 생각해냈을까? 아마존은 쇼핑몰 업체의 본질과 비즈니스 모델에서 해답을 찾았다. 온라인 쇼핑몰 운영에서 무엇보다 중요한 것은 인프라를 유연하게 운영하는 것이다. 할인행사를 하거나 새로운 제품이 유행하면 갑자기 사용자가 몰리기 마련이다. 이때 기존 인프라만으로는 접속 속도가 느리거나 최악의 경우 아예 쇼핑몰 접속이 안 될 수도 있다. 이에 아마존은 어떤 상황에서도 자신들의 쇼핑몰에 빠르게 접속할 수 있도록 인프라에 과감히 투자했다. 인프라를 쉽게 늘리고 줄이는 유연함과 안정적으로 운영하는 것이 경쟁력이라는 것을 파악한 것이다. 또한 IT 기술의 발달로 예산이 충분하지 못한 스타트업과 트래

픽이 기하급수적으로 증가할 수 있는 모바일 게임업체 혹은 O2O 서비스 업체가 손쉽게 사용할 수 있는 클라우드(cloud: 기업에 저장 공간·서버·네트워크 같은 기본 IT 인프라를 제공하는 서비스) 사업을 준비했다.

제프 베조스는 2012년 AWS 컨퍼런스에서 이렇게 말했다.

"AWS는 구매하는 순간 이익을 얻는 구조가 아니라 사용하는 순간 이익을 얻는 구조다."

이는 기존 IT 인프라 기업은 고객이 서버를 구입하는 순간 이익을 얻지만 AWS는 가입과 인프라 구축은 공짜로 제공하며, 고객이 사용하는 기간만큼 돈을 받는 구조라는 뜻이다. 그리고 이 전략은 적중했다. AWS는 아마존의 캐시 카우가 되어 새로운 사업에 끊임없이 도전할 수 있는 든든한 울타리가 되어주었다. 아마존이 단순히 제품과 콘텐츠를 유통하는 기업에 머물렀다면 지금과 같은 세계 최고 기업으로 우뚝 서지 못했을 것이다. 몇 해 전 비즈니스 업계에는 'to be Amazoned'라는 신조어가 유행했다. 우리 말로는 '아마존이 되다' 정도로 해석할 수 있지만, '아마존에 당하다'라는 뜻으로 통용된다. 이는 아마존이 새로운 사업에 진출하면 그 분야의 기업에게는 망할 일만 남았다는 의미의 경고다. 이처럼 자신의 사업 영역을 넘어 비즈니스 전체에 큰 영향력을 발휘하는 아마존의 성공은 제프 베조스의 센스메이킹이 빛을 발휘한 결과다.

그런데 리더 혼자서 비즈니스에 관한 모든 것을 이해하는 것이 가능할까? 지금처럼 기술이 복잡해지고 환경이 빠르게 변하는 상황에서는 불가능한 일이다. 그렇다! 센스메이킹은 리더에게만 필요한 역량이 아니다. 조직원들과 함께 만들어나갈 때 그 효과는 더욱 커진다. 이를 위해 데보라 안코나 교수는 X팀(X-Team)을 활용하라고 말한다. X팀은 기업이 관료주의적 조직문화를 더 민첩한 형태로 바꾸고자 할 때 변화를 추진하는 수단 역할을 하는 팀을 의미한다. 이들은 3단계로 운영되는데 첫 번째가 센스메이킹을 활용한 탐색(exploration) 단계로 그들의 임무가 무엇인지 알아가는 과정이다. 두 번째는 그 결과를 바탕으로 대안을 선택해서 활용(exploitation)하는 단계이고, 마지막으로 성과를 확인하면서 다른 팀으로 확산(exportation)하는 단계다. 탐색 단계에서 X팀은 다양한 종류의 정보와 관점을 수집하고 현재의 상황을 이해한 후 나아가야 할 방향을 선택하고 정한다. 여기에 센스메이킹이 사용된다. 지금부터 X팀의 모범사례로 손꼽히는 MS로 가보자.

2007년 아이폰의 등장으로 시작된 모바일 혁명은 MS를 나락으로 밀어넣었다. 주력사업인 PC 시장이 2011년을 정점으로 2017년까지 하락을 이어갔기 때문이다. 2008년 MS의 수장 빌 게이츠가 은퇴를 선언하고 그 뒤를 스티브 발머가 이어갔다. 그는 폭풍처럼 다가오는 모바일 시장에는 관심이 없었다. 그래서 잡스가 아이폰을 발표했을 때도 500달러짜리 키보드 없는 이메일 기기라며 혹평을 가했다. 그의 생각과 달리 스마트폰의 등장은 PC 산업의 하락을 가져왔고 MS라는 이름은 사람들의 머릿속에서 잊히기 시작했다.

하지만 다행스럽게도 그들에겐 걸출한 센스 메이커가 있었다. 2014년 MS의 CEO가 된 사티아 나델라가 그 주인공이다. 그는 2011년 아마존에 비해 한참 뒤처진 클라우드 사업부를 맡으면서 앞으로 이 분야가 크게 성장할 것을 예견했다. 일찍이 AI와 클라우드 컴퓨팅 기술이 일반화될 것이라고 확신했기에 주변 사람들의 만류에도 이들 분야에 매진했다. 하지만 혼자만의 노력으로 해결할 수 있는 문제가 아니었다. 그는 기존의 서버 사업에 안주하려는 구성원들을 설득하기 시작했다. 그들과 공감대를 형성하고, 개별적으로 면담을 시도했으며, 상황을 인지할 수 있도록 질문을 던지고 경청을 이어갔다. 나델라는 클라우드가 비즈니스의 중심이 되어야 하는 이유에 관해 구성원들과 센스메이킹을 한 것이다. 기존 사업에 안주하고 있는 구성원들의 상황(situation)을 명확히 인지시키고, 현재 비즈니스 상황과의 차이(gap)를 깨달음과 동시에 이들에게 다리(bridge)를 놓아줌으로써 원하는 목표와 성과를 달성하도록 만들었다.

2017년 이후 MS는 기존의 PC 중심 소프트웨어 사업이 아닌 스마트폰과 AI, 클라우드 중심의 모바일 시장에서 두각을 나타내며 빌 게이츠를 다시 세계 최고의 부자로 만드는 성과를 달성했다. 나델라의 센스메이킹은 학창시절 읽었던 소설에서 시작되었다. 노먼 맥클린의 자전적 소설 〈젊은이들과 화재〉는 1949년 소방관 13명의 목숨을 앗아간 산불 사건을 통해 조직의 리더십에 관해 이야기하고 있다. 소설 속 소방관 대장은 산불 진압이 마무리될 무렵 더 큰 산불을 막기 위해서는 일부러 작은 산불을 놓아야 한다는 사실을 깨닫는다. 하지만 끝내 대원들을 설득하지 못했고 누구도 대장의 지시를 따르지 않게 된 것이다. 그로 인해 대원들을 안전한 곳으로 대피시킬 기회도 놓치며 많은 대원이 목숨을 잃고 말았다. 나델라는 이 소설을 떠올리며 "리더와 조직원 간의 일상적인 정보 공유와 신뢰가 얼마나 중요한지 깨닫게 되었다"고 말했다. 그러면서 기업의 리더는 급변하는 환경에서 위기가 닥치면 지금 당장은 비상식적으로 들릴지 몰라도 조직원들의 직관에 어긋나는 지시를 내릴 수밖에 없다고 덧붙였다. 이때 조직원들이 지시를 따르게 하는 데 가장 중요한 것이 평소 서로에 대한 정보 공유와 신뢰라는 것이다. 그렇다면 이러한 능력은 어떻게 키워나가야 할까? 지금부터 알아보자.

우리는 똑똑하게 실패하였는가?

작은 온라인 서점에서 출발한 아마존이 세계 최고의 IT 기업으로 성장한 비결은 무엇일까? 샌디 카터 AWS 부사장은 아마존의 끊임없는 혁신 비결을 3C로 설명한다. 이는 센스메이킹의 핵심 역량이기도 하다.

①고객에 대한 집착(Customer Obsession)

카네기멜론 대학교 연구팀에 따르면 스타트업 CEO는 시간의 80%를 고객과 함께 보내는 반면 대기업은 20%만 고객과 함께 보낸다고 한다. 그런데 아마존은 다르다. 그들은 고객의 사소한 것까지도 들여다보며 집착한다. 평소 아마존을 자주 이용하는 할머니가 찻잔 세트를 구입했다. 너무도 갖고 싶던 물건을 받고 뛸 듯이 기뻐한 나머지 그만 찻잔 하나를 깨뜨리고 말았다. 산산조각 난 찻잔을 바라보며 한숨을 내쉬던 할머니는 지푸라기라도 잡아보겠다는 심정으로 아마존 고객센터에 연락을 했다. 혹시 자신이 깨뜨린 찻잔 하나만 따로 구입할 수 있는지 물어보기 위해서다. 돌아올 대답은 이미 예상하고 있었다. 찻잔 세트는 낱개 판매가 불가하기 때문에 죄송하다는 대답이 전부였을 것이다. 하지만 아마존의 대응은 달랐다. 고객의 마음을 걱정하며 주문번호를 물어보았다. 그러고는 하나만 구입할 수 있는 방법을 알아본 뒤 다시 연락하겠다고 말했다. 놀랍게도 할머니는 아마존으로부터 똑같은 찻잔 세트를 다시 받았다. 대체 어떻게 된 걸까? 상담직원은 할머니가 평소 아마존을 자주 이용하는 프라임 고객임을 확인했다. 그리고 자신의 권한을 이용해 고객에게 가장 만족스러운 의사결정을 내렸다. 이런 일이 가능했던 것은 고객 중심의 아마존 철학과 상담직원에게 고객 만족을 위한 의사결정 권한을 부여했기 때문이다.

고객에 대한 집착으로 타의 추종을 불허하는 또 다른 회사가 있다. 디자인 컨설팅 기업 아이데오(IDEO)다. 그들은 사람들의 행동을 집요하게 관찰하면서 다양한 아이디어를 얻는 것으로 유명한데, 대표적인 사례가 오랄비의 어린이 칫솔이다. 만약 새로운 어린이 칫솔 디자인을 의뢰받았다면 가장 먼저 무엇을 떠올릴까? 아마도 어떤 캐릭터를 사용해야 할지 고민할 것이다. 아이들 제품은 기능보다 캐릭터 디자인에 의해 구매가 결정된다고 생각하기 때문이다. 그런데 이들의 접근은 달랐다. 어린이라는 고객의 행동에 집착한 것이다. 가장 먼저 아이들의 칫솔 잡는 행위를 관찰하기 시작했고 '주먹현상'이라는 재미있는 행동을 발견했다. 아이들은 손이 작고 힘이 없어 손가락이 아닌 주먹으로 칫솔을 잡는 것이었다. 그런데 시중에 판매되는 어린이 칫솔은 모두 칫솔모와 손잡이가 작았다. 이것이 아이들의 양치 행위에 불편을 주었고, 양치를 싫어하게 만든 것이다. 결국 그들은 기존의 패턴과는 전혀 다른 물렁한 촉감에 칫솔모 부위를 장난감처럼 굵게 만들었다. 아이들은 훨씬 편하고 쉽게 칫솔질을 할 수 있게 되었고 덕분에 양치 시간이 늘어났다.

MS의 CEO 나델라 역시 고객에 대한 집착이 유별난 사람으로 알려져 있다. 그는 이해관계자들과 대화하는 데 많은 시간을 투자한다. 회사 내 리더들뿐만 아니라 현장 파트너, 소비자들과 만나 미래에 대해 논의한다. 경영진의 연수는 회사 내부가 아닌 현장에서 소비자들의 피드백을 받게 하였고, 그 내용을 조직 구성원과 공유하면서 신뢰를 쌓아간다고 한다.

②실패를 두려워하지 않는 문화(Culture)

아마존은 매주 수요일 각 팀이 모여 무엇을 실패했고, 이를 통해서 무엇을 배웠는지 공유하는 시간을 갖는다. 〈뉴욕 타임스〉에 따르면 일부 실리콘 밸리의 기업은 실패담을 공개하고 나누는 모임을 만들어 운영 중이라고 한다. 카산드라 필립스는 2009년 샌프란시스코에서 사업 실패 경험을 이야기하며 서로를 위로하고 재기를 도약하는 사람들의 모임인 페일콘(FailCon)을 기획했다. 이 행사는 폭발적인 반응을 얻어 500여 명의 실패한 벤처 사업가들이 자신의 실패담과 처세술을 공유했다. 실패를 통해 재기를 도모하는 모임은 점차 확산되어 다양한 국가의 여러 지역과 기업에서 운영되고 있다. 캐나다 토론토에는 아예 기업의 실패에서 교훈을 뽑아내는 페일 포워드(Fail Forward)라는 기업도 생겼다. 이 회사의 창립자 애슐리 굿은 이렇게 말한다.

"아무도 실패하기를 원하지 않는다. 절대 축하할 일도 아니다. 하지만 우리는 똑똑하게 실패하는 것이 점점 더 중요해지는 시대에 살고 있다."

그렇다면 똑똑한 실패는 무엇을 의미하는 걸까? 하버드 대학교 경영대학원의 에이미 에드먼슨 교수는 똑똑한 실패를 가리켜 "지식기반을 넓히거나 가능성을 조사하는 실험 혹은 정교한 실험을 통해 아이디어를 검증하는 실패"라고 말한다. 비록 당장 원하는 결과를 얻지 못하더라도 다양한 시도를 통해 경험을 쌓고 새로운 과제에 적용할 가치 있는 성과를 만들어내는 실패 말이다. 이렇게 탐구한 실패의 정보는 같은 실패를 반복하지 않도록 돕는다. 급변하는 디지털 시대에 기술의 발전과 트렌드의 변화는 내일조차 정확히 예측하기가 힘들게 만들었다. 또한 리더 혼자서 완벽한 청사진을 그리는 것도 불가능한 일이 되었다. 그렇다고 두려움과 무기력함에 빠져 손을 놓고 있을 수도 없다. 창의성을 발현시키고 혁신을 이끌어내기 위해서는 일단 해봐야 한다. 물론 모든 도전이 성공할 수는 없다. 실패하더라도 창조적 실수와 똑똑한 실패로 이어지도록 조직 내부와 외부를 끊임없이 연결하고 학습으로 성장하는 문화를 만들어야 한다.

③하루에 100번 이상 질문하는 호기심(Curiosity)

뇌과학자들의 연구에 의하면 '왜'라는 질문은 두뇌의 전전두엽을 자극해서 뇌를 활성화 한다고 한다. 이 사례는 유태인 연구에서도 방증되고 있다. 학교에서 돌아온 아이에게 건네는 엄마들의 첫 질문은 "학교에서 무엇을 배웠니?"가 아니라 "학교에서 무엇을 질문했니?"로 시작한다는 것이다. 이런 습관은 전 세계 인구의 0.25%인 이스라엘 민족을 노벨상 수상자의 30%, 〈포춘〉 선정 100대 기업의 CEO 30%, 미국 100대 부자의 20%, 정치·경제·문화예술·미디어 등에서 영향력을 발휘하는 리더로 키웠다.

'왜?'라는 근원적 질문으로 성공한 기업의 사례도 많다. 대표적인 것이 다이슨(Dyson)이다. 영국의 가장 창의적 기업으로 평가받는 다이슨은 "우리는 무엇을 하는 회사인가?"라는 근원적인 질문으로 혁신을 만들어낸다. 영국에서는 "다이슨처럼 하라"는 말이 혁신의 대명사로 사용될 정도다. 이들의 첫 번째 혁신 상품은 100년 동안 아무런 의심 없이 먼지봉투를 달고 있던 청소기에서 먼지봉투를 떼어내면서부터 시작된다. 그동안 우리는 청소기의 이물질이 밖으로 배출되지 않도록 먼지봉투가 달린 것이 당연하다고 생각했다. 하지만 다이슨은 '왜 청소기에는 먼지봉투가 있어야 할까?'라는 근원적 질문을 던졌다. 그 결과 먼지봉투가 흡입력을 약화시킨다는 사실을 확인했고 세계 최초로 먼지봉투 없는 청소기를 만들었다. 다이슨 청소기는 어떤 오염물질도 발생하지 않도록 청소기 내부의 흡입력을 강화해 깨끗한 공기를 배출한다. 두 번째 혁신 상품은 날개 없는 선풍기다. '왜 선풍기에는 날개가 있어야 할까?'라는 근원적 질문을 던졌고 그 해답을 화장실의 핸드 드라이어에서 찾았다. 날개 없이도 강력한 바람을 만들어내는 선풍기 '에어멀티플라이어'는 혁신적인 기술과 혁신적인 디자인으로 다이슨을 세계적인 기업으로 이끌었다. 그밖에도 레드오션이었던 헤어드라이기, 고데기 시장에서도 그들의 근원적 질문은 진가를 발휘했다. 경쟁 기업의 제품보다 수십 배 비싸지만 누구나 갖고 싶어 하는 제품을 만들어낸 것이다. 다이슨은 어떻게 잘 만들까를 고민하지 않았다. 대신 왜 그렇게 만들어야 할까를 고민했다. 이런 근원적 고민은 현재 다이슨이 만드는 무선청소기, 날개 없는 선풍기, 공기청정기, 가습기, 드라이어, 고데기, LED 조명 등으로 이어지며 혁신을 거듭하고 있다.

효과적인 센스메이킹을 위한 제안

MIT의 데보라 안코나 교수는 센스메이킹 능력을 키우는 8가지 행동지침을 제시했다. 다양한 유형과 소스의 데이터를 찾을 것, 특정 상황의 숨은 기회를 포착하기 위해 타인을 개입시킬 것, 고정관념을 벗어날 것, 조직의 활동에 민감해질 것, 새로운 상황에 자신이 가진 기존의 프레임워크를 단순 대입하지 말 것, 발현된 상황을 토대로 새로운 프레임워크를 만들어 조직 구성원에게 질서를 부여할 것, 작은 실험을 통해 배울 것, 자신의 행동이 새로운 환경에 어떤 영향을 미치는지 인지하고 행동할 것이다.

서강대학교의 김양민 교수는 이를 기반으로 우리나라의 관점에서 센스메이킹을 키우는 5가지 방법을 제안했다.

하나, 다양한 유형의 정보와 데이터를 꾸준히 업데이트하고 서로 연결시킬 것. 이는 기업 내외부에서 일어나는 모든 일들이 연속적이며, 전후 맥락에 의해 발생하기 때문이다. 따라서 상황을 명확히 이해하기 위해서는 현재의 사건과 그 사건의 맥락과 뿌리를 이해해야 한다. 소비자, 공급자, 경쟁자, 내부자 등 다양한 정보들을 꾸준히 감지해야 진정한 센스메이킹을 할 수 있다.

둘, 사용자 중심의 사고를 할 것. 비즈니스 최전선에 가까운 사람들, 고객과 새로운 기술에 가까운 사람들로부터 배워야 한다. 타인과의 상호작용 통해 자신의 판단 모델을 검증해볼 수 있다. 잘못된 부분이 있다면 수정하며 개선할 수 있다.

셋, 공감능력을 통한 팀워크를 만들어갈 것. 센스메이킹은 사회적이고 집단적인 활동이다. 구성원 간의 대화, 조정, 타협, 그리고 협업은 서로의 정보를 공유하게 하고 신뢰를 만들어낸다. MS의 나델라는 이를 위해 성과관리 방법의 변화를 통해 기업문화를 바꾸었다. 그는 스택 랭킹(stack ranking)이라는 MS의 상대평가 시스템을 코넥츠(connects)라는 절대평가 시스템으로 바꿨다. 스택 랭킹은 무조건 평가 대상의 20%는 고성과자, 70%는 평균 성과자, 10%는 저성과자로 분류했다. 이는 팀원 간 경쟁을 부추겼다. 반면 나델라가 주도한 코넥츠는 동료들의 관계를 지표로 만들어 팀원들의 아이디어와 제안을 어떻게 활용하고 자신이 팀원들의 업무에 어떤 기여를 했는지 평가하는 것이다. 이 방식은 팀원들에게 심리적 안정감을 주어 서로에 대한 공감을 이끌어냈다. 이는 팀원 간 협조와 격려, 의견 공유 등 협업을 우선해 생산적인 토론이 이루어지도록 했다.

넷, 100% 확신이 아니라 그럴듯한 가능성에 베팅할 것. 우리가 아는 현실은 100% 정확한 것이 아니라, 비교적 정확한 것이다. 때문에 상황에 따라 그럴듯한 가능성에 베팅하는 것이 예측가능성을 높일 수 있다. 펜실베이니아 대학교의 석좌교수 필립 테틀록은 '좋은 판단 프로젝트(Good Judgement Project)'를 실시했다. 그는 미래에 대해 뚜렷한 확신을 가진 그룹과 매우 신중한 태도를 보이는 그룹으로 나누어 어느 쪽의 예측력이 더 뛰어난지 분석했다. 그 결과 신중한 태도의 그룹이 확신을 가진 그룹보다 예측 정확도가 높았다. 신중파들은 성실하게 상세한 정보를 모았고 자신과 다른 시각에 대해 개방적이었으며 지속적으로 정보를 업데이트했다. 또한 자신의 접근이 틀렸다고 생각했을 때는 방향을 바꾸는 것에 망설임이 없었다. 그들은 100%의 확신보다는 자신들의 정보를 십분 활용해 확률에 따라 그럴 가능성이 높은 것에 베팅하는 사람들이었던 것이다. 대개 조직의 위기는 우리가 모르는 것 때문에 발생하는 것이 아니라 안다고 생각하는 것 때문에 발생한다.

다섯, 악마의 변호인(Devil's Advocate)을 고용할 것. 센스메이킹은 집단 사고로부터 시작한다. 그러다 보니 경험에 의한 추론적 사고인 휴리스틱이 생기고, 확증편향으로 고정관념에 빠질 위험이 높다. 이 때 '왜?'라는 질문이 악마의 변호인이 되어준다. 사전적 의미는 '논의가 활발하게 이루어질 수 있도록 일부러 반대 의견을 내는 사람, 반대를 위해 시비를 거는 사람'이다. 모두가 그렇다고 할 때 '왜 그런 거지?'라는 질문 한마디는 센스메이킹의 방향을 잡아주고 시간을 단축시킬 수 있는 중요한 역할을 한다.

2

포노 사피엔스,
세대를 이해하라

밤이 되면 목소리를 높이며 고래고래 소리를 지르는 이가 있다. 두 눈은 조금의 흔들림도 없이 모니터를 응시하고 두 손은 빠르게 키보드와 마우스를 오간다. 이어폰을 쓰고 있어 말을 걸어도 반응하지 않는 그는 낮에는 대부분 스마트폰을 보느라 고개를 숙인 채 생활하고 밤이 되면 컴퓨터 화면에 빠진 채 큰 소리로 부르짖는다. "죽어!"

이 스토리의 주인공은 누구일까? 우리 집 중2 아들이다. Z세대라 불리는 그의 독특함 때문에 집안은 조용할 날이 없다. 그는 두 가지 병에 걸려 있다. 하나는 그 무섭다는 중2병이고, 또 하나는 2019년 세계보건기구(WHO)가 질병으로 분류한 게임 중독이다. 그는 누구이며, 어디에서 왔을까? 흥미로운 사실은 전 세계의 글로벌 기업이 그들을 주목하고 있다는 것이다.

세계에서 가장 주목하는 컨퍼런스 중 하나인 CES는 매년 5개 정도의 주목할 만한 키워드를 발표한다. 2018년 키워드 중에서 눈에 띄는 세 가지는 미래 일자리, 소비와 경험, Z세대였다. CES는 왜 Z세대라는 키워드에 주목한 걸까? 이유는 명확하다. 그들이 매우 중요한 가치를 지녔기 때문이다. 그렇다면 Z세대는 누구이며 급변하는 디지털 전환 시대에 생산자인 동시에 소비자인 그들을 어떻게 이해할 수 있을까? 그 해답 역시 센스메이킹에서 찾을 수 있다.

새로운 세대의 탄생,
새로운 디지털 시대의 탄생

Z세대는 1990년대 중반에서 2000년대 초반에 걸쳐 태어난 젊은 세대를 지칭한다. 어릴 때부터 디지털 환경에서 자라 디지털 네이티브(디지털 원주민)라는 특징을 갖고 있으며, 개인적이고, 독립적이며, 경제적 가치를 우선시하는 소비 패턴을 보인다. 《90년생이 온다》라는 책을 통해 더욱 친숙해진 M세대(밀레니얼 세대)의 뒤를 잇는 인구 집단이기도 하다. 일부 사회학자들은 2020년 기준 만 25세 이하인 Z세대는 아직 학생이 대부분이거나 이제 막 직장생활을 시작한 사회초년생이라고 표현한다. 기획재정부 자료에 따르면 2018년 말 기준 Z세대의 비율은 우리나라 전체 인구의 13% 정도이며, 이 중 미성년자와 성년의 비율은 50 대 50이라고 한다. 얼핏 '어린 M세대'로 보이기도 하

지만 사고방식과 라이프스타일이 선배(밀레니얼) 세대와 닮은 듯 완전히 다르다. 전문가들은 Z세대와 M세대의 차이가 M세대와 X세대의 차이만큼 크다고 말한다. 그 배경에는 그들의 부모 세대와 IT 기술, 인터넷과 스마트폰 활용, 세계 경제 등 사회·경제적 상황이 골고루 영향을 미치고 있다. 그렇다면 지금 우리나라를 구성하고 있는 세대는 누구인지 알아보자.

베이비부머 세대는 현존 세대 중 가장 나이가 많다. 이들은 1960년대 중반 이전에 태어나 전쟁과 이념의 시대를 관통해왔다. 철저한 아날로그 중심으로 이미 경제활동에서 물러났다. 《트렌드 코리아 2020》은 이들 중 경제력을 갖춘 5060을 10대 키워드 중 하나로 손꼽으며 오팔 세대라고 불렀다. 오팔(OPAL)은 'Old People with Active Life'의 약자로 '활기찬 생활을 하는 고령자'를 의미한다. 하지만 현실적으로 이들은 돈이 없고, 돈을 잘 쓰지 않는 세대다. 의학기술의 발달로 평균 수명이 늘어났기 때문에 그저 아껴 쓰는 게 최선의 소비 방식이기 때문이다.

이들 뒤를 잇는 것이 X세대다. 1960년 중반부터 70년대 후반 사이에 태어난 사람들로 디지털 노마드(유목민)라 불린다. 이들은 성인이 되어서야 인터넷이라는 매체를 접했고 유선전화, 워크맨, 삐삐 세대이기도 하다. 물질적 풍요 속에 개인주의를 탄생시켰고 개성이 강하다. 직장에 들어와서야 휴대폰과 스마트폰을 사용했지만 아직까지도 익숙하지 않다. 경쟁사회에 노출되어 왔고 현재 가장 활발한 경제활동을 하고 있지만 자신에게 쓸 돈은 없다. 그들의 소비는 대부분 Z세대인 자녀를 키우는 데 사용한다. 조직에서는 꼰대라는 애칭이 붙었으며 후배인 M세대에 치여 리더십의 혼란기를 겪고 있다.

그 다음 세대는 현재 조직에서 가장 큰 관심의 대상인 M세대다. 2018년 기준 전 세계 인구의 30% 이상을 차지하며 전 세대 중 가장 큰 규모를 자랑한다. 1980년 초에서 1990년대 말에 태어났으며 대부분 조직의 하부를 차지하며 왕성한 경제활동 중이다. 그만큼 조직과 시장에 미치는 영향력이 막강하다. 소득과 소비 모두 전성기를 향해 가는 젊은 세대이기 때문이다. 아날로그 감성을 쫓으며 디지털을 선호하고, 사생활과 취미생활을 중시한다. 협업적이고 수평적 관계를 선호하고, 인터넷과 모바일을 적극적으로 활용한다. 또한 일과 인생의 조화를 중요하게 여기고 업무 시간 총량보다 결과를 중시하는 삶의 철학을 지녔다. 따라서 '지금 이 순간을 사는 세대'이자 '연애는 필수, 결혼은 선택, 자녀는 노!'라고 외치는 세대이기도 하다. 이처럼 M세대는 이전 세대들과 전혀 다른 소비 유형을 나타낸다.

마지막으로 Z세대의 특징을 알아보자. M세대가 디지털과 아날로그를 함께 경험했다면 Z세대는 오직 디지털만 경험한 디지털 네이티브(원주민)다. 인생 자체가 디지털인 이들은 디지털 트랜스포메이션 시대를 이끌고 갈 주역이다. Z세대는 아직 경제활동 인구로 보기는 어렵다. 하지만 경제 동향을 파악하고 소비 행태의 장기적 변화를 가늠하고자 할 때 중요한 변수로 등장한다. 이를 입증하듯이 미국 온라인 마케팅 컨설팅 기업 카산드라가 발표한 Z세대의 소비 보고에 따르면 이들 부모의 93%가 지출 및 소비에 자녀(Z세대)의 의견이 결정적 영향을 미쳤다고 답했다. 결국 Z세대의 사고와 행동 특성이 앞으로 펼쳐질 디지털 트랜스포메이션 시대에 중요한 전환점이 될 수 있다. 이들이 CES의 주요 키워드로 등장한 이유가 여기에 있다.

한물간 구찌는 어떻게
명품계의 아이돌이 되었을까

2019년 제2의 전성기를 맞이한 패션 브랜드가 있다. "It's so GUCCI!"라는 말을 유행시킨 구찌가 바로 주인공이다. It's so GUCCI라는 말은 직역하면 '정말 구찌스럽다' 정도이지만 1980년대 초부터 2000년대 초까지 태어난 소위 MZ세대(밀레니얼 세대와 Z세대)에서는 '멋있다'라는 말의 대명사로 통한다. 한때는 한물갔다는 소리까지 듣던 구찌가 이처럼 화려하게 부활한 비결은 무엇일까?

1921년 이탈리아 플로렌스에서 탄생한 구찌는 대부분의 명품 브랜드가 그러하듯이 2008년 글로벌 금융위기를 겪으며 2014년까지 매년 20%씩 매출이 감소했다. 그런데 5년 뒤 상황이 완전히 달라졌다. 모든 패션 브랜드가 선망하는 기업이자 벤치마킹 대상이 된 것이다. 마치 무대 위의 아이돌처럼 수많은 사람들의 사랑과 열렬한 지지를 받게 된 구찌에게 대체 무슨 일이 일어난 걸까? 구찌의 부활에 가장 큰 역할을 한 것은 M세대와 Z세대의 구매력이다. 실제로 2019년 구찌 매출의 62%가 35세 이하의 소비자로부터 탄생했다. 더욱 놀라운 것은 Z세대에 해당하는 24세 미만의 소비자 매출이 가장 높다는 사실이다. 구찌는 어떻게 이런 결과를 만들어냈을까? 세대의 특성을 명확히 이해한 리더의 센스메이킹 덕분이다.

2015년, 마르코 비자리는 구찌의 새로운 CEO로 발탁되었다. 그는 장기 침체로 경영난을 겪는 하이엔드(high end: 최고 품질, 최고 성능, 최신 사양을 갖춘 제품) 브랜드의 돌파구를 고민하다가 자신이 미처 생각하지 못했던 비고객(noncustomer)에 관심을 갖기 시작했다. 바로 M세대와 Z세대였다. 사실 명품 업계는 그동안 MZ세대의 등장을 반기지 않았다. 소유보다 경험, 브랜드보다 개성을 중요하게 생각하는 MZ세대와 오랜 전통을 이어가며 고유의 색깔을 잃지 않으려는 명품 브랜드는 성향이 너무도 달랐기 때문이다. 하지만 이대로라면 전통과 고유성은커녕 브랜드 자체가 시장에서 영원히 사라질 수도 있는 상황이었다. 살아남기 위해서는 비고객을 새로운 고객으로 만들어야 했다.

비자리는 이들 세대를 공략하기 위해 그들의 특성을 분석했다. 이윽고 MZ세대를 가장 잘 아는 건 그들 또래라는 사실을 깨달았다. 신규 고객 확보를 위해 우선 그는 30세 이하의 핵심 직원들을 모으기 시작했다. 취미, 출신, 성격, 성별 등 다양성을 고려해 그림자 위원회(shadow committee)라는 비밀조직을 만든 것이다. 그림자 위원회가 하는 일은 간단하다. 매주 임원 회의에서 논의한 주제를 그대로 가져와 다시 토론을 하는 것이다. 물론 임원 회의의 결과물은 대부분 쓰레기통으로 직행했다. X세대로 구성된 임원들은 절대로 MZ세대를 위한 창의적 전략을 만들어낼 수 없기 때문이다. 그림자 위원회는 젊은 감각에 맞게 회사 내외부의 정책과 전략, 마케팅 방식을 바꿔나갔다. 오랜 시간 보수적이었던 조직에서 이런 일이 가능했던 것은 비자리의 강한 추진력 덕분이었다.

시간이 지나며 그림자 위원회는 굵직굵직한 성과를 내기 시작했다. MZ세대가 여행을 좋아하고 스마트폰 지도를 활용해 인스타의 명소나 맛집을 찾아다닌다는 데서 영감을 얻어 소비자 참여형 앱 '구찌 플레이스(Gucci Place)'를 론칭했다. 구찌가 영감을 받은 전 세계 곳곳의 장소를 소개하는 것이다. 이 앱을 설치한 사람들은 구찌 플레이스로 선정된 장소 주변에 있으면 알람을 받게 된다. 앱을 통해 해당 장소와 관련한 구찌의 역사를 볼 수 있고, 구찌의 화보 촬영 비하인드 같은 콘텐츠도 확인할 수 있다. 그곳을 방문하면 포켓몬 고 게임처럼 디지털 스탬프를 발급해주는데, 이를 일정 수량 모으면 구찌의 한정판 콜렉션을 구입할 수 있는 권한이 주어진다. 구찌 플레이스는 여행과 즐거운 경험을 좋아하고, 한정판에 열광하는 MZ세대에게 폭발적인 인기를 끌었다.

구찌의 제품군에서 모피를 철수한 것도 그림자 위원회의 아이디어였다. 이제 MZ세대에게 반려동물은 가족이 되어버렸다. 이들에게 동물 가죽으로 패션 제품을 만드는 것보다 사회적 가치를 중시하고 올바른 소비를 우선시하는 구찌의 행보는 브랜드 인지도를 높여주는 계기가 되었다. 한마디로 힙한 브랜드가 된 것이다. 그밖에 다른 명품 브랜드가 희소성을 강조하는 것과 달리 디지털 친화력을 높이기 위해 인스타그램, 페이스북, 유튜브 등 다양한 SNS 플랫폼을 활용하는 것은 물론, MZ세대에게 익숙한 비디오 콘텐츠에 과감히 투자했다. 오랜 시간 브랜드 이미지를 대표하던 유명 연예인 대신 인플루언서와 협업해 마케팅을 펼쳤다. 17세의 인기 래퍼 릴 펌의 노래 〈구찌 갱(Gucci Gang)〉은 빌보드 차트 3위에 올랐고, 구찌의 대표 제품인 '에이스 스니커즈'와 다양한 분야에서 활동하는 예술가들이 함께 비디오 프로젝트를 진행하기도 했다. 각각의 예술가들이 에이스 스니커즈를 테마로 60초 분량의 단편 영상을 제작했고, 이를 구찌 공식 인스타그램에 순차적으로 공개했다. 키치하면서 스트리트 감성이 가득한 영상은 이제 구찌는 더 이상 올드한 명품 브랜드가 아니며 젊은 세대가 갖고 싶어 하는 핫한 브랜드임을 것을 강조했다.

이러한 노력의 결과는 금세 나타났다. 2017년 12월 영국의 저명한 패션 매체 비즈니스오브패션(Business of Fashion)과 패션 검색 플랫폼 리스트(Lyst)가 함께 발표한 글로벌 패션 리포트에서 가장 많은 사랑을 받은 명품 브랜드로 선정되었다. 또한 검색엔진에서 가장 많이 검색한 브랜드와 트렌드에, 그리고 가장 많이 팔린 제품 등 거의 모든 패션 관련 카테고리 1위에 오르는 기염을 토했다. 세대의 특성을 정확히 분석하고 M세대와 Z세대라는 비고객을 발굴해 이들을 새로운 고객으로 만들기 위해 그림자 위원회라는 X팀과 센스메이킹을 시도한 CEO 마르코 비자리의 디지털 트랜스포메이션 리더십이 빛을 발한 것이다.

우리는 가격보다
갬성이 더 중요하다

보람튜브, 서은이야기, JFlaMusic, 햄지, 떵개떵, 유디티TV …

이 단어들이 무엇인지 안다면 당신은 어느 정도 디지털화되어 있는 사람이다. 이들은 모두 연봉이 20억 원 이상일 것으로 추정되는 국내 유튜버들이다. 유튜브는 초등학생의 장래희망 상위권을 차지하고, 직장인들이 너 나 할 것 없이 회사를 때려 치고 새롭게 도전하며, 아직까지 TV를 보지 않는 Z세대가 가장 오랫동안 머무르는 공간이자 가장 영향력 있는 디지털 미디어 채널이다.

M세대는 베이비붐 세대의 자녀들이다. 그들의 부모는 무에서 유를 만든 세대다. 전후의 혼란기를 겪었고, 빠른 경제 성장을 기반으로 치열한 경쟁에서 승리하는 것이 이들의 삶의 철학이었다. 1997년에 IMF를 겪고 2008년에는 금융위기를 거치면서 경제적 어려움도 이겨내야 했던 이들은 가성비를 중시하고 합리적인 소비를 추구한다. 이에 반해 Z세대는 X세대들의 자녀다. X세대는 자기 자신에게 집중하며 개성을 존중하고 자기 표현을 두려워하지 않는다. 이러한 부모의 영향을 받은 Z세대는 개인주의가 강하고 다양성을 추구하며, 워라밸을 중시한다. 어려움 없이 성장하다 보니 가성비보다 가치 추구를 위한 가심비를, 집단보다 개인을, 소유보다 공유를, 상품보다 경험을, 직접 대면보다는 비대면을 통한 수평적 인간관계를 추구하는 성향이 강하다.

양쪽 모두 동영상에 익숙하지만 M세대가 TV를 보고 자랐다면 Z세대는 유튜브를 보고 자랐다. 그래서인지 M세대는 셀럽을 동경하지만 Z세대는 유튜브 크리에이터에게서 더 많은 영향을 받는다. Z세대에게 유튜브 인플루언서는 화장을 가르쳐주고, 운동을 지도하는 롤모델이다. 이들이 추천하는 제품을 구입하고, 이들의 제품 리뷰를 철저히 신뢰한다. M세대는 브랜드에 대한 지명도가 강해 나이키나 노스페이스라면 괜찮다고 생각하지만, Z세대는 철저히 내 개성을 중시한다. 오히려 유명 브랜드는 촌스럽다고 생각한다. M세대가 자신이 좋아하는 브랜드 두세 개 정도를 이용한다면 Z세대는 제품마다 다른 브랜드를 이용하는 성향이 강하다.

쇼핑을 즐기는 채널에서도 차이를 보인다. M세대는 온라인과 오프라인 쇼핑을 반반씩 즐기는 편인데, Z세대는 온라인 쇼핑보다 오프라인 쇼핑을 더 좋아한다. Z세대가 오프라인을 찾는 이유는 매장에서 직접 제품을 체험해보고 싶기 때문이다. 어렸을 때부터 동영상 커뮤니케이션 방식에 익숙해 직접 보고 경험하는 소비에 더 비중을 두는 것이다. 그리고 M세대가 가격과 성능을 철저히 따지는 합리적인 소비를 즐기는 데 반해 Z세대는 제품의 첫인상을 중시한다. 이러한 성향은 그들이 '갬성'이라 부르는 단어로 표현된다. 갬성은 감성을 뜻하는 신조어로 내 소비의 사회적 가치에 대해 관심이 많고, 제품 사용기를 남기고 공유하며, 제품에 대한 영향을 미치려는 성향이 강한 데서 더욱 도드라진다. 갬성을 중시하는 Z세대에겐 브랜드의 스토리와 가치, 그리고 진정성이 가격보다 먼저다.

우리 집에도 Z세대가 한 명 살고 있다. 앞서 이야기했던 중2병에 걸린 아들이다. 아이가 중학교 1학년이던 어느 날 데스크탑 컴퓨터를 사달라고 조르기 시작했다. 이제 중학생도 되었고 게임도 하고 공부도 하고 싶다는 이유였다. 게다가 나만 빼고 다른 애들은 다 가지고 있다는 나름의 논리를 펼쳤다. 생각해보니 틀린 말은 아니었다. 게임이 조금 마음에 걸렸지만 PC방을 들락거리는 것보다는 나을 듯해 제안을 하나 했다. 너에게 필요한 컴퓨터 견적서를 직접 만들어 가져오라는 것이었다. 아이는 잠시 고민하더니 알겠다고 대답했다. 일주일 정도 지났을 무렵 아이가 상기된 얼굴로 종이 한 장을 내밀었다. 대견한 마음으로 종이를 받아든 나는 입을 다물지 못했다.

"250만 원? 아니 뭐가 이렇게 비싸?" 사야할 부품 목록을 보고는 더욱 경악할 수밖에 없었다.

"LED가 12개? 이게 뭐야. 그래픽카드 89만원? 세상에!"

아이의 얼굴은 한껏 기대에 부푼 표정이었다. 나는 조심스레 부품에 대해 질문했다.

"LED 12개는 뭐야? 이게 왜 필요해?" 아이의 대답은 심플했다.

"갬성이잖아, 아빠!"

나중에 컴퓨터를 같이 조립하고 나니 그 대답이 이해가 되었다. 컴퓨터 케이스 한쪽이 유리로 되어 있었는데 파워 버튼을 누르자마자 LED들이 요란스럽게 뻔쩍이는 것이다. LED 팬 6개, CPU LED, CPU 팬 LED, 메모리 LED 2개, 그래픽카드 LED, 본체 LED. 총 12개의 LED가 다소 요란스럽게 뻔쩍이며 색깔을 바꾸고 있었다.

다음 질문은 그래픽카드였다. "89만 원짜리 그래픽 카드가 필요해?" 이 질문이 어리석었음을 깨달은 건 아이의 대답을 듣고 나서였다. 게임의 종류를 열거하던 아이는 그래픽 최소 사양을 전문용어로 읊어댔다. '외계어인가?' 머릿속이 복잡해졌다. 결국 타협에 이르렀다. 그래픽카드 예산을 줄여보기로 한 것이다. 또 일주일이 지나서 아이가 가져온 절충안은 아마존이었다. 아마존닷컴에서 본인이 고른 똑같은 사양의 그래픽 카드가 59만 원에 판매한다는 것이다. 기가 막혔다. 영어도 잘 못하면서 어떻게 찾았을까? 나의 질문은 또 시작되었다.

"여기는 미국 사이트고 카드로 결제하는 방법도 어려울 테고, 믿을 수 있을까?" 이번에도 아이의 대답은 심플했다. "걱정 마, 아빠. 내가 결제하는 방법 다 알아왔어!" 결국 난 두 손 두 발 다 들고 주문을 할 수밖에 없었다. 이어서 잔상이 생기지 않게 해주는 게이밍용 모니터와 발자국 소리를 들어야 한다는 논리로 노이즈 캔슬링 이어폰까지 구입했다. 지금 우리 집 거실에는 250만 원짜리 게임기가 놓여 있다.

중학교 1학년 아이는 어떻게 이 많은 정보를 알아낸 것일까? 그렇다. 유튜브다. 자신이 좋아하고 신뢰하는 인플루언서에게 배운 것이다. PC 본체의 구조, 부품 사양, 가격 등 자신이 하고 싶은 게임에 적합한 옵션을 모두 배웠다. 닐슨코리아의 조사에 의하면 TV와 친숙하지 않은 Z세대의 모바일 이용시간은 하루 평균 6시간으로 전체 미디어의 70%를 차지한다고 한다. 이들의 검색량은 전 세대에 걸쳐 가장 많으며, 유튜브 동영상부터 구글 텍스트까지 영역을 확대해 정확한 정보를 찾아내는 능력이 탁월하다.

이런 Z세대는 세 가지 대표적인 특징을 가졌다. 첫째는 디지털 네이티브다. 디지털 환경에서 자라 IT 기기와 기술에 능숙하다. 특히 이들에게 스마트폰은 제7의 장기라 불릴 만큼 신체의 일부와 같이 중요하다. 이런 특징은 신기술과 변화에 민감한 소비 활동으로 이어진다. 둘째는 자유분방함과 개인주의다. X세대 부모의 영향을 받은 것으로 자신만의 뚜렷한 가치관을 가지고 나답게 사는 것을 중요하게 여긴다. 빅데이터를 분석한 Z세대의 주요 키워드는 혼밥, 커스터마이징, 자기중심 등이었다. 한마디로 개취존중(개인 취향 존중), 싫존주의(싫음도 존중)로 표현할 수 있다. 셋째는 현재를 중시하는 것이다. 장기 불황과 경기 침체를 겪는 부모를 보면서 불확실한 미래에 대한 반작용으로 오늘을 생각하는 성향이 강하다. 휘게(일상에서 행복을 찾는 덴마크 사람들의 지혜)나 욜로(나만의 행복을 추구하는 삶), 그리고 소확행(작지만 확실한 행복)을 만들어냈고, 소유보다는 공유를 선호하고 해외여행을 즐기며, 워라밸을 중시한다.

어떻게 Z세대에게 다가갈 수 있을까?

트렌드 분석 기업 스타일러스는 "백화점에서는 Z세대를 찾을 수 없다"고 말했다. 이들은 브랜드 스토리가 있고, 가치를 지니고, 진정성을 가진 브랜드를 선호하기 때문이다. 백화점에는 비슷비슷한 상품들이 진열돼 있고 차별성이 없으니 찾지 않는 게 당연하다는 것이다.

Z세대의 소비 성향은 '구매 경험, 가치 소비, 경험 공유'로 정리할 수 있다. 제품 자체보다 구입하는 과정이 얼마나 쿨한가를 따지며, 나의 제품 구입이 사회적 가치에 영향을 주는지 고려하고, 내가 체험한 소비의 경험을 다른 사람들과 공유하려 한다.

이러한 성향은 소비자의 심리적 단계를 설명하는 소비자 행동 모델에서 잘 나타난다. 1920년대 미국의 경제학자 롤렌드 홀이 연구한 것으로 주목(Attention), 흥미(Interest), 욕망(Desire), 기억(Memory), 구매(Action)라는 아이드마(AIDMA) 원칙을 따른다. 먼저 소비자의 주목을 끌고, 흥미를 갖게 되면, 구입의 욕망이 생기고, 기억하고 있다가, 필요할 때 구매한다는 것이다.

이는 시간이 지나 2004년 인터넷이 널리 보급되면서 주목(Attention), 흥미(Interest), 검색(Search), 구매(Action), 공유(Share)라는 아이사스(AISAS) 모델로 바뀌었다. 주목과 흥미의 단계는 같지만 인터넷에 그 물건을 검색해 가격과 후기를 읽고, 신뢰가 가면 온라인에서 바로 구매로 이어진다는 것이다. 그런 다음 구매 과정부터 물건 개봉 및 사용기까지 빼곡히 자신의 의견을 공유하는 단계를 거친다.

2011년 스마트폰의 보급과 SNS 시대가 본격화 되면서 공감(Sympathize), 확인(Identity), 참가(Participate), 공유와 확산(Share&Spread)의 SIPS 모델이 추가 되었다. 소셜 미디어 활용에 능한

Z세대는 그 제품을 공급하는 기업이나 브랜드에 대한 공감을 중요하게 생각한다. 제품 구매가 사회의 가치에 얼마나 기여하는지 공감하고 싶은 것이다. 이를 위해 SNS 정보로 기업과 제품의 진정성을 확인하고, 자신의 가치와 일치하는지 점검한다. 그 다음 단계로 자신이 직접 그 제품에 참여해 구매 경험을 느끼고, 마케팅 기획에 관여하며, 마지막으로 자신의 경험을 타인과 공유하고 확산하는 행위를 한다. AIDMA가 X세대의 소비자 행동이었다면, AISAS는 M세대의 모델이며, Z세대가 등장하면서 SIPS가 추가되었다고 보면 된다. 그렇다면 AISAS + SIPS의 소비자 행동 모델을 기반으로 Z세대가 선호하는 기업을 꼽아보자.

가장 먼저 떠오르는 것은 블루 에이프런(Blue Apron)이다. 이 회사는 웹사이트의 요리를 보고 메뉴를 주문하면 매주 한 끼 분량의 손질된 식재료와 조리법을 집으로 배송해주는 온라인 마켓이다. 이들이 보내준 식재료와 조리법을 그대로 따라하면 유명 셰프 못지않은 요리 실력을 발휘할 수 있다. 소비자에게는 잊지 못할 구매 경험을 제공하는 것이다. 여기에 1인 가구 증가에 따른 식재료의 낭비를 줄이고, 간편하게 집밥을 먹을 수 있다는 장점도 있다.

다음으로 적합한 기업은 온라인 안경 판매 사이트 와비파커(Warby Parker)다. 이 회사는 마음에 드는 안경테 5개를 고르면 제품을 보내준다. 5일간 사용해보고 가장 마음에 드는 테를 선정하면 렌즈를 끼워 다시 배송해준다. 배송비는 와비파커가 부담하며 가격은 일반 안경의 25% 수준이다. Z세대를 더욱 열광하게 만드는 것은 안경 하나가 팔릴 때 마다 또 다른 하나를 개도국에 보내주고, 빈민층을 대상으로 안경 제작 교육을 무료로 진행해준다는 점이다. 구매 경험과 가치 소비라는 두 마리 토끼를 잡은 셈이다.

Z세대에 어울리는 다음 기업은 캐스퍼(Casper)다. 미국의 매트리스 전문 스타트업으로 소비자에게 재미있는 경험을 제공하는 것으로 유명하다. 이 회사의 매트리스는 진공, 압축 포장된 상태로 둘둘 말아 소형 냉장고 크기의 종이상자에 넣어 배송된다. 가까운 곳은 자전거로 배달해주기도 한다. 설치 과정도 독특하다. 포장을 뜯은 매트리스를 원하는 위치에 놓으면 점점 부풀어 오르면서 원래 상태의 매트리스가 된다. 고객들은 이 재미있는 모습을 영상으로 찍어 SNS에 공유하고 전파했고, 캐스퍼는 더욱 인기 있는 회사가 되었다.

마지막 기업은 환경 보전에 대한 애착으로 Z세대에게 큰 사랑을 받는 등산복 브랜드 파타고니아(Patagonia)다. 이 회사는 "우리의 옷을 사지 마세요"라고 광고한다. 아무리 노력해도 우리가 자연에서 얻는 것보다 자연에 되돌려주는 것이 적다는 이유다. 그래서 이 브랜드의 옷은 한 번 사면 평생 무상으로 수선해주는 것으로 유명하다. 이를 위한 수선 공장이 있고 수선 트럭도 운영한다. 이러한 이유로 미국 아웃도어 브랜드 2위를 달리고 있는 파타고니아는 가치 소비를 지향하는 Z세대에게 사랑받았으며, 이들은 자발적으로 파타고니아의 철학을 공유하고 확산해주는 역할까지 마다하지 않는다.

기업의 모든 영역에서 디지털 전환의 필요성은 당연한 것이 되어버렸다. 전략, 마케팅, 커뮤니케이션, HR, 문화, 비즈니스 모델 등 모든 경영의 영역에서 어떻게 접근해야 할지 기업들의 고민은 끝나지 않는다. 소비자로서의 Z세대는 말할 것도 없고 향후 몇 년 안에 조직 구성원의 대다수를 차지하게 될 이들에게 다가갈 방법을 찾고 싶어한다. 아직 절반 이상이 10대이기에 알아내야 할 것도 많겠지만 Z세대가 부가가치가 높은 잠재고객이자 멀지 않은 미래에 함께 일할 동료라는 사실은 자명하다. 따라서 기업은 무엇보다 먼저 Z세대에게 다가갈 방법을 준비해야 한다. LG경제연구소는 4가지 방안을 제시하고 있다.

첫째는 Z세대 스스로가 평가하고, 서로를 추천해줄 수 있는 주인공으로 만들어주라는 것이다. 이들은 지극히 개인적이며 독립적 성향이 강하다. 자신의 의견을 강하게 어필할 줄 알고 표현 또한 적극적이다. 자신이 추구하는 가치를 중심으로 사고하며 자신만의 방식을 고집할 뿐만 아니라, 구매를 위한 정보 탐색과 합리적인 확인, 자신의 의견을 공유하고 확산하는 방식에서도 자기 주도적 성향을 부각시켜 줄 필요가 있다.

둘째는 자신만의 취향을 탐색하고 개발하는 데 결정적 도움을 줄 수 있는 조력자의 역할을 하라는 것이다. 그들이 추구하는 삶의 가치는 자기만족, 자기 방식을 중심으로 변화되고 있다. 인생의 중요한 결정은 가족이나 지인의 의견보다는 자신의 만족을 우선적으로 고려하고 타인의 인정보다는 자신에게 맞는 방식을 선호한다. 이전 세대가 추구하던 성공과 희열에 집착하지 않는다. 목표에 대한 결과 중심적 태도보다는 소소한 행복을 느끼는 과정 중심적 태도를 지향하고, 비교적 손쉽게 자존감을 획득할 수 있는 삶의 방식으로 변화하고 있다. 이들의 취향과 자존감을 존중하고 업그레이드 시켜주자.

셋째는 사회적 가치를 기반으로 한 진정성만이 이들의 몸과 마음을 움직일 수 있다는 것이다. Z세대는 완전 정보 소비자 경지에 도달했다. 매스미디어 시대의 다량 정보를 정확히 분류해서 다양한 검색을 통해 옳고 그름을 판별해낸다. 무엇이 진실인지, 무엇이 제대로 되었는지 말이다. 하루에 100회 이상 스마트폰을 확인하고, 청정 콘텐츠를 걸러내기 위해 우리가 생각하지 못하는 키워드로 검색을 한다. 평소 자신이 신뢰하는 인플루언서를 활용하고 필요하면 검색 채널을 바꿔가며 자신만의 정보 습득 능력을 개발한다. 이들이 접하는 다양한 채널과 스토리에서 일관된 진정성을 보여주는 것이 이들과 신뢰를 쌓을 수 있는 방법이다.

넷째는 다양한 오감을 통해 더욱 실감나는 경험 가치를 제공하라는 것이다. 유년기부터 스마트폰을 접한 이들은 상호작용에 익숙한 세대다. VR(가상현실), AR(증강현실) 기술을 통해 온라인과 오프라인의 경계를 허물어버린 이들은 디지털 세대인 만큼 오프라인 경험에 대한 열망이 크다. 소비재보다 경험재를 더 선호하고, 소유보다 공유를 지향하는 것도 이러한 성장과정을 통해 내재화된 것이다. 감각, 감성, 관계, 지성, 행동 등을 통해 즐거움과 배려 그리고 성취감을 느끼게 해줄 예상을 뛰어넘는 감동이 이들에겐 최고의 경험 가치가 될 것이다.

3

남들이 보지 못하는 불편함을 찾아내라, 트렌드 센싱

연말이 되면 크리스마스 캐럴처럼 서점가를 뒤흔드는 단어가 있다. 그렇다, 트렌드다. 코리아 트렌드, 테크 트렌드, 모바일 트렌드, 라이프 트렌드, 디지털 트렌드, 메가트렌드, 유튜브 트렌드 등 헤아릴 수 없을 정도의 많은 트렌드가 서점을 뜨겁게 달군다. 트렌드가 이렇게까지 중요한 시대가 된 것은 그만큼 세상의 변화가 빨라졌기 때문이다. 기술의 발전 속도에 따라 소비자는 변화하며, 이에 맞춰 기업의 전략도 끊임없이 바뀌고 있다. 그러니 트렌드에 대한 관심이 커질 수밖에 없다.

트렌드의 사전적 정의는 '독창성이나 저작권을 신경 쓰지 않고 남을 따라할 수 있다고 여겨지는 것'이다. 그래서 전파 속도가 빨라 한 번 트렌드로 자리 잡으면 삽시간에 소비자 사이에 퍼진다. 여기서 한 가지 짚고 넘어가야 할 것이 있다. 트렌드는 유행이 아니라는 사실이다. 비슷한 것 같지만 유행(fad)은 짧은 기간 동안에만 주목받는 것이고, 트렌드는 약 3년~5년 정도 꾸준하게 흐름을 유지하는 현상이다. 잠시 선풍적인 인기를 끌다가 사라지는 유행은 기업에 돈이 되지 않는다. 그보다는 장기적으로 큰 힘을 가지고 가면서 소비자의 생활방식에 영향을 미치는 트렌드를 잡으면 이익은 저절로 따라온다. 여기서 한 가지 질문이 떠오른다. 대체 트렌드는 누가, 어떻게 만드는 걸까?

트렌드에 영향을 주는 것은 메가트렌드(megatrends)다. 그러므로 우리는 메가트렌드에 주목해야 한다. 메가트렌드는 미국의 미래학자 존 나이스비트가 자신의 책 《메가트렌드》에서 처음 언급했다. 어떤 현상이 단순히 한 영역의 트렌드에 그치지 않고 전체 공동체에 사회·경제·문화적으로 거시적 변화를 불러일으킬 때를 지칭한다. 15년~20년 이상 지속되는 거대한 시대적 조류인 메가트렌드는 인류학자, 사회학자, 경제학자, 트렌드 분석가, 경영학자 등 다양한 분야의 전문가가 예견한다. 이때 경제 동향, 인구 동향, 기술 동향이라는 세 가지 요소를 기반으로 분석한다.

먼저 경제 동향을 살펴보자. 2008년 글로벌 금융위기 이후 우리는 뉴 노멀(new normal) 시대를 맞이했다. '시대 변화에 따라 사회 전반적으로 새롭게 떠오르는 기준 또는 표준'을 의미한다. 경제학에서는 새로운 세계 경제의 특징을 통칭하는 말로 저성장, 저금리, 규제 강화, 소비 위축, 미국 시장의 영향력 감소 등을 주요 흐름으로 지목한다.

현재 세계 경제는 저임금 노동력 성장의 한계로 어려움을 겪고 있다. 여기에 IT, 자동화 기술로 고용 없는 성장이 더해져 저성장을 가속화하고 있다. 무인공장, 무인매장, 무인배송 등은 노동력을 줄이는 데 한몫하지만 이는 고스란히 우리 경제에 타격을 준다. 중국의 인건비 상승과 자국 산업이 국제 경쟁력을 갖출 때까지 국가가 국내산업을 보호, 육성하면서 무역을 통제하는 보호 무역주의는 해외에 세운 공장을 철수하게 만들었다. 여기에 미국은 관세와 방위비 부담, 남북문제 등 전방위에 걸쳐 압박 중이다. 일본 역시 무역전쟁을 불사하며 잃어버린 20년을 되찾기 위해 우리 발목을 붙잡고 있다.

그렇다면 인구 동향은 어떠한가? 가장 심각한 문제는 저출산이다. 한 여성이 가임기간(15~49세)에 낳을 것으로 기대되는 평균 출생아 수인 합계출산율은 2018년에는 0.977이었고 2019년에는 0.918을 기록했다. 생산 가능 인구의 감소, 1인 가구의 증가로 인한 소비 패턴의 다변화가 나타나고 있다. 여기에 초고령화 사회로의 진입과 자살률 모두 OECD 국가 중 부동의 1위를 달리고 있다. 인구 문제는 우리나라를 지구에서 가장 먼저 사라질 국가라는 불명예를 가져다주었다.

마지막으로 메가트렌드에 가장 큰 파급력을 발휘하는 것이 기술 동향이다. 경제 동향, 인구 동향과 맞물려 우리가 살고 있는 세상을 송두리째 바꾸고 있기 때문이다. 앞으로 대한민국에 전개될 메가트렌드는 '저성장 시대로의 진입'과 '디지털 트랜스포메이션의 본격화'라고 예상된다. 이제부터 트렌드의 세계로 떠나보자.

이제는 쉬는 데 돈을 쓴다,
릴렉세이션(relaxation)

"13년간 OECD 자살률 1위였던 한국이 갑자기 2위로 내려온 이유는?"

2018년 국내 한 일간지의 머리기사다. 무려 13년이나 자살률 1위를 유지했다니 가히 충격적이다. 몇 년 전부터 사회학자들은 재미있는 분석을 내놓았다. 대한민국이 OECD 자살률 1위에서 내려오는 방법은 두 가지밖에 없다는 것이다. 첫 번째는 OECD를 탈퇴하는 것이고, 두 번째는 대한민국보다 자살률이 높은 나라가 OECD에 가입하는 것이다. 다소 자조적인 이 분석은 대한민국의 현실을 그대로 보여주고 있다. 그런데 이게 웬일인가? 드디어 2018년 7월 OECD 통계에서 대한민국이 자살률 2위로 내려앉은 것이다. 웃프게도 사회학자들의 분석이 정확히 맞아떨어졌다. 우리나라보다 자살률이 높은 나라가 OECD에 가입한 것이다. 발트 3국의 하나인 리투아니아다. 대한민국 자살률은 10만 명당 25.8명으로 변화가 없다. 우리는 여전히 심심찮게 뉴스에서 유명인의 자살 소식을 들으며 자살로 인한 주변 사람들의 죽음을 경험하기도 하며 살고 있다. 대체 대한민국에서 무슨 일이 벌어지는 것일까?

2019년 한 일간지 기사에 따르면 우리나라 성인의 평균 수면시간은 6시간 53분으로 OECD 국가 중 꼴찌라고 한다. 성인의 64%는 과로에 시달리고 있으며 수면장애 환자는 70만 명이, 불면증 환자는 400

만 명이 넘었다. 우리나라의 행복지수가 30년째 OECD 하위권에 머무르고 있는 것도 어쩌면 당연한 결과인 것 같다. 지치고 힘든 세상, 그래서 쉽게 잠들지 못하는 사람들이 늘어나면서 꿀잠을 파는 슬리포노믹스(sleeponomics)가 주목받고 있다. 우리말로 바꾸면 수면 경제학 정도로 해석할 수 있는 슬리포노믹스는 수면 시간이 점점 줄어들고 건강에 관한 관심이 커지면서 빠르게 성장했다. 시장 규모는 어느새 3조 원가까이 된다. 좋은 잠을 자는 데 돈을 아끼지 않는 것이다.

몇 년 전부터 사무실 밀집 지역에 수면 카페가 하나씩 들어서기 시작했다. 잔잔한 음악과 아로마가 풍기는 이곳은 편안한 잠자리와 음료를 제공한다. 여의도 CGV는 2016년부터 프리미엄관을 활용해 낮잠 카페를 운영하고 있다. 점심시간 잠시라도 꿀잠을 원하는 직장인이 주고객이다. 편안한 좌석에 음료와 귀마개, 슬리퍼, 담요도 제공한다.

슬리포노믹스는 우리나라의 새로운 트렌드인 '휴식(relaxation)'의 한 분야다. 휴식이라는 트렌드는 힐링과 나만의 공간으로 확대되고 있다. 반려동물 시장은 2018년에 유아용품 시장을 넘어섰다. 최근 3년간 연평균 14.1%씩 성장하고 있으며 2027년에는 규모가 6조 원을 넘어설 것으로 예상된다. IT 기술로 반려동물의 웰빙을 책임지는 펫테크 시장도 새롭게 주목받고 있다. 벨기에 맥주 브랜드 호가든은 2019년 반려견을 위한 무알콜 맥주 펫비어를 출시했고, 반려동물 전용 간식을 판매하는 트릿테이블은 멍맥주, 멍소주, 멍치킨, 멍파전 등 반려견과 함께 식사를 즐길 수 있는 제품을 생산하고 있다. 치열한 경쟁에 지친 직장인들을 위한 휴식공간과 제품은 하나의 트렌드를 만들며 새로운 시장을 만들어내고 있다.

지금 이 순간 평범함으로 사치한다, 나우나우이즘(Now-nowism)

2014년 한 방송사에서 어이없는 예능프로그램을 방영했다. 세 명의 남자가 농촌에 들어가 하루 종일 고민한다.

"아침 뭐 먹을까? 점심은 뭐 먹지? 저녁은 어떻게 할까?"

그리고 잠자리에 들면서 다시 "내일 아침은 뭘 먹을까?"를 고민한다. 이들은 아침 일찍 일어나 땀을 뻘뻘 흘리면서 아궁이에 불을 때기 시작한다. 그리곤 쌀을 씻고, 밭에 나가 채소를 따서 반찬을 만들고 국을 끓인다. 두세 시간가량 준비한 식사를 마치면 논이나 밭으로 나가 농사도 짓고 채소와 과일에 물도 준다. 그리고 점심이 되면 또다시 불을 때고 점심 준비와 식사로 몇 시간을 보낸다. 다시 밭에서 일을 하거나 잠시 쉬다가 저녁이 되면 똑같은 일을 반복한다. 이들은 커피 한 잔을 마시기 위해 생두를 프라이팬에 볶고, 맷돌로 원두를 갈아낸 후 면포를 이용해 커피를 내린다. 하루 일과를 마친 출연자들은 "이게 도대체 무슨 프로그램이야?"라고 난감해 하면서 끝이 난다.

그렇다, 이 프로그램은 〈삼시세끼〉다. 종편 채널임에도 시청률 8%를 웃돌았던 대박 프로그램이기도 하다. 이렇게 엉뚱하면서도 재미없어 보이는 다소 지루한 전개가 반복되는 이 프로그램이 인기를 얻은 이유는 뭘까? 답은 의외로 가까운 곳에 있었다. 지나친 경쟁과 저성장, 물질만능주의에 지친 현대인에게 지극히 평범하고 일상적인 작은 행복을 주었기 때문이다.

평범함으로 사치하는 소비 트렌드는 2011년 킨포크에서 시작되었다. 당시 세계 금융위기로 미국의 수많은 서민들이 길거리에 나앉는 사건이 발생한다. 부동산으로 돈을 벌어보겠다고 서브프라임 모기지론으로 대출을 받았지만, 결국 금리 인상과 대출회사의 파산이 일어난 것이다. 그들은 인생의 허무함을 느끼며 농촌으로 이주했고 자신이 재배한 농작물로 요리해 주변사람들과 나눠 먹으며 작은 행복을 찾기 시작했다. 이 트렌드는 일본의 단샤리(斷捨離)로 이어진다. 미니멀 라이프와 유사한 의미의 단샤리는 요가의 수행 방법인 단행(斷行), 사행(捨行), 이행(離行)에서 착안한 용어로 불필요한 것을 끊고, 버리고, 물건에 집착하는 것에서 멀어지는 것을 뜻한다. 2011년 동일본 대지진으로 수십만 채의 집이 무너지거나 수몰되었는데 급박한 상황에서 집안의 많은 물건 때문에 미처 피신하지 못한 사람이 많았다. 이때 많은 일본인이 소유에 대한 회의감을 갖게 되었다. 대신 불필요한 것들은 버리고 자신에게 중요한 것에 집중하는 단순하고 의미 있는 삶을 추구하기 시작했다. 이런 경향은 전 세계로 퍼져나갔다. 2017년에는 휘게 라이프로, 2018년에는 소확행으로 이어진 것이다.

기업에서도 많은 변화가 일어났다. 워라밸('일과 삶의 균형'을 뜻하는 워크라이프 밸런스의 줄임말)을 중시하고, 개인주의적 성향이 강한 밀레니얼 세대로 인해 평생직장에 대한 개념이 흐려지고 N잡에 대한 니즈가 커졌다. 주 52시간 근무제의 시행으로 자신이 하고 싶은 것을 과감히 선택하는 욜로 라이프도 즐기고 있다. 이들에게 회사는 인생을 바치는 곳이 아니라 그저 잠시 거쳐 가는 곳일 뿐이다. 책임지는 삶보다는 자신을 위한 삶을 선택했기에 1코노미(1인 경제를 뜻하는 신조어) 시장이 커지기 시작했다. 내 취향에 맞는 다양한 것에 돈을 아끼지 않는 것이다. 자발적으로 혼자인 삶을 즐기는 얼로너(aloner)와 혼족이 늘어나고 혼밥, 혼술, 혼쇼(혼자 쇼핑)를 위한 매장들이 생겨났다. 최근 강원도 일대에서 선풍적인 인기를 끌고 있는 서핑과 스킨스쿠버 다이빙 역시 자신만의 편안한 삶을 동경하는 밀레니얼 세대를 중심으로 펼쳐지고 있다.

제품 대신 인싸의 조건을 팔아라, 체험 경제

"커피 맛은 중요하지 않아. 인싸가 중요하지. 두 시간쯤이야…."
"불편함은 아무것도 아니야. 인싸가 중요하지. 한 시간쯤이야…."
한때 서울에서 가장 길게 줄을 서는 카페 두 곳이 있었다. 커피 한잔을 마시기 위해 두 시간 이상 줄을 서야 하는 곳, 밀크티를 마시기 위해 1시간 이상 기다려야 하는 곳. 커피 업계의 애플로 불리는 블루보틀과 미쉐린 가이드에 소개된 타이거 슈가다. 얼마나 맛있길래 오랜 기다림도 참고 견디는 건지 궁금하겠지만 이곳에 모인 사람들에게 는 맛보다 중요한 것이 있다. 인싸 체험이 그것이다. 줄을 선 사람들 은 단순히 기다리기만 하지 않는다. 줄을 서는 순간부터 음료를 받고 나올 때까지 사람들의 행동은 한결같다. '찰칵, 찰칵' 셀카를 찍기 시 작한다. 여러 장을 찍어 그중 가장 잘 나온 사진을 편집해 인스타에 올리면 반응이 오기 시작한다. "우와, 너무 좋겠다. 가보고 싶다!" 순 식간에 인싸가 된다.

인싸는 사람들과 잘 어울리고 융화되는 사람을 뜻하지만 유행을 선도하는 사람을 가리키기도 한다. 자신의 정체성을 SNS에 드러내 는 것이 익숙한 MZ세대는 경험을 소비하려는 성향이 강하다. 새로 운 것, 유행하는 것, 신기한 것, 재미있는 것 등을 직접 체험하고 그 것을 주변에 공유해 인싸로 인정받고 싶어 한다. 따라서 이들에게 중 요한 것은 블루보틀의 커피 맛이 아니라 블루보틀 커피를 먹어보았다 는 경험이다. 인싸의 조건이기 때문이다. 멀고도 험한 미식의 길 대신 멀고도 험한 인싸의 길을 걷는 것이 MZ세대의 트렌드다.

1998년 조지프 파인과 제임스 길모어 교수는 체험경제(experience economy) 이론을 발표했다. 소비자가 생산이나 서비스가 이루어지는 과정에 직접 참여함으로써 얻는 경험에 경제적 가치를 둔 것이다. 제 품과 서비스의 판매에 주목한 기존 경제와 달리 소비자에게 맞춤화 된 특별한 체험을 제공해 경제적 가치를 창출하는 데 주목한다. 체험 은 총 4가지로 분류된다.

첫 번째는 현실 도피 체험이다. 조금 전 소개한 블루보틀과 타이거

슈가처럼 몇 시간씩 줄을 서는 몰입과 인스타에 자랑해 자신의 존재를 드러내려는 고객의 성향이 여기에 해당한다. SNS를 통한 다양한 행동들은 현실 도피 체험과 맥락을 같이한다고 볼 수 있다. 이들은 현실 세계보다 자신의 본 모습을 감추고 존재감을 나타낼 수 있는 가상공간을 더 선호한다.

두 번째는 엔터테인먼트 경험이다. 가장 일반적이고 원초적인 체험으로 고객이 소비를 경험하는 과정에서 즐거움, 기쁨, 재미를 느끼도록 자극하는 것이다. 최근 이슈가 되고 있는 리테일 마케팅이 여기에 해당한다. 2017년 12월 스타벅스는 중국 상해에 세계 최대 크기의 리저브 로스터리를 열었다. 고객에게 특별한 경험을 제공하는 이곳은 단순히 커피를 파는 매장이 아니라 다양한 문화 체험 공간으로 발전시키기 위한 전초기지나 다름없다. 축구장 절반 크기인 이곳에는 무려 27m의 커피바가 놓여 있다. 차별화된 원두와 머신을 갖췄고, 이탈리아 제과 명장 로코 프린치가 운영하는 베이커리가 입점해 있다. 이곳은 커피뿐 아니라 일반 음료와 맥주 등을 포함해 100여 종의 음료를 판매하며 트렌디한 액세서리, 의류, 잡화 등 스타벅스 굿즈를 쇼핑할 수 있는 공간도 마련되어 있다. 압권은 로스팅 공장이다. 30여 종류의 생두를 로스팅하는 과정은 거대한 공장이 살아서 움직이는 것처럼 보인다. 이 모든 것이 고객의 오감을 만족시켜주는 경험을 제공한다. 스타벅스는 상해를 시작으로 뉴욕, 밀라노, 도쿄, 시카고 등으로 스타벅스 리저브 로스터리를 확장했다.

세 번째는 교육적 체험이다. 소비자에게 제품이나 서비스에 대한 정보를 제공하고 지식이나 능력 향상의 욕구를 충족시켜줌으로써 정신적, 육체적으로 그들의 적극적인 반응을 유도하는 것이다. 정보 습득이라는 인간의 본질적인 즐거움을 자극하는 원리다. 이는 최근 백화점을 중심으로 확대되는 추세다. 백화점은 기존 매장을 줄이면서까지 아이들을 대상으로 하는 체험 공간을 만들고 있다. 아이들을 잡으면 매출이 따라오기 때문이다. 부천 롯데백화점의 K-Live X는 VR 기술을 활용한 스포츠 체험 공간으로 코딩 교육까지 하고 있다. 현대백화점은 VR 체험존, 어린이책 미술관을 오픈했고, 부산 신세계백화점에는 키즈카페가 있다. 대구 신세계백화점은 아쿠아리움과 공룡 테마파크 주라지를 개장해 대구·경북지역 백화점 중 최대 매출을 올리기도 했다. 하지만 교육 체험공간으로 가장 큰 이슈가 된 곳은 코엑스의 별마당 도서관이다. 2017년 문을 연 이곳은 2년간 누적 방문객이 4,500만 명을 넘어섰다. 850평 규모의 별마당 도서관은 13m의 대형 서가와 매월 새롭게 발간되는 600여 종의 국내외 잡지, 7만여 권의 다양한 책을 갖추고 있다. 유명인의 초청 강연과 예술인의 공연도 열린다. 이곳의 연간 운영비는 5억~6억 원 정도로 매년 평균 매출이 50% 이상 증가했으며 반사 이익으로 주변 매장의 매출도 30%가량 증가할 정도로 파급효과가 크다.

네 번째는 심미적 체험이다. 이는 어떤 대상을 감상하고 지각하고 즐기는 경험이다. 대표적 사례가 안경계의 샤넬이라 불리는 '젠틀몬스터'다. 외국 브랜드처럼 보이는 이 기업은 2011년에 설립한 토종 한국 브랜드다. 팝스타 비욘세, 마돈나, 톱모델 카이아 거버, 지지 하디드 등 세계적인 셀럽들의 마음을 사로잡았으며 여러 국가에 41개의 매장을 운영하고 있다. 젠틀몬스터의 성공 요소는 소비자에게 미적 체험을 극대화시켜준 것이다. 그들은 이제껏 패션 선글라스업계에서 시도하지 않았던 새로운 상업공간의 틀을 만들어냈다. 건물 외관에 실제 항해했던 배를 박아 넣거나 옛 목욕탕을 개조해 남겨진 것과 새로운 것을 표현하기도 했다. 매 시즌마다 공간을 재구성하며 아티스트와의 협업으로 브랜드에 스토리를 부여했다. 마치 매장 전체를 미술 전시장처럼 만드는 것이다. 이 외에도 매월 25일에 특정 공간의 인테리어를 모두 바꿔 고객들에게 새로움을 전달하고자 했던 '퀀텀 프로젝트(quantum projects)', 자사 제품을 판매하지 않고 오직 고객 경험에 초점을 맞춘 공간인 'Bat' 운영 등 각각의 매장마다 새로운 이미지를 만들어내며 젠틀몬스터만의 플래그십 스토어를 세웠다.

단순한 소비는 재미없다, 가치 소비

2020년 1월 9일 직장인 이대리는 평소보다 일찍 출근 준비를 마쳤다. 이날 출시 예정인 스타벅스 럭키백을 구매하기 위해서다. 평소 인스타를 즐겨하던 이대리는 럭키백을 사기 위해 1시간씩 줄을 선다는 후기를 듣고 직장 근처 매장 앞에서 오픈 시간을 기다렸다. 작년에 출시 7시간 만에 모든 물량이 매진된 럭키백은 스타벅스에서 해마다 선보인 한정판 기획상품을 랜덤으로 모은 꾸러미다. 소가죽 카드지갑, 텀블러, 머그, 워터보틀, 머들러, 코스터 등 10개 품목으로 구성되어 있으며 음료 쿠폰 4장도 들어 있다. 스타벅스 마니아를 중심으로 큰 인기를 끌었던 이 상품은 한때 구입을 위해 밤새 매장 앞에서 텐트를 치고 기다리는 사람이 있을 정도였다. 전문가들은 이런 현상을 가리켜 합리적 소비보다 자신의 가치를 중요하게 여기는 소비 트렌드라고 설명한다. 한정판을 소유했다는 걸 과시하면서 우월감을 느끼는 것이다. 여기에 인스타그래머블(Instagramable: 인스타그램에 올릴 만한) 제품에 열광하는 트렌드까지 반영되었다. 이러한 현상은 굿즈(아이돌 팬덤, 드라마, 소설 등 다양한 장르에서 해당 정체성을 나타낼 수 있는 상품을 지칭)를 중심으로 한 덕후 소비로 이어지고 있다.

《트렌드 코리아 2018》가 내세운 그 해의 트렌드 키워드는 웩더독(Wag The Dog)이었다. '꼬리가 개의 몸통을 흔든다'라는 의미의 외국 속담으로 하극상 혹은 주객전도를 말한다. 주로 정치나 금융권에서 사용하던 말인데 최근에는 마케팅 용어로 더 유명하다. 비슷한 성능과 스펙을 가진 상품의 차별화를 위해 사은품을 내세워 본 제품을 사도록 유도하는 것이다. 웩더독 마케팅의 대표적 사례가 스타벅스의 플래너다. 매년 겨울 시즌 미션음료 3잔을 포함해 총 17잔의 음료를 마시면 스타벅스 플래너를 지급해왔다. 그런데 3만 2,500원에 구입할 수 있는 플래너를 사람들은 굳이 17잔의 음료를 마시면서 받는다. 음료 금액만 11만 원이 넘게 드는데 말이다. 또 다른 예로 카카오뱅크의 성공을 들 수 있다. 3년 만에 흑자 전환한 카카오뱅크의 1등

공신은 카카오프렌즈의 캐릭터가 새겨진 체크카드였다. 당시 조금은 생소한 인터넷은행을 출범한 카카오뱅크는 고객들의 신뢰를 얻기에는 역부족이었다. 은행계좌를 개설해야 고객을 만날 수 있는데 아무도 인터넷은행을 믿지 못했기 때문이다. 하지만 카카오뱅크는 카카오프렌즈 캐릭터를 활용해 든든한 지원군들을 모으기 시작했다. 20대~30대의 카카오프렌즈 여성 덕후들이었다. 이들은 매 시즌마다 출시되는 카카오프렌즈 인형을 구입하며, 카카오프렌즈 캐릭터가 들어간 물건을 구매하고 사용하는 덕후들이다. 그들은 단순히 카카오 체크카드를 발급받기 위해 카카오뱅크에 가입했다. 체크카드를 수령한 뒤에는 사진을 찍어 인스타에 올렸고, 이것이 입소문을 타면서 단숨에 300만 명이 넘는 고객을 확보했다.

트렌드 전문가들은 이러한 현상을 세 가지로 설명한다. 첫째는 가성비를 중심으로 한 합리적 소비보다 자신의 가치를 중시하는 가심비 중심으로 지출 형태가 변화한 것이다. 경제적 어려움과 치열한 경쟁 속에 살아가는 MZ세대의 또 다른 탈출구인 셈이다. 둘째는 자신의 정체성을 자신이 소유한 물건을 통해 드러내고자하는 자존감의 표시다. 본인의 감정을 표현하기 어려워하는 세대에게 다양한 SNS는 자신을 보여줄 수 있는 최고의 미디어가 되었다. 또한 같은 취향의 커뮤니티는 취향 공동체로서 소속감과 유대감을 갖게 해주어 서로에게 위안을 준다. 평범한 B급 제품에 특별한 가치를 더한 제품인 B+ 프리미엄이나 명품 자동차나 가방, 옷 대신 음식이나 화장품 같이 작은 제품에서 사치를 부리는 스몰 럭셔리의 판매 호황도 같은 맥락에서 시작되었다. 셋째는 소비 과정에서 다양한 경험의 확장을 느끼기 때문이다. 단순히 스타벅스 플래너를 소유하는 것보다 증정받기 위해 열심히 스탬프를 모으는 과정이 더 즐거운 것이다. 블루보틀의 커피 맛보다 두 시간씩 줄을 서는 과정이 더 쾌감을 주는 것이다. 단순한 소유보다는 스토리에서 느낄 수 있는 체험이 더 오래가고, 자존감을 느끼게 해주기 때문이다.

센스 메이커가 되기 위한
트렌드 센싱

트렌드를 제대로 포착하기 위해서는 관찰하는 습관을 길러야 한다. 먼저 기본적인 준비물이 필요하다. 기록이 가능한 도구들이다. 카메라도 좋고, 노트와 펜도 좋다. 아니면 음성녹음기도 효과적이다. 그 다음에 할 일은 현재의 일상이나 현장의 모습을 관찰해 생생하고 유용한 정보를 얻는 것이다. 이때 중요한 포인트는 '왜?'라는 호기심과 질문이다. 그냥 스쳐지나갈 것들도 의심해보자. 그리고 관련된 사람들에게 질문하는 것이다. 마지막으로 사람들의 다채로운 행동을 일정한 틀 안에 넣어 분석하는 것이다. 이해관계자 맵(stakeholder map)을 그려 문제를 둘러싼 사람 간의 관계를 파악하고 그림자 기법(shadowing)으로 사람을 관찰하며, 사람들의 경험을 지도로 그려 문제를 찾고 분석하며 해결하는 것이다. '고객 여정 지도(customer journey map)'라 불리는 이 방법은 하루 동안 소비자가 일반적으로 겪는 각각의 사건에 관한 상세 정보를 제공하고, 한 사건에서 다음 사건으로 옮겨가는 방법을 도표화해주며, 사용자의 경험을 생생하고 체계적으로 시각화할 수 있는 장점이 있다. 관찰력을 높이기 위해 평소 다음과 같은 습관을 길러보자.

하나, 여유를 갖고 주변을 살펴보는 습관을 갖는다. 많은 사람들이 성과를 내기 위해 목적 지향적으로 상황에 집중하는 경향이 있다. 그러다 보면 나를 둘러싼 무언가를 놓치게 되고 창의적인 일을 만들어낼 수 있는 기회를 놓치게 된다. '보이지 않는 고릴라'는 인지오류 실험으로 유명한 심리학자 크리스토퍼 차브리스는 "사람은 자신의 생각이 어떻게 작동하는지, 그리고 자신이 왜 그런 식으로 행동하는지 잘 알고 있다고 여긴다. 하지만 놀랍게도 그런 믿음에는 근거가 없다"고 말했다. 문제에 집중하면서 주위를 둘러보며 여유를 가질 수 있는 관찰의 시간도 필요하다.

둘, 기존에 생각하던 패턴을 벗어나 수평적 사고를 해본다. 인간의 뇌는 게으르다 못해 착각의 오류에 잘 빠져든다. 효율성 때문이다. 인간의 두뇌는 효율을 높이는 방향으로 최적화되어 있어 늘 편안한 것을 추구한다. 눈에 익은 환경과 일을 기본적으로 선호해 인식의 틀이 생긴다. 다시 말해 우리의 뇌는 효율적인 사고를 위해 늘 하던 대로 생각하도록 작동된다는 것이다. 이러한 패턴을 깰 수 있도록 노력해보자.

셋, 부분과 전체를 같이 보면서 느린 사고를 습관화한다. 2002년 세계 최초로 노벨경제학상을 수상한 심리학자인 대니얼 카너먼은 그의 저서 《생각에 관한 생각》에서 직관을 뜻하는 '빠르게 생각하기(fast thinking)'와 이성을 뜻하는 '느리게 생각하기(slow thinking)'에 대해 말한다. 빠르게 생각하기는 달려드는 자동차를 피하는 동물적 감각의 순발력, 2+2의 정답, 프랑스 수도를 떠올리는 것처럼 완전히 자동적인 개념과 기억의 정신활동이며, 느리게 생각하기는 전문가의 해결책이나 378×896의 정답처럼 머릿속에 즉시 떠오르지 않는 문제의 답을 심사숙고하여 노력하는 사고방식이라고 말이다. 편안한 상태에서는 별 노력을 요하지 않고 역량의 일부만 가동한다. 우리의 생각과 행동 대부분은 빠르게 생각하기에서 발생하지만, 상황이 어려워질 때 주도적 역할을 하면서 결정권을 갖는 건 느리게 생각하기다. 빠르게 생각하기는 일상의 사건 처리에 매우 뛰어나고 낯익은 상황에 대한 시스템 모델도 정확하다. 단기적인 예측 역시 대부분 정확하며 도전에 대한 최초의 반응은 민첩하고 시의적절하다. 그러나 특정 상황에서 발생하는 오류를 갖고 있다. 가끔은 너무 당연해서 작은 차이를 놓치거나 비논리적인 판단을 내리기도 한다. 따라서 느리게 생각하기를 통해 편안함, 분위기, 직관, 성급한 결론을 벗어나서 존재하는 것 자체를 다시 바라보는 능력을 키우는 것이 중요하다.

4

소비자의 마음을 흔들어라,
컨슈머 인사이트

세계적인 호텔 체인 하얏트는 고민에 빠졌다. 뷔페식당에서 배출되는 음식물 쓰레기의 양이 너무 많아서다. 한 해 동안 발생하는 미국의 음식물 쓰레기는 대략 6,300만 톤인데 이중 40%가 호텔과 레스토랑에서 버려지는 것이다. 그중 뷔페식당이 가장 큰 비중을 차지한다. 고객이 접시에 담은 음식을 남기는 경우가 허다하기 때문이다. 식당도 나름대로 고민이 많다. 고객이 일정 금액을 지불하고 원하는 만큼 음식을 즐기는 곳이기에 음식이 부족한 상황이 발생하면 안 된다. 고객이 만족할 수 있도록 충분한 양의 요리를 준비하다 보면 그만큼 많은 양의 쓰레기가 생길 수밖에 없다.

하얏트 호텔은 문제를 해결하기 위해 다양한 방법을 시도했다. 고객의 데이터를 분석해 요일마다 음식 양을 조절해보기도 했고, 음식물 쓰레기를 줄이자는 포스터를 만들기도 했다. 하지만 쓰레기는 줄지 않았다. 결국 호텔은 세계적인 디자인 컨설팅 회사 아이데오 (IDEO)와 음식물 쓰레기 줄이기 프로젝트를 진행했다. 그런데 전혀 생각하지 못한 곳에서 해결책을 찾았다. 그동안 호텔은 음식 양을 줄이거나 최첨단 기술을 활용하는 등 뷔페 시스템에서 방법을 찾으려 했다. 다양한 시도가 항상 실패했던 이유는 문제해결의 열쇠가 고객에게 있었던 까닭이다.

아이데오는 얼마 동안 아무것도 하지 않고 뷔페를 이용하는 고객을 관찰했다. 흥미로운 것은 사람들이 비정상적으로 음식을 많이 담는 모습이었다. 인기 있는 음식일수록 더욱 그러했다. 아이데오는 가장 먼저 접시의 색깔을 바꾸기로 했다. 음식과 대조적인 색깔의 그릇을 사용하면 해당 음식을 적게 먹는다는 미국 코넬 대학교의 식품 브랜드 연구소에서 진행한 연구 결과를 참고한 것이다. 연구소는 실험 참가자에게 흰색 접시와 빨간색 접시를 주고 각각 토마토 파스타와 크림 파스타를 담도록 했다. 그 결과 파스타와 대조되는 색의 접시를 가진 사람들이 같은 색 접시를 가진 사람보다 20%가량 적게 음식을 담았다. 토마토 파스타를 흰색 접시에 담거나 크림 파스타를 빨간색 접시에 담을 때 음식 양이 더 적다는 것이다. 이는 대비되는 색상의 접시에 음식을 담으면 음식이 부각되어 실제 양보다 더 많아 보이는 원리 때문이다. 호텔은 음식을 색깔별로 분리하고 대비되는 색상의 접시를 배치해 고객이 음식을 담는 양을 줄였다.

두 번째로 접시 크기를 바꿨다. 24cm 크기의 접시를 21cm로 줄이자 고객들은 음식을 22% 정도 적게 담았다. 이는 얻은 것의 가치보다 잃어버린 것의 가치를 크게 평가하는 행동경제학의 손실 회피 편향을 보여주는 것이다. 돈을 냈기 때문에 준비된 접시 크기에 비해 적은 양의 음식을 담으면 왠지 손해를 본다는 느낌이 들어 고객은 손실을 회피하기 위해 접시 크기에 맞춰 음식을 많이 담았던 것이다.

세 번째 시도는 인기가 많은 음식을 주문제로 바꾼 것이다. 사람들이 한 번에 많은 음식을 가지고 가는 이유는 음식이 떨어질 것 같은 불안감과 또 일어나기가 귀찮기 때문이다. 이밖에 디저트는 소량의 컵에 담아 진열하고 음식 옆에 영양성분과 칼로리를 표시했다. 그러자 고객들은 신중하게 음식을 담아가기 시작했다. 결국 프로젝트는 대 성공을 거뒀고 하얏트 호텔의 음식물 쓰레기 배출량은 10%대로 떨어졌다. 중요한 것은 시스템과 기술이 아니라 소비자였던 것이다. 그렇다면 이런 소비자들의 마음을 어떻게 알아낼 수 있을까? 바로 컨슈머 인사이트(consumer insight)를 키우는 것이다.

생각하지 않는 소비자들

인사이트는 심리학에서 중요하게 생각하는 단어로 사물이나 현상의 특징이나 관계를 명백하게 파악하는 능력이나 행위를 뜻한다. 어떤 행동에 대한 원인을 파악하는 심리적 능력이다. 단어를 쪼개보면 더 쉽게 이해할 수 있다. in(안) + sight(보다). 안을 들여다보는 행위로,

누구나 아는 상식이 아니라 그 아래의 다른 생각을 발견하는 것이다. 즉 무엇(what)이 아니라 왜(why)를 알아내는 과정이라 할 수 있다.

그렇다면 컨슈머 인사이트는 무엇을 말하는 것일까? 인사이트가 거시적인 개념이라면 컨슈머 인사이트는 소비자의 행동에 초점을 맞춘 개념이다. '왜 사람들이 그런 행동을 하는 것일까?' 하고 궁금증을 품어본 적이 있는가? 그 답을 알아내는 것이 컨슈머 인사이트다. 사람들이 즐겨하는 행위와 현상, 그리고 일상의 모습에서 컨슈머 인사이트를 얻을 수 있다. 그것이 현재든 과거든 중요하지 않다. 시대를 초월해 사람들이 남긴 자취는 모두 컨슈머 인사이트를 이끌어내며 소비자를 움직이는 아이디어의 원천이 된다. 결국 소비자의 행동을 항상 주목하는 것이 중요하다. 이때 휴리스틱(heuristics)이 매우 중요한 방법론이 될 수 있다.

휴리스틱의 어원은 라틴어 heuristicus와 그리스어 heuriskein이다. 찾아내다, 발견하다라는 의미를 가지고 있다. 발견법이라고 불리는 휴리스틱은 시간이나 정보가 충분하지 않아 합리적인 판단을 할 수 없거나, 굳이 합리적이고 체계적인 판단이 필요하지 않을 때 사람들이 사용하는 어림짐작이다. 행동경제학이나 심리학에서 다양한 방식으로 연구 중이다. 우리는 살면서 수많은 의사결정을 한다. 그런데 매순간 모든 정보를 활용해 상황을 파악하고 결정을 내릴 수는 없다. 그럴 필요가 없는 순간에는 경험에 의존해 자신의 직관 도구를 꺼내 빠르게 판단하곤 한다. 이러한 정보 처리 과정이 휴리스틱이다.

행동경제학의 대가 대니얼 카너먼은 휴리스틱을 '시스템 1', 고도의 집중된 사고를 '시스템 2'로 설명한다. 시스템 1은 별다른 노력 없이 경험에 따른 직관적 사고로 빠른 결정을 내리게 한다. 예를 들어 1+1의 정답은 곧바로 2라고 대답하는 것이다. 그러나 시스템 2는 다르다. 고도의 집중력을 필요로 한다. 763×347의 정답은 264,761이지만 이 숫자를 직관적으로 맞추는 사람은 매우 드물다. 이때 우리는 종이에 적어 계산하거나 계산기를 찾는 행위를 한다. 우리가 어떤 판단을 해야 할 때 두 시스템은 동시에 작동한다. 하지만 태생적으로 게으르고 편안함을 추구하는 우리 뇌는 무의식의 영역인 시스템 1에서 먼저 움직일 때가 많다. 자신도 모르게 휴리스틱이 가동되어 이성적이거나 합리적인 것과는 거리가 먼 판단과 행동을 하고 마는 것이다.

우리가 생산적인 일을 할 때는 시스템 2의 가동이 증가한다. 긴장감과 잘해야 한다는 목표의식이 생기기 때문이다. 하지만 소비적인 일을 할 때는 시스템 2가 아닌 1이 움직인다. 무의식적 행동이 먼저 나와버린다. 여기에 컨슈머 인사이트의 답이 있다. 최근 행동경제학에서 이 직관적인 영역에 접근하려는 시도를 하는 이유도 이 때문이다.

대표성 휴리스틱

다음 문제를 보고 린다의 직업을 맞춰보자.

'린다는 31세의 독신 여성이며 머리가 매우 좋고 본인의 의견을 정확하게 표현하는 성격이다. 그녀는 철학을 전공했으며 사회 정의와

인종차별 철폐에 깊이 관여했고, 반핵시위에도 참여했다. 린다의 직업은 무엇일 확률이 클까?'

1번 페미니스트일 확률, 2번 은행원일 확률, 3번 은행원이자 페미니스트일 확률. 당신은 어떻게 생각하는가?

아마 1-3-2번의 순서로 확률을 생각했을 것이다. 하지만 정답은 1-2-3번이다. 3번은 1번과 2번의 교집합이기 때문에 그만큼 확률이 낮다. 사람들은 철학 전공, 사회 정의와 인종차별 그리고 반핵시위에 가담했다는 정보만으로 페미니스트일거라고 판단한다. 이는 '하나를 보면 열을 안다'라는 대표성(representative) 휴리스틱에 빠져 한두 가지 속성으로 전체를 판단하는 오류를 범한 것이다.

대표성 휴리스틱은 이미 우리의 소비 행위에서 다양하게 작동하고 있다. 당신은 스마트폰을 구입할 때 어떤 제품을 선호하는가? 아마도 삼성 갤럭시와 애플 아이폰 사이에서 고민할 것이다. 가격이 비싼데도 이들을 선택하는 이유는 브랜드의 대표성 때문이다. 백색가전 하면 LG를 떠올리고, 커피 하면 스타벅스를 떠올린다. 이마트가 동네 슈퍼마켓보다 가격이 저렴하다고 굳게 믿으며 대형마트를 선호한다. 이 모든 판단이 대표성 휴리스틱의 결과다. 즉 대부분의 사람들은 소비에 관한 의사결정에 있어 사전 확률(결정을 내려야 할 요소가 확률적으로 전체에서 차지하는 기본 비율)의 정보를 무시하고 대표성(고정관념)에만 관심을 갖고 그에 의존해 판단한다.

심적 회계

MIT 대학에서 실험을 진행했다. 농구를 좋아하는 사람들을 두 그룹으로 나눈 뒤 NBA 입장권을 비공개 입찰로 경매를 한 것이다. 이때 A 그룹 사람들은 낙찰되면 신용카드로만 입장권을 구입해야 하고, B 그룹 사람들은 현금으로만 입장권을 구입해야 한다는 조건을 걸었다. A와 B 그룹 중 어느 쪽이 티켓을 더 많이 구입했을까? 답은 A 그룹이다. 응찰자의 비율을 살펴보니 현금 구매자는 신용카드 구매자의 절반에도 미치지 못했다.

행동경제학자들은 이 결과를 가리켜 심적 회계(mental accounting) 라고 설명한다. 이는 사람들이 돈의 지출이나 수입 등 경제적 의사결정을 할 때 마음속에 나름의 회계장부를 만들어두고 이익과 손실을 계산한다는 개념이다. 하지만 이것이 오히려 비합리적인 소비를 하게 만든다. 신용카드는 일상에서 쉽게 볼 수 있는 심적 회계의 대표 사례다. 사람들은 현금으로 계산할 때보다 신용카드로 계산할 때 더 많은 지출을 한다. 현금은 지출을 바로 체감하지만 신용카드는 한 달 뒤 빠져나가기 때문에 같은 금액이어도 상대적으로 부담을 덜 느껴 쉽게 돈을 쓴다. 이런 현상은 우리가 신용카드의 심리적 회계장부와 현금의 심리적 회계장부를 다르게 생각한다는 것을 보여준다.

심적 회계는 우리가 비합리적인 의사결정을 내리게 한다. 가령 새로 산 자동차의 내비게이션 옵션이 100만 원을 훌쩍 넘어도 선뜻 선택하지만, 중고차의 내비게이션은 절반 가격이어도 쉽게 구매를 결정하지 못한다. 또한 백화점의 상품권 지급 행사로 얻는 이익보다 할인 행사 제품을 구매하는 이익이 더 큰데도 상품권을 받기 위해 더 많은 돈을 쓰는 것도 같은 이유다. 30% 할인 행사는 당연한 것처럼 여기지만 10만 원 구입 시 1만 원 상품권 증정은 공돈이라고 생각하기 때문이다.

소유 효과

얼마 전 홈쇼핑에서 안마의자를 판매하는 것을 봤다. 다양한 기능을 설명한 쇼핑호스트는 믿을 수 없는 말을 했다.

"본 제품은 당장 돈을 내는 것이 아닙니다. 주문하시면 일주일간 무료 체험을 해보시고 마음에 들지 않으시면 배송기사가 무료로 수거해 드립니다."

방송을 보면서 혼란스러웠다. 정말 마음에 안 들면 안 사도 될까? 방송이 끝난 뒤 후기를 살펴보니 몇 백만 원이 넘는 가격임에도 꽤 많은 사람들이 주문한 것을 알 수 있었다. 더욱 놀랐던 것은 제품을 주문한 사람의 90% 이상이 구매를 결정했다는 사실이다.

이 현상은 소유 효과(endowment effect)에 의한 구매 결정이다. 소유하고 있거나 소유할 것으로 예상되는 물건에 애착도가 급격히 높아지는 현상을 말한다. 사람들은 공짜로 받은 물건이라도 자기 것으로 인식하면 소유하기 전보다 더 큰 가치를 둔다. 이러한 전략은 가격 책정에도 활용된다. 미국 서던캘리포니아 대학교 연구진은 실험을 통해 정보 제공을 달리하면 소유 효과에 따라 구매 결정을 달리한다는 것을 확인했다. 그들은 실험 참가자를 두 그룹으로 나눠 같은 자동차이지만 조건이 다른 가격 정보를 제공했다. A 그룹에는 1만 2천 달러의 기본 자동차에 풀옵션을 선택하면 1만 7천 달러까지 가격이 올라간다고 말했다. B 그룹에는 1만 7천 달러의 풀옵션 자동차에서 각 옵션을 제외하면 1만 2천 달러까지 가격이 내려간다고 전했다. 그 결과 A 그룹의 평균 구매금액은 1만 4,451달러였고, B 그룹의 평균 구매금액은 1만 5,361달러였다. B 그룹의 구매 금액이 높은 것은 소유 효과가 나타난 것이다. 1만 7천 달러짜리 자동차의 모든 옵션이 자신의 소유 자산처럼 생각돼 옵션의 제거가 심리적 상실감을 불러온 것이다. 이러한 소유 효과는 현상을 유지하려는 심리로 이어져 구매 효과를 더욱 높여준다.

현상유지 편향

얼마 전 인터넷에서 넷플릭스 광고를 보게 되었다. '지금 가입하면 한 달간 넷플릭스의 모든 서비스가 무료'라는 문구였다. 평소 미드를 좋아하고 영화관에 갈 시간이 부족했던 나는 즐거운 마음으로 회원 가입을 했다. 당연히 한 달 뒤에는 결제를 해지하겠다는 다짐을 했다. 그런데 이게 웬일인가. 한 달이 지난 뒤에는 넷플릭스의 광팬이 되어 자투리 시간에 미드를 즐겨보는 마니아가 되어 있었다. 무엇이 내가 넷플릭스를 계속 이용하도록 만들었을까?

미국의 경제학자이자 행동경제학의 개척자인 리처드 탈러의 말에서 원인을 찾을 수 있다. 그는 우리가 물건의 소유를 포기하는 것을 손실로 받아들이며, 사람들은 대체로 이익보다 손실을 크게 느끼므로 손실을 회피하려는 성향이 강하다고 말한다. 그리고 바꾸려고 하는 행동이 지금과 비교했을 때 특별히 이득이 되지 않는다면 한 번 설정한 상태를 계속 유지하려는 관성이 생기는데 이를 현상유지 편향(status quo bias)이라고 했다. 즉 지금 내가 가지고 있는 것이 괜찮아 보이고, 쓸데없이 바꿨다가 손해 볼지도 모른다는 두려움이 생겨 현상을 유지하려는 마음이 생긴다는 것이다. 실제로 넷플릭스의 무료 30일 서비스에 가입한 고객 중 단 9%만이 이탈했다고 한다.

현상유지 편향을 활용해 구독경제(subscription economy) 비즈니스 모델을 설계한 대표적 서비스가 유튜브 프리미엄이다. 프리미엄에 가입하면 한 달 동안 무료로 광고 없이 유튜브를 이용할 수 있다. 그런데 서비스에 가입할 때 카드정보를 등록해야 하고, 한 달이 지나면 자동으로 결제가 진행된다는 문구가 있다. 그럼에도 가입한 사람들 대부분은 한 달 뒤 해지하지 않는다. 가장 큰 이유는 귀찮다는 것이고 한 달에 만 원이 채 되지 않는 돈이라 소비자의 입장에서도 굳이 해지의 필요성을 느끼지 못한다. 기업으로서는 소비자의 귀차니즘 덕분에 낙전수입(breakage income: 정액 상품에서 구매자가 사용 한도액이나 제공량을 다 쓰지 않아 생기는 부가 수입)이 생기는 셈이다.

사람들이 기존의 선택을 바꾸지 않고 유지하려는 현상은 행동경제학자에게 좋은 연구 소재가 됐다. 초기 설정의 차이가 엄청난 결과의 차이를 불러온다는 것을 확인한 것이다. 대표적인 것이 독일과 오스트리아 국민의 장기기증 비율 연구다. 독일과 오스트리아는 인종, 문화, 언어 등이 매우 유사한 나라다. 그런데 두 나라의 사망 후 장기기증 비율은 너무도 다르다. 독일은 찬성 비율이 12%이고 오스트리아는 99%다. 행동경제학자들은 이토록 극단적인 차이의 원인을 장기기증 동의를 받는 방식에서 찾았다. 독일은 장기를 기증하기 위해서는 동의서를 제출하는 적극적인 행동을 해야 한다. 반대로 오스트리아는 적극적인 의사표현을 해야 장기기증을 하지 않을 수 있다. 초기 시스템의 설정 차이가 사람들의 현상유지 편향과 만나 어마어마한 차이를 가져온 것이다.

손실회피 편향

누군가가 나에게 게임 참가를 제안한다. 동전을 던져서 앞면이 나오면 내가 상대에게 5천 원을 주고 동전의 뒷면이 나오면 상대가 나에게 만 원을 준다는 것이다. 5천 원을 잃을 확률과 만 원을 얻을 확률은 정확히 5 대 5다. 과연 어떤 선택을 할 것인가.

실험 결과 이 제안을 받은 사람 중 8명~9명은 제안을 거절했다. 확률로만 따지면 2,500원을 버는 게임인데도 말이다. 행동경제학에 따르면 인간은 불확실한 이익보다는 확실한 손해를 더 크게 체감한다고 한다. 손실회피 편향(loss aversion)이란 얻는 것에 대한 만족감보다 잃는 것에 대한 박탈감이 적어도 두 배 이상 민감하다는 것을 말한다.

프레이밍 효과

프레이밍 효과(framing effect)란 의사결정에서 몇 가지 선택지가 주어졌을 때 같은 내용이라도 표현 방법에 따라 선택이 달라지는 현상을 말한다. 구조화 효과, 틀짜기 효과라고도 한다. 심리학자이자 경제학자인 대니얼 카너먼은 행동경제학자 아모스 트버스키와 함께 프레이밍 효과를 확인하는 실험을 했다.

A와 B 두 그룹의 참가자를 상대로 다음과 같은 상황을 설명했다.

"정글 모기가 신종 전염병을 퍼트리고 있습니다. 이 병을 방치할 경우 600명이 사망합니다. 미국 방역 당국은 정글 모기에 맞설 방안을 마련했습니다. 그중 하나를 선택해 방역과 질병 예방을 위한 정책을 시행할 예정입니다."

그리고 각 그룹에 두 가지 방안을 제시해 적합한 치료법이라고 생각되는 것을 선택하도록 했다. A 그룹에는 200명이 살 수 있는 1번 치료법과 환자 전체가 살 수 있는 확률이 33%, 아무도 살지 못할 확률이 67%인 2번 치료법을 제시했다. B 그룹에는 400명이 죽는 3번 치료법과 아무도 죽지 않을 확률이 33%, 모두가 죽을 확률이 67%인 4번 치료법을 제시했다. 두 그룹은 어떤 방안을 선택했을까?

A 그룹은 72%가 치료법 1을, 28%가 치료법 2를 선택했다. 반면 B 그룹은 22%가 치료법 3을, 78%가 치료법 4를 선택했다. 자세히 살펴보면 치료법 1, 3과 치료법 2, 4는 같은 내용이다. 단지 A 그룹은 긍정적 표현을 사용했고 B 그룹에는 부정적 표현을 사용했을 뿐이다. 그런데 두 그룹은 상반된 결과를 보였다. 결국 사람들은 긍정적인 인식의 틀에서는 불확실한 이득보다 확실한 이득을 선택하고, 부정적인 인식의 틀에서는 확실한 손실보다 불확실한 손실을 선호한다는 것이다. 따라서 소비자의 결정을 유도하려면 아무것도 하지 않으면 손실을 입을 것이라고 표현하면 효과를 얻을 수 있다. 기업이 의도한 대로 프레이밍 효과가 작동할 경우 소비자에게는 사고의 틀이 형성된다. 앞서 이야기한 대로 소비자는 현상유지 편향이 있으므로 한번 만들어진 프레임을 바탕으로 시장에서 강력한 경쟁우위를 확보할 수 있다.

2017년 행동경제학으로 노벨 경제학상을 수상한 시카고 대학교 리처드 탈러 교수는 우리가 계획을 세우고 이를 실행해 나갈 때 흔히 실패하는 이유에 대해 이렇게 말한다.

"미래의 계획을 세울 때 우리는 합리적 계획자처럼 행동하지만, 시간이 지나면 계획을 실행에 옮기는 실행자 입장에 서게 된다."

흡연자들은 늘 담배를 끊겠다는 야심찬 계획을 세운다. 담배를 끊으면 건강해지기 때문이다. 그래서 오늘부터 10일째 되는 날 담배를 끊겠다는 계획을 세우고 상상을 해본다. 10일 뒤 담배를 끊는 괴로움은 11일 뒤 건강한 자신의 모습에 비하면 아무것도 아닌 일처럼 느껴지기 때문이다. 하지만 10일이 지나 담배를 끊어야 하는 날이 되면 상황은 달라진다. 이제는 실행자의 입장에 서야 하는데, 그가 비교하는 것은 10일과 11일이 아니라 당장 오늘과 내일이 된다. 지금 당장 담배를 피우지 않음으로써 얻게 될 괴로움이 내일 얻게 될 건강보다 훨씬 크게 느껴지기 때문이다. 10일 전에는 합리적 계획자였던 그가 당장 오늘과 내일에는 실천을 해야 하는 실행자가 되고 나니 이득과 손실이 너무 크게 느껴지는 것이다. 완전히 입장이 바뀌는 셈이다. 이런 원리로 사람들은 비합리적으로 행동한다.

탈러 교수는 넛지(nudge)라는 용어를 제시하면서 "비합리성이 경쟁 과정에서 학습되고 교정될 수 있는 것도 아니고 배워서 이겨낼 수 있는 것도 아니라면, 인간이기 때문에 가질 수밖에 없는 제약 같은 것이라면, 비합리성을 오히려 역이용해 좀 더 나은 선택으로 유도해 보면 어떨까"라고 말한다.

3부

디자인 씽커
Design Thinker

사용자의, 사용자에 의한, 사용자를 위한

디지털 트랜스포메이션의 핵심 기술인 인공지능(AI)과 데이터 지능(DI: Data Intelligent)은 소비자의 욕망을 개인화시키고 있다. 과거에는 낡고 불확실한 데이터를 기반으로 한 공급자 중심의 사고가 기업을 이끌어갔다. 그러나 이제는 인공지능이 실시간으로 데이터를 축적하고 이를 바탕으로 데이터 지능이 지금까지는 불가능했던 직관적 사고를 가능하게 만들었다. 사용자 중심의 혁신적 사고와 아이디어가 가장 절실하게 필요한 것이다. 그 출발점은 조직 내 구성원의 일하는 방식과 생각하는 방식의 변화다.

똑똑한 소비자, 자신의 개성을 이해해주길 바라는 소비자, 점점 더 높은 삶의 질을 추구하는 소비자를 만족시키기 위해 기업은 디자인 씽킹(design thinking)을 실행해야 한다. 디자인 씽킹이라 하면 제품의 외양에만 적용되는 것이라 생각하겠지만 그보다 훨씬 넓은 영역에 사용된다. 단순하고 직관적인 디자인으로 세상을 바꾼 애플의 스티브 잡스는 "디자인은 제품이나 서비스의 연속적인 외층에 표현되는 인간 창조물의 영혼이다"라고 말했다. 이는 디자인이 소비자의 물질적 만족을 넘어 영혼의 만족까지 충족시켜줄 수 있다는 것을 뜻한다. 아이폰은 제품 개발 단계부터 기획, 마케팅, 생산, 서비스 등 모든 과정에 디자인적 사고를 적용해 탄생했다.

디자인 씽킹은 디자이너가 제품이나 서비스 등을 디자인하며 문제를 해결하는 과정대로 사고하는 방법이다. 디자이너들은 소비자의 요구를 하기 위해 디자인적인 문제를 고민하는 것은 물론이고 이를 폭넓게 해결할 방법을 찾는다. 기술을 구현하면서 현실적으로 이윤도 남기고 동시에 소비자의 니즈를 충족하기 위한 방법을 실용적이고 창의적인 방법으로 생각해낸다. 이를 위해서는 소비자를 관찰하고 깊이 공감할 수 있는 감수성과 여기에서 다양한 해결책을 찾는 직관 중심의 확산적 사고가 필요하다. 더불어 어떤 상황에서도 최선의 방법을 찾도록 여러 가지 대안을 분석하고 평가해 알맞은 해결책을 선택해가는 데이터 중심의 수렴적 사고도 함께 이루어져야 한다.

결국 소비자의 욕망을 파악하고(Emotional Innovation), 다양한 디지털 기술을 활용하고(Functional Innovation), 새로운 비즈니스 모델을 창출해내며(Process Innovation), 이 모든 것을 바탕으로 소비자에게 최고의 경험 가치를 제공해주는(Experience Innovation) 것이 디자인 씽킹의 철학이자 디지털 전환 시대의 기업에 요구되는 일하는 방식과 생각하는 방식이다.

1

디자인 씽킹으로
디지털 트랜스포메이션에 날개를 달다

2019년 말 〈하버드 비즈니스 리뷰〉는 이제 디자인 씽킹의 시대가 왔다고 강조했다. 주로 제품 디자인에 활용되었던 디자인적 사고방식이 이제는 기업 문화로 스며들고 있다는 것이다. 그러면서 디지털 전환 시대에 꼭 필요한 혁신 수단으로 꼽았다. 그렇다면 디자인적 사고란 무엇을 말하는 것일까? 크게 세 가지로 정리할 수 있다.

통찰에서 관찰로, 관찰에서 공감으로

첫 번째로 디자인 씽킹은 생각하는 방법이다.

세계 최고의 디자인 컨설팅 기업 IDEO의 CEO 팀 브라운은 디자인 씽킹을 대중의 니즈를 해결책(solution)으로 바꾸는 것이라고 정의했다. 소비자가 원하는 것을 실현 가능하게 만들어 고객 가치를 창출하고 새로운 시장을 발굴하는 비즈니스 전략을 실행하기 위해 디자이너의 감각과 작업방식을 이용해 생각을 이끌어내는 것이다.

'관찰'은 디자인 씽킹에서 가장 많은 노력과 시간이 필요한 단계다. 소비자를 철저하게 관찰해 수집한 데이터로 숨겨진 니즈를 찾아낼 수 있다. 사람들은 자신의 행동을 반복하는 경향이 있다. 불편하거나 마음에 들지 않아도 늘 그렇게 해왔기에 무의식적으로 행동하고 만다. 때문에 그들의 눈높이에서 그들의 행동을 관찰하는 것은 문제해결의 가장 기본이 된다. 이때 활용할 수 있는 도구가 '통찰, 관찰, 공감'이다.

'통찰'은 소비자를 관찰하기 전에 눈에 보이지 않는 무언가를 간파해내는 능력이다. 통찰은 철저하게 소비자의 삶을 통해 배우는 문제해결 방식이다. 사람들이 매일 반복하는 수많은 행위들의 관계를 분석해 나가는 과정에서 소비자 스스로도 인지하지 못했던 니즈를 찾아낼 수 있다. 통찰을 활용하면 단순히 필요할 것이라 생각해 만든 제품이 아니라, 그것이 필요한 이유를 파악해 소비자에게 원하는 것을 사용하는 행위를 제공하는 제품을 만들 수 있다.

사람들이 무슨 일을 하는지, 어떻게 행동하는지 지켜보는 과정인 관찰은 디자인 씽킹의 기본이자 핵심이다. 대표적 관찰기법이 에스노그래피(ethnography)다. 이는 민족, 종족이란 뜻의 ethno와 기술하다, 기록하다는 뜻의 graphy가 합쳐진 말이다. 서양의 인류학자들이 아프리카 소수민족의 관습이나 종교의식을 이해하기 위해 그들과 함께 생활하며 사회와 문화의 여러 현상을 관찰하는 방식에서 유래했는데 1990년대 중반부터 소비자 관찰기법으로 마케터와 디자이너에게 알려지며 활용하기 시작했다. 현재는 특정 집단이나 일부 소비자 계층의 라이프스타일과 행동 등을 관찰해 그들의 관점을 이해하고 기업이 제공하는 제품과 서비스의 가치를 어떻게 삶에 반영할 수 있는지 파악하기 위해 활용한다.

마지막으로 '공감'은 다른 사람과 어울리면서 느끼는 공통의 감정이다. 디자인 씽킹은 철저하게 소비자의 입장에서 생각하고 느끼는 과정이다. 또한 공감은 디자인적 사고와 학문적 사고를 구분하는 가장 큰 기준이기도 하다. 사용자와의 공감이 이루어지면 기업은 가치있는 데이터를 얻을 수 있다. 그러므로 논리적이고 냉정한 조사보다는 사용자와의 끊임없는 교감을 통해 적극적인 공감을 해야 한다. 공감을 이끌어내는 방법으로는 관찰(observe), 인터뷰(interview), 체험(immerse)이 있다. 사용자를 관찰하고 인터뷰를 통해 교감하고 그들의 불편함을 직접 체험함으로써 공감이 이루어지고 문제해결로 이어진다.

글로벌 주방용품을 제조하는 옥소(OXO)는 통찰, 관찰, 공감을 활용해 제품 혁신을 이룬 기업이다. 요리를 하면서 재료의 정확한 양을 측정할 때 우리는 주로 계량컵을 사용한다. 계량컵은 대부분 눈금이 옆에 표시되어 있다. 그런데 옥소의 계량컵은 다르다. 컵 안쪽에 경사면을 만들어 눈금을 표시했다. 기존의 계량컵이 자세를 낮추거나 컵을 눈높이로 들어올려야만 눈금을 읽을 수 있다면, 옥소의 계량컵은 위에서 내려다보기만 해도 쉽게 눈금을 읽을 수 있다. 이 혁신적인 제품은 출시한 지 1년 만에 100만 개가 넘게 팔렸고 옥소의 매출은 급상승했다.

새로운 계량컵은 철저히 사용자의 입장에서 생각하는 디자인적 사고에서 탄생했다. 옥소의 경영 철학은 어떤 제품이든 아주 작은 불편함까지 찾아내고 해결해 '좋은 물건'을 '더 좋은 물건'으로 만드는 것이다. 따라서 늘 사용자의 입장에서 질문하고 불편함을 찾아내 고치는 데 집중한다.

옥소는 눈에 보이지 않는 니즈를 확인하기 위해 소비자도 인식하지 못하는 문제가 무엇인지 찾고자 했다. 그리고 사람들이 늘 하던 대로 행동하려는 습성 때문에 자신의 행동을 무의식적으로 반복한다는 사실에 주목했다. 이 때문에 수십 년 동안 계량컵을 사용한 사람들 중 누구도 제품에 대한 이견이나 불만을 보이지 않았다. 소비자는 불편함을 느껴도 감수하고 제품을 사용한다는 사실을 간파한 것이다.

통찰의 힘을 깨달은 옥소는 문제를 확인하기 위해 오랜 시간 계량컵을 사용하는 다양한 사람들을 관찰했다. 그러다 보니 허리가 불편한 주부들과 노인들의 행동이 다르다는 것을 파악했다. 계량컵을 사용하는 사람들은 정확한 눈금을 보기 위해 몇 번씩 허리를 숙였다 펴야 한다. 허리가 불편한 사람이나 노인들은 통증을 느끼면서도 어쩔 수 없이 계량컵을 사용했던 것이다.

사용자들의 고통을 덜어주고 싶었던 옥소는 그들의 불편함을 좀 더 정확하게 이해하고 싶었다. 옥소의 한 디자이너는 2년간 노인 분장을 하고 캐나다와 미국을 돌아다니며 노인들과 어울렸다. 그들의 생활을 밀착하게 관찰하며 그들과의 공감을 만들어나가기 위한 작업이었다. 통찰에서 관찰로, 관찰에서 공감으로 이어진 옥소의 디자인적 사고는 허리를 숙이지 않아도 눈금을 읽을 수 있는 계량컵이라는 결과물을 가져다주었다.

빨리 만들어서 빨리 개선하기

두 번째로 디자인 씽킹이란 관찰, 개발, 실험, 수정 단계의 문제해결 방법론이다. 이를 위해 소비자 관찰, 심층 분석, 아이디어의 형상화, 지속적 개선이라는 작업을 거친다. 특히 빨리 만들어서 빨리 개선하는 디자이너들의 특징이 반영되면 보다 경쟁력 있는 혁신을 이룰 수 있다.

우리나라는 하루 평균 3천 개의 식당이 문을 열고 2천 개의 식당이 문을 닫는다. 천 개의 식당이 있다면 천 개의 상황이 있다고 하는데 어떻게 하면 저마다의 문제를 해결할 수 있을까? 〈백종원의 골목 식당〉을 통해 디자인 씽킹으로 문제를 해결하는 방법을 살펴보자.

이 프로그램은 전국의 골목을 찾아 그 주변의 장사가 안 되는 식당을 방문해 원인을 파악하고 해결 방법을 제시해준다. 가장 먼저 식당 주인의 이야기를 듣는다. 어떻게 가게를 차리게 되었는지, 하루에 손님은 얼마나 오는지, 주력 메뉴를 선택한 이유는 무엇인지 등을 알아본다. 그리고는 화면을 통해 음식을 조리하거나 손님을 응대하는 모습을 보여준다. 백종원 대표는 영상을 꼼꼼하게 살펴보면서 식당의 문제점을 찾아낸다. 그 다음에 직접 식당을 찾아간다. 그곳의 대표 메뉴를 주문하고 조리 과정을 유심히 관찰한다. 이때 빼놓지 않는 것이 주인과의 인터뷰다. 어떻게 재료를 손질하는지, 양념에는 무엇이 들어가는지, 어떤 재료를 먼저 조리하는지 같은 질문을 던지는 것이다. 음식이 완성되면 직접 맛을 보면서 체험한다. 이때도 인터뷰는 멈추지 않는다. 맛을 평가하고 문제가 있으면 곧바로 인터뷰를 하면서 원인을 파악하는 것이다. 그리고 주방으로 간다. 냉장고를 열어보고 재료 상태를 확인하고 청결 정도를 파악하면서 또 다시 관찰을 한다. 이 모든 것은 디자인 씽킹의 공감 과정인 관찰-인터뷰-체험을 통해 문제를 찾는 방법이다.

백종원 대표는 자신이 간파한 식당의 문제를 알려준다. 그 다음에는 다양한 방식으로 아이디어를 이끌어낸다. 그가 직접 해결책을 제안할 때도 있고 식당 주인의 의견을 반영할 때도 있다. 공덕동 소담길 김치찌개집은 식당 주인이 웃으면서 던진 농담이 아이디어로 발전해 대박을 터뜨린 경우다. "김치찌개에서 깊은 맛이 나오려면 어떻게 해야 좋을까요?"라는 뻔한 질문에 "고기를 튀겨볼까요?"라는 독창적인 대답이 나왔다. 백종원은 곧바로 "그거 한번 해봅시다"라며 우스갯소리를 실행에 옮겼다.

백종원 대표는 어떤 아이디어든 일단 실행에 옮겨보고 그것이 문제를 해결해줄 수 있을지를 판단한다. 소담길 김치찌개집처럼 고기를 튀겨서 넣는 아이디어가 성공적이라면 즉시 새로운 메뉴로 채택한다. 이와 달리 손님을 상대로 시식을 해본 결과 부족한 부분이 있다면 보완해서 다시 시식을 해보는 프로토타입(prototype)과 리파인(refine) 단계를 거쳐 최종 결과물을 만들어낸다. 〈백종원의 골목식당〉은 혁신적 문제해결을 위해 식당의 조리법, 주방 상태, 식당 주인을 관찰하고, 인터뷰하며, 주요 메뉴의 체험을 통해 문제점을 정확히 찾아낸다. 그리고 빠르게 아이디어를 도출해 메뉴를 개발하고 실험하면서 지속적 개선을 통해 문제를 해결한다. 이 과정을 거쳐 간 골목식당들은 맛집으로 선정되어 대박 신화를 이어갔다. 이는 혁신적 문제해결을 위해 식당과 소비자를 관찰하고, 심층분석을 통해 아이디어를 만들어낸 디자인 씽킹의 결과다.

문제는 기술에 있고, 해답은 사람에게 있다

세 번째로 디자인 씽킹이란 디지털 트랜스포메이션 시대에 경영의 패러다임을 변화시키는 도구다. 이는 일하는 방식에 디자인 원리를 적용한다는 것인데, 사용자에 대한 공감과 시제품 제작 훈련, 실패에 대한 관용, 상호작용을 바탕으로 한 협업체계 등은 유연한 조직문화를 조성해 기업이 디지털 트랜스포메이션을 추진하는 데 도움을 준다. 이런 디자인 씽킹이 디지털 전환 시대에는 어떻게 이루어져야 하는 걸까?

먼저 소비자의 니즈 및 동기부여를 이해하고 공감하는 사용자 중심부터 시작해야 한다. 사용자 중심의 철학은 1980년대에 들어서면서 ICT(정보통신기술)의 급격한 발달로 고도로 복잡해지고 스마트화되어가는 제품에 대해 사용자의 편의성을 제공하자는 의미로 시작되었다. 이제까지의 기술 지향적 제품이 아니라 인간 중심적 제품을 만들자는 취지인 것이다. 지금은 많은 기업이 4차 산업혁명과 디지털 트랜스포메이션에 앞장서면서 사용자의 영역도 더욱 넓어졌다. 조직의 내부와 외부 사용자를 동시에 고려하는 것이 경영 패러다임의 핵심이 되고 있는 것이다.

실리콘 밸리는 창의와 자율을 중시하는 첨단산업의 상징으로 여겨지지만 그곳에서 일하는 흑인 직원의 비율은 경악을 금치 못할 정도다. 페이스북과 구글의 모기업 알파벳, 애플, 아마존과 같은 미국의 기술 대기업들은 매년 연간 다양성 보고서(Annual Diversity Report)를 발표한다. 2014년 보고서는 흑인 직원의 비율이 페이스북 3%, 트위터 2%, 구글 2%, 애플이 6% 수준이었다. 5년 뒤인 2019년의 보고서를 살펴보면 흑인 직원의 비율에는 거의 변화가 없는 것을 알 수 있다. 미국 인구의 13% 정도가 흑인이고, 향후 흑인의 인구증가율이 가파르게 상승할 수 있다는 점을 고려하면 어처구니없이 낮은 수준이다.

미국의 벤처캐피털 앤드리슨 호로비츠(Andreessen Horowitz)에서 사내 기업가로 활동하던 트리스탄 워커는 이 사실에 주목했다. 평소 큰 돈을 버는 것보다 세상을 근본적으로 바꿀 수 있는 삶을 꿈꿔온 그는 백인 우월주의가 팽배한 실리콘 밸리에서 소외계층인 유색인종을 위한 기업을 설립하기로 했다. 이 결심은 정확히 적중했다. 그가 설립한 회사는 첨단기술도 아니고 앱 서비스도 아닌 유색인종을 위한 미용제품을 판매하는 스타트업 워커앤컴퍼니브랜드(Walker & Company Brands)다.

회사의 첫 번째 제품은 베벨(Bevel)이라는 상품으로 흑인을 위한 면도용품이다. 그는 제품을 정기적으로 받아보는 구독경제 서비스를 비즈니스 모델로 선택했다. 회원 가입 시 59.95달러를 내면 30일 동안 사용할 수 있는 면도용품 스타터 키트를 보내준다. 구성품은 면도기와 30일치 면도날, 브러시, 오일, 면도 크림, 애프터 셰이브 로션이다. 그 다음 달부터는 매월 29.95달러를 내면 90일마다 면도용품 세트를 받게 된다. 사실 구독경제는 이미 많은 기업이 선택한 서비스 방식이다. 그런데 베벨에 대한 소비자들의 반응은 뜨거웠다. 2014년 2월 출시 이후 서비스 신청 고객은 매달 50%이상 증가했고 재구매 비율은 90%를 넘어섰다.

특별할 게 없는 이 비즈니스 모델이 성공한 이유는 회사를 세운 트리스탄 워커가 자신의 경험을 기반으로 끊임없는 관찰을 통해 소비자의 니즈를 정확히 파악했기 때문이다. 그는 흑인 남성의 80%, 그리고 전체 남성의 30%가 면도 후에 여드름과 같은 염증이 발생하는 피부 트러블을 경험한다는 사실에 주목했다. 당시의 면도기는 여러 개의 다중 면도날로 피부 표면의 수염까지 깎아내는 것을 강점으로 내세우고 있었다. 하지만 수염이 억세고 구불구불한 남성은 면도 후에 수염이 피부 안으로 파고들어 염증이 발생했다. 워커는 자신의 경험에 비추어 대부분의 흑인 남성이 이런 상황을 겪고 있는 것을 간파했다. 결국 4중 날, 5중 날과 같은 면도날이 주류인 시장 트렌드를 역행하면서 단일 면도날을 가진 흑인 전용 면도기를 채택했다. 이는 기술보다 사람을 먼저 생각하고 그들이 가진 문제를 풀어나가겠다는 휴머니즘에 바탕을 둔 것이다. 이처럼 사용자 중심의 디자인 씽킹은 문제는 기술과 제품에, 해답은 소비자에게 있음을 보여준다.

실패를 성공으로 만드는 것들

다음으로 디지털 전환 시대의 디자인 씽킹은 협동적이어야 한다. 먼저 문제해결 및 개발 과정에서 기업의 구성원과 사용자의 상호작용을 중시하고, 기업 내에서의 자유로운 의사소통으로 빠른 개선이 이루어질 수 있는 환경을 만들어주어야 한다. 이를 위해 디자인 씽킹은 끊이지 않는 질문과 소통을 강조한다.

질문과 소통을 잘 활용하는 대표적인 기업을 꼽으라면 주저 없이 다이슨을 언급한다. "우리는 무엇을 하는 회사인가?"라는 근원적인 질문이 혁신을 만들어냈기 때문이다. 이들의 첫 번째 혁신 제품은 100년 동안 아무런 의심 없이 먼지봉투를 달고 있던 청소기에서 먼지봉투를 떼어내면서부터 시작된다. 여기에는 "왜 청소기에는 먼지봉투가 있어야 할까?"라는 질문이 존재한다. 많은 사람들은 청소기의 이물질이 밖으로 배출되지 않으려면 당연히 먼지봉투가 달려 있어야 한다고 생각했다. 하지만 다이슨은 먼지봉투가 흡입력을 약화시키는 것을 보고 세계 최초로 먼지봉투 없는 청소기를 만들어낸다. 5년 동안 무려 5,127개 시제품을 만든 끝에 나온 결과다. 청소기의 성공 이후 이들은 스스로에게 또 다른 질문을 던졌다. "왜 선풍기에 날개가 있어야 하지?" 질문은 다이슨과 사용자, 그리고 회사 내 각 부서 간의 협업을 통해 끊임없이 소통하는 과정으로 이어졌다. 이후 4년이라는 긴 시간이 지난 뒤에야 날개 없는 선풍기가 탄생했다. 최초의 선풍기를 발명한 이후 127년이라는 시간 동안 누구도 의심을 품지 않았던 것에 질문을 던지고 소통이라는 협동적 과정을 통해 인류 최초의 날개 없는 선풍기를 만들어낸 것이다.

사용자 중심과 협동에 이어 디자인 씽킹이 고려해야 할 것은 낙관주의를 추구하는 것이다. 낙관주의와 디자인적 사고의 상관성을 확인할 수 있는 실험이 있다.

창의성 연구로 유명한 하버드 대학교 경영대학원 테레사 아마빌 교수는 창의성을 높이는 방법을 연구하기 위해 업종이 다른 7개 기업을 선정하고, 200여 명의 임직원들에게 매일 일기를 써서 제출하도록 했다. 짧게는 3개월부터 최대 1년 분량의 일기는 1만 2천 건이 넘었다. 이를 분석하자 의외의 결과가 나왔다. 기분이 좋은 날은 기분이 나쁜 날에 비해 창의적인 아이디를 떠올릴 가능성이 50% 이상 높아진 것이었다. 이는 긍정적인 마음을 가진 사람이 더 창의적이라는 많은 연구들과 궤를 같이하는 결과이기도 하다. 실제로 뇌 과학자들에 의해 밝혀진 바에 따르면 기분이 좋아지면 시냅스를 통해 도파민이라는 호르몬이 분비된다고 한다. 이 호르몬은 뇌를 활성화시키는데 이때 사고의 범위가 넓어지고 인지적 변화가 생겨 새로운 통찰력을 만들어낸다는 것이다. 그렇다면 직원들의 기분을 좋게 하려면 무엇을 해야 할까? 아마빌 교수는 세 가지 방법을 제시했다. 첫째는 일에서 작은 성공을 경험하는 것이고, 두 번째는 업무에 필요한 지원을 받는 것이며, 세 번째는 회사 내 대인관계에서 좋은 경험을 하는 것이다.

마지막으로 디지털 전환 시대의 디자인 씽킹은 실험을 중시해야 한다. 끊임없이 프로토타입을 만들고 다시 개선하는 작업을 반복하면서 사용자가 진정으로 원하는 제품이나 서비스를 만들어내는 것이다. 이를 위해서 빠르고(fast), 싸게(cheap), 시각화(visualization)를 해낼 똑똑한 실패가 필요하다. 스탠포드 대학교 심리학과 캐럴 드웩 교수는 학습능력과 지능을 키우는 데는 사람들의 신념이 중요하다고 말한다. 그는 인간의 지능, 성격 등 심리적 특성이 변하지 않는다고 믿는 고착 마인드셋(fixed mindset)을 가진 사람과 지능은 변할 수 있고 학습을 통해 발달될 수 있다고 믿는 성장 마인드셋(growth mindset)을 가진 사람으로 나눴다. 그의 연구결과에 의하면 고착 마인드셋을 가진 사람들은 실패를 어쩔 수 없는 자신의 능력 부족으로 보고, 자신이 실패한 과제에서 철수해 버린다고 한다. 반면 성장 마인드셋을 가진 사람들은 실패를 교육적인 기회로 삼고 배우려고 노력한다는 것이다.

미시간 주립대학교 심리학과의 제이슨 모저 교수의 실패에 관한 실험은 디자인 씽킹이 나아가야 할 방향을 보여준다. 그는 실험 참가자에게 과제를 주고 해결하는 과정에서의 뇌파 변화를 측정했다. 그 결과 참가자가 실수할 때마다 뇌에서 두 가지 다른 반응이 일어난다는 것을 확인했다. 첫 반응은 실수 후 50밀리초 정도 후에 발생하는 오류 관련 부정(ERN: Error Related Negativity)이라는 신호다. 이는 자신의 실수에 대해 스스로 민감하게 알아차리면서 느끼는 갈등이다. 다음 신호는 오류 긍정(Pe: Error Positivity)이라는 것으로 실패 후 100밀리초~500밀리초 사이에 발생한다. 이 신호는 실수를 자각하고 더욱 주의를 기울이려는 반응이다.

연구 결과 성장 마인드셋이 높은 사람들은 실패하면 오류 긍정 신호가 증가했다. 이는 고정 마인드셋이 높은 사람에게서는 나타나지 않던 반응이었다. 즉 성장 마인드셋이 높으면 실수를 반복하지 않으려는 회복탄력성이 높은 것이다. 이는 실패 후에도 다시 시도할 수 있는 원천이 된다. 실제로 실험 참가자들이 과제를 끝마친 결과를 확인해보니 성장 마인드셋이 높은 사람들이 고정 마인드셋이 높은 사람에 비해 실수 후 다시 시도했을 때 훨씬 높은 정확성을 보였다고 한다.

두 가지 연구는 인간의 뇌가 본능적으로 실패를 통해 배우려는 메커니즘으로 구성되어 있음을 알려준다. 하지만 실패를 성공으로 만드는 결정적 요인은 지능, 성격 등 심리적 특성이 학습을 통해 발달될 수 있다고 믿는 긍정적 태도다. 천재 물리학자 닐스 보어는 전문가를 다음과 같이 정의했다. '아주 작은 영역에서 할 수 있는 모든 실수를 한 사람.' 결국 전문가란 실패를 통해서 배워가는 사람이다. 그리고 성공은 실패를 통해 배워가는 과정의 결과물이다. 하지만 실패를 통해 성공하기 위한 가장 중요한 핵심은 나의 성장 가능성에 대한 긍정적 태도다.

2

진짜 문제가 무엇인지 찾아내고
명확히 정의하라

미래학자 라이언 젠킨스는 2014년 '2020년에 요구되는 가장 중요한 10가지 업무 역량(The 10 Most Important Work Skills in 2020)'이라는 칼럼을 기고했다. 디지털 미래사회의 변화에 적응하기 위해서는 센스 메이킹(통찰력은 생존의 필수 항목이다), 사회 지능(초연결 사회 사람들에게 교감능력은 더욱 필요해진다), 새로운 사고와 창의적 문제해결 능력(기존 사고방식으로는 살아갈 수 없는 세상이 되었다), 뉴 미디어 리터러시(new media literacy, 새로운 채널과 콘텐츠가 식량이자 무기다), 초학문적 능력(transdisciplinary, 경계가 사라졌다, 모든 분야에 관심을 가져야 한다), 디자인 마인드셋(디자인적 사고는 이미 대세이며 더욱 대세가 될 것이다) 등이다. 그리고 향후 모든 기업의 활동은 공급과 수요라는 무한 루프에서 발생하는 모든 문제를 해결하는 역량에 집중해야 한다고 했다.

즉 디지털 트랜스포메이션 시대에는 산발적으로 발생하는 문제를 해결하는 사람이자, 왜 그런 문제가 발생했는지 감지하고 업무 전체를 통찰하는 인사이터(insighter)가 되어야 한다는 것이다. 그렇다면 디지털 전환의 시대에 문제해결자이자 인사이터가 되기 위해선 무엇을 해야 할까?

고객의 디지털 여정을 생생하게 그려라

우리는 사람에 더욱 집중해야 한다.

수많은 미래학자들이 디지털 시대에는 AI가 인간을 대체할 것이라 말한다. AI의 논리와 계산은 인간의 이성만으로는 결코 넘어설 수 없는 수준까지 진화했기 때문이다. 그렇지만 인간에게는 감성이라는 차별적인 영역이 존재한다.

1990년 심리학자 피터 샐러베이와 존 메이어는 '감성지능(emotional intelligence)'이라는 개념을 처음 발표했다. 인지적으로 얼마나 똑똑한지를 표현하는 지능지수(IQ)와 달리 감성지능은 자신의 감정 또는 기분과 다른 사람들의 감정을 점검하는 능력, 그 감정들을 구별하는 능력, 그리고 이러한 정보를 이용하여 자신의 사고와 행동을 이끄는 능력을 의미한다. 결국 감성지능이란 자신, 타인, 그리고 상황 속에서 발생하는 정서와 기분을 잘 관리하고 통제하며 조절하는 능력이다.

감성지능의 개념이 대중적으로 알려진 계기는 '마시멜로 실험'이다. 1966년 스탠포드 대학교의 월터 미셸 박사는 4세 아이 653명에게 마시멜로를 하나씩 주면서 5분 동안 먹고 싶은 유혹을 참으면 하나 더 주겠다고 약속을 한다. 그리고 방 안에 아이를 혼자 있게 한 뒤 지켜봤다. 15분을 참아낸 아이는 30%였다. 미셸 박사는 15년이 지난 1981년에 실험에 참가했던 아이들을 다시 만났다. 그 결과 마시멜로의 유혹을 끝까지 참았던 아이들이 그렇지 않은 아이들보다 학업 성취도, 건강 상태, 사회적응력, 가족 간 관계 등이 월등히 좋았다. 실험 후 45년이 지난 2011년 미국의 주간지 〈뉴요커〉는 이들을 다시 찾아보았다. 유혹을 견딘 아이들은 중년이 된 이후에도 성공적인 삶을 살고 있었다. 그렇지 못했던 아이들은 가난과 비만, 약물중독, 가정불화 등을 겪고 있었다. 이 실험은 IQ보다는 스스로의 감정과 행동을 조절하는 능력인 감성지능에 의해 성공이 결정된다는 것을 보여준다.

샐러베이 교수는 감성지능을 자기인식, 자기관리, 사회적 인식, 관계관리라는 4가지 핵심 영역으로 나눴다. 이중에서도 타인의 감정과 관점을 이해하고 타인에게 적극적으로 관심을 표현하는 사회적 인식 영역이 중요하다. 디지털 전환 시대는 주도권이 공급자에서 소비자로 넘어간다. 따라서 기업은 소비자의 디지털 여정을 따라다닐 게 아니라 먼저 길을 만들어주고 그쪽으로 오도록 유도해야 한다. 즉 소비자가 자신들의 상품을 찾는 여정이 매력적이어야 제품과 서비스, 그리고 브랜드에 대한 충성심이 생긴다. 이를 위해서는 끊임없이 사용자의 감성을 이해하고 파악하는 것이 중요하다. 타인의 감정을 읽고 경험 과정을 이해하는 데 도움이 되는 도구 중 하나가 고객 여정 지도(customer journey map)다.

먼저 고객 여정이란 기존의 고객 또는 잠재 고객이 기업과 만나는 모든 접점과 기업을 통한 모든 경험을 말한다. 그러므로 단순히 기업의 제품이나 서비스를 사용하는 상황뿐 아니라 그것을 처음 인지하는 순간부터 마침내 그것을 구매하고 경험한 뒤 사용을 중단할 때까지의 전체 과정을 고려해야 한다. 고객 여정 지도는 사용자가 이 모든 단계와 과정을 수행하면서 느끼는 것을 시각적으로 표현한 것이다.

예를 들어보자. 날씨가 더운 날 한 고객이 시원한 음료가 마시고 싶어 스타벅스에 들어갔다. 고객은 입구에서부터 다양한 감정을 느낀다. 계산대 앞의 긴 줄을 보고 짜증이 나는 사람, 너무 많은 종류의 음료에 무엇을 선택할지 불안해하는 사람, 진동벨이 없어서 자신의 음료가 나왔는지 몰라서 기다림에 지쳐가는 사람 등 저마다 느끼는 감정이 다르다. 고객 여정 지도는 이렇듯 사용자가 비즈니스에서 겪는 경험을 모두 보여주며, 미처 예상하지 못한 상황에 대해서 그들의 감정 상태를 알려 준다.

기업은 고객 여정 지도를 사용해 고객의 입장에서 사용자들이 경험하는 것처럼 자신의 서비스와 제품을 정확하게 경험해볼 수 있다. 이를 통해 고객이 경험하는 불편함이나 문제점을 찾아내고, 이를 해결하기 위한 대책을 세울 수 있다.

디지털 트랜스포메이션 시대에는 고객 여정 지도가 특히 중요하다.

다양한 디지털 플랫폼과 기술은 구매의 주도권을 공급자가 아닌 수요자에게 넘겼다. 특히 디지털 네이티브라고 불리는 MZ세대(밀레니얼 & Z세대)들은 온라인에서 손쉽게 상품을 검색하거나 비교한 뒤 주문한 상품을 빠른 시간 안에 자신의 문 앞까지 배달시키는 것이 일상이 되었다. 그러는 사이 공급자는 사용자가 자신을 발견해주기를 바라며 치열한 경쟁을 벌이지만 뒤늦게 고객의 발자국을 쫓는 상황이 되고 말았다. 이제는 사용자의 디지털 여정을 쫓아다니는 기업은 살아남기 어렵다. 고객보다 먼저 발자국을 찍고 그것을 따라올 수 있도록 앞장서야 한다. 이를 위해 기업은 새로운 기술, 의사소통 과정, 조직구조를 도입해야 한다. 고객이 기업의 상품과 서비스를 찾아가는 여정이 매력적이고, 나만을 위한 것이어야 하며, 개방형 경험으로 만들어 사용자들의 충성심을 얻어야 하기 때문이다. 그러기 위해선 끊임없이 사용자들의 감성을 이해하고 파악하는 게 중요하다.

고객 여정을 둘러싼 치열한 경쟁

고객 여정 지도는 5단계에 걸쳐 진행된다. 1단계는 페르소나(persona)를 선정하기 위한 이해관계자 지도(stakeholder map)를 그려보는 것이다. 이해관계자란 나를 중심으로 이해관계를 가지고 있는 사람이다. 한마디로 나의 사용자인 셈이다. 나를 중심으로 한 나의 사용자 집단은 생각만큼 단순하지 않다. 만약 내가 스타벅스의 직원이라면 나의 사용자는 매장을 찾은 손님, 원두 공급업체, 굿즈 제작업체, 함께 일하는 동료, 본사 관리자, 상품 기획자, 사이렌오더 관련자 등 얼마든지 세분화가 가능하다. 페르소나를 선정하고 나면 그의 물리적, 환경적 배경을 정리하는 것이 중요하다. 30대 여성을 타깃으로 했다면 그녀에 대한 프로필을 작성해보는 것이다. 예를 들어 나이는 30대 초반, 국내 중견기업에서 기획 업무를 하고 있고, 회사 근처 오피스텔에 거주, 미혼이며, 굿즈를 좋아하며, 자신을 위해 투자하는 성향 등을 정리한다. 주의할 것은 기업이 모든 사람을 페르소나로 지정해서는 수익을 창출할 수 없다는 사실이다. 사전에 설문조사나 트렌드를 파악해 가장 큰 수익을 창출해줄 집단을 구성해야 한다.

2 단계에서 해야 할 일은 우리가 선정한 페르소나의 목표를 명확히 이해하는 것이다. 스타벅스를 예로 들자면 스타벅스에 들어온 페르소나가 공간 체험과 구매라는 여정 속에서 무엇을 경험하고 성취하고 싶을지 구체적으로 기술해보는 것이다. 따뜻한 커피 한 잔을 경험하고 싶은 고객이라면 쉽게 주문하고, 빨리 커피를 받아서, 편안한 자리에 앉아, 커피의 향을 음미하는 경험을 원할 것이다. 공부를 하러 스타벅스에 입장한 고객은 콘센트가 설치되어 있고, 노트북이나 책을 펼칠 수 있는 조금 넓은 테이블, 그리고 집중할 수 있는 조명을 원할 것이다. 이렇듯 설문조사나 인터뷰를 통해 그들이 원하는 경험의 목표를 명확히 이해하고 설정하면 그들의 감정을 더욱 세심하게 파악할 수 있다.

3 단계는 사용자와 서비스(제품)를 경험하는 터치 포인트(touch

point)를 정하는 것이다. 이는 고객이 무언가를 구매하는 과정에서 브랜드, 제품, 서비스, 마케팅 등 비즈니스와 접촉하고 경험하는 모든 시점을 의미한다. 페르소나는 자신의 니즈를 달성하는 과정에서 다양한 감정 변화를 겪는다. 이 변화는 주로 고객 접점에서 발생한다. 이때 좋은 감정을 유지하면 고객 여정을 계속하고자 하는 동기부여가 발생한다. 따라서 페르소나의 좋은 감정은 유지하고 나쁜 감정은 없애주도록 해야 한다. 문제는 터치 포인트를 어떻게 잡느냐는 것이다. 페르소나를 완전히 이해하지도 못할뿐더러 인간은 즉흥적으로 생각과 다른 행동을 하기 때문이다. 이때 활용하는 것이 관찰과 인터뷰다. 고객(페르소나)을 그림자처럼 따라다니며 관찰하고 기록하거나 공감지도(empathy map)를 활용한다. 공감지도는 뒤에서 좀 더 자세히 설명하겠다. 중요한 것은 고객 접점을 빠짐없이 선정하되 영향력이 큰 순서로 배열하는 것이다.

4단계는 고객의 페인 포인트를 시각화하는 것이다. 우리가 미리 선정한 터치 포인트에서 고객이 어떤 감정을 보이는지, 왜 그런 감정이 나타났는지 명확한 원인을 파악해야 한다. 그리고 충돌이나 좌절하는 지점은 어디인지, 고객이 어느 접점에서 여정을 이탈하는지 그들의 감정 상태를 이해하고 고객 여정을 계속하기 위해서 기업이 해야할 것을 시각화하는 단계다.

마지막으로 고객의 감정을 불편하게 만든 접점의 우선순위를 정한다. 터치 포인트에서 고객의 감정 상태는 상황과 배경에 따라 제각각일 경우가 많으므로 모든 고객의 불편함을 해결해줄 수는 없다. 따라서 먼저 핵심 고객을 선정하고 그들이 가장 불편함을 느끼는 부분부터 해결해야 한다. 지금부터 고객의 감성을 이해하고 그들의 페인 포인트를 해결해줌으로써 성공한 사례를 살펴보자.

터치 포인트를 지나치지 말 것

필즈커피(philz coffee)는 2002년 샌프란시스코에서 1호점을 시작해 지금은 59개의 매장을 운영하고 있다. 페이스북의 마크 저커버그가 자신의 결혼식 하객에게 한 잔씩 제공한 커피로도 유명하다. 그는 필즈커피에 798억 원을 투자하기도 했다. 필즈커피의 가격은 스타벅스의 두 배다. 그럼에도 매장당 매출은 스타벅스의 1.5배를 유지한다. 이들은 어떻게 스타벅스 제국에서 성공한 것일까?

비결은 바로 소비자의 감성을 정확히 이해하고, 공감하며, 전략적으로 활용한 것이다. 필즈커피의 설립자 필 자비르는 팔레스타인 이민자다. 그는 스타벅스에 불편한 감정을 드러내는 고객의 첫 번째 터치 포인트에 주목했다. "왜 스타벅스와 다른 카페들은 다 똑같은 커피만 판매하는 거야?" 고객들은 에스프레소 머신으로 천편일률적인 커피를 만드는 것에 불만을 품은 것이다. 여기에서 실마리를 잡은 자비르는 일반 커피 전문점에서는 찾아볼 수 없는 30여 개의 독특한 감성 메뉴를 개발했다. 가장 대표적인 것이 '민트 모히토 라떼'다. 커피에 허브잎을 띄워 독특한 민트 향을 풍긴다. 치약을 마시는 것 같다는 호불호는 있지만 가장 인기 있는 메뉴가 되었다.

두 번째 터치 포인트에서 그는 '왜 모든 커피를 에스프레소 머신을 이용해 만들까?'라는 감성을 캐치했다. 원두가 에스프레소 머신을 통과하는 순간 산미와 향이 반감되어 진정한 커피의 풍미를 느낄 수 없기 때문이다. 그래서 필즈커피는 에스프레소 머신을 없애버렸다. 모든 커피는 바리스타의 핸드드립으로 추출한다. 심지어 샷, 시럽의 양, 크림, 물의 온도까지 고객이 원하는 대로 맞춰준다. 가장 중요한 것은 고객의 마음에 들지 않으면 마음에 들 때까지 다시 만들어 준다는 서비스다. 하지만 주문, 계산, 대기까지 15분이라는 시간은 많은 고객이 불평하는 부분이었다. 핸드드립 커피의 특성과 고객 맞춤형 주문은 점심시간을 이용해 커피를 주문하는 직장인에게는 전혀 매력적이지 않았다. 필즈커피는 대기시간이 길다는 불만을 해소하기 위해 아날로그 감성을 담은 주문 앱을 제작했다. 스타벅스의 사이렌오더와 비슷해 보이지만 고객에게 최적화 되어 있다는 점이 다르다.

필즈커피는 온라인 주문 앱에 고객 여정 지도를 적용했다. 오프라인 고객이 온라인으로 접속해 주문할 때 오프라인에서 느낄 수 있는 감성을 재현할 수 있도록 노력한 것이다. 메뉴를 주문하면 방문 시간을 선택하고, 자신의 커피를 만들어줄 바리스타와 대화하듯 샷, 크림, 시럽, 온도 등의 질문을 넣었다. 그리고 내 음료를 만드는 바리스타의 사진과 프로필, 특징, 별명 등을 보여주고 방문 시 그 바리스타가 직접 음료를 건네주도록 만든 것이다. 고객들은 맛있는 커피, 시간 절약, 바리스타와 대화를 나누는 듯한 즐거움에 다시 필즈커피를 찾았다.

이 탁월한 고객 여정은 개별화, 상황에 맞는 상호작용, 지속적 혁신이라는 공통된 특성을 가지고 있다. 이 모든 역량을 갖추려면 기업은 여정을 마치 상품처럼 다룰 필요가 있다. 고객 여정 지도를 활용해서 특정 고객의 감정 상태를 파악하고 그 원인을 해결해줌으로써 경쟁 우위를 만들어내는 것이다.

지갑 대신 마음을 열어라

모든 기업은 고객이 원하는 것을 알아내려 한다. 고객의 니즈를 충족시켜줄 수 있는 제품이나 서비스를 기획하고 싶어서다. 하지만 고객이 원하는 것을 찾기는 어렵다. 고객조차 자신의 마음속 깊이 숨어 있는 니즈를 정확히 모르기 때문이다.

영국의 공상과학 드라마 〈블랙 미러〉에는 사람의 감정을 복사해 전달해주는 장치에 관한 이야기가 나온다. 환자를 살리는 데 실패한 어느 의사는 큰 자괴감을 느낀다. 그는 환자가 표현하지 못하는 고통을 직접 느낄 수 있다면 환자를 살릴 수 있을 것이라는 엉뚱한 상상을 하게 된다. 그때 한 과학자가 나타나 그에게 제안을 한다. 자신이 개발한 '오감 공감 진단기'의 임상실험을 하지 않겠냐는 것이다. 원리는 간단했다. 한 마리의 쥐의 뇌에는 송신기를 연결하고, 다른 한 마리의 쥐에는 시냅스 수신기를 장착한다. 그러면 송신기를 장착한 쥐가 고통을 느끼는 순간 수신기를 장착한 쥐 또한 신체적 상해 없이 같은 아픔을 느낀다는 것이다. 즉 환자의 신체적 감각을 흡수해 수신기를 장착한 의사에게 환자가 느끼는 고통을 그대로 전달해주는 장치다. 의사는 '오감 공감 진단기'를 통해 환자의 고통을 똑같이 느끼고 정확한 병을 진단해 치료를 이어간다는 줄거리다.

우리에게 '오감 공감 진단기' 같은 장치가 있다면 고객을 마음을 읽는 것은 문제가 되지 않을 것이다. 하지만 우리에게도 오감을 활용해 마음을 읽어낼 수 있는 툴이 있다. 지금부터 소개할 고객 공감 지도가 그것이다. 지도는 크게 두 가지 영역으로 나뉜다. 하나는 고객이 생각하고, 느끼고, 보고, 듣고, 말하고, 행동하는 모든 것을 찾아가는 여정이다. 다른 하나는 고객이 제품과 서비스에서 힘들고, 불편해하는 것과 얻고 싶은 것을 알아내는 영역이다.

다시 스타벅스로 돌아가 고객 공감 지도를 작성해보자. 가장 먼저 스타벅스를 방문한 고객을 관찰한다. 그리고 인터뷰를 통해 고객이 스타벅스에 관해 다른 사람들로부터 들은 정보, 직접 매장에서 제품과 서비스를 구매하고 사용하는 모든 과정에서 느낀 불편함에 관해 질문하고 대답을 듣는다. 이 내용을 정리한 다음에는 우리가 직접 스타벅스를 방문해 제품 구매와 서비스를 체험하고 이 과정에서 느낀 불편함이나 고통을 표현한다. 그리고 이곳에서 내가 무엇을 얻으려 하는지 혹은 무엇을 원해서 방문하는지를 기록한다. 이 과정은 우리가 고객과 공감하기 위해 사용하는 관찰, 인터뷰, 체험을 필요한 만큼 활용하는 단계다. 고객에게 궁금한 점을 직접 질문하고, 고객의 자연스런 행동을 관찰하며, 고객과 같은 상황을 만들어 직접 체험해본다. 공감지도의 목적은 사용자의 눈을 통해 제품과 서비스를 경험함으로써 사용자의 행동과 관심, 니즈 등을 깊게 이해하는 것이다. 이렇게 얻은 정보를 고객 공감 지도에 정리하면 사용자에 대한 정보를 한눈에 파악할 수 있고 이를 바탕으로 사용자에 관해 더욱 깊은 통찰을 얻을 수 있다.

여기 고객 공감 지도를 통해 새로운 시장을 개척한 기업이 있다. 카페는 이미 우리에게 일상이 되었지만 최근에는 카페에서 공부하는 '카공족'들이 눈에 띈다. 이들은 왜 카페에서 공부를 하는 걸까? 나름의 사연이야 있겠지만 일반 손님과 카페 사장은 카공족이 무작정 반갑지만은 않다. 커피 한 잔에 하루 종일 자리를 차지하고 있기 때문이다. 그렇다면 이들에게 고객 공감 지도를 대입해 보자.

관찰하다: 먼저 카공족이 차지하고 있는 자리를 살펴보자. 이들은 하루 종일 앉아서 책을 보거나 노트북으로 인터넷 강의를 듣는다. 따라서 조명이 밝고, 콘센트가 설치되어 있는 자리를 선호한다.

듣다: 이들은 백색 소음이 발생하는 곳에서 집중력이 좋아진다는 말을 들어왔으며 친구들이 먼 학교 도서관보다 집 근처 카페에서 공부한다는 이야기도 자주 들었다.

생각하고 느끼다: 이들은 늘 커피값이 비싸다는 생각을 하고 있고, 하루 종일 앉아 있는 것이 눈치 보이고 신경 쓰였다. 마음은 불편하지만 공부를 위해 집중 또 집중해본다.

말하고 행동하다: 그래서인지 카페 종업원의 눈치를 보는 행동을 해왔다. 그리고 예의상 두세 잔의 커피를 시키는 일이 다반사였다. 그러다 보니 자주 화장실을 가게 되고 노트북이 분실될까 걱정 된다.

불편하고 고통스럽다: 이들에게 가장 큰 고통은 비싼 커피값과 취업이다. 취업만 잘할 수 있다면 더할 나위 없겠다.

원한다: 결국 이 모든 행동은 좋은 직장을 얻기 위한 것이고, 꼭 이루어졌으면 좋겠다.

이러한 고객 공감 지도를 통해 커피를 공짜로 팔면 팔수록 매출이 올라가는 카페가 탄생했다. 일본의 커피 체인점 시루카페(shiru cafe)다. 2013년에 처음 문을 연 시루카페는 24시간 운영하며 무제한으로 공짜 커피를 즐길 수 있다. 이용 시간에도 제약이 없다. 무료 와이파이와 넉넉하게 준비된 콘센트까지, 공부하기에 이보다 더 좋을 수 없는 환경을 제공한다. 다만 한 가지 조건이 있다. 30세 미만 대학생과 대학원생만 출입이 가능하다는 것이다. 돈도 받지 않고 장소와 커피를 제공하는 이 카페는 대체 어떻게 돈을 버는 걸까? 비밀은 바로 커피값을 대신 내주는 스폰서다.

학생들은 무료로 카페를 이용할 수 있지만 커피 주문대에 있는 태블릿PC에 학교 이름과 이메일, 졸업 예정 연도와 전공 등 간단한 정보를 입력해야 한다. 학생들이 제공한 정보는 신입사원을 채용하고 싶은 기업의 담당자에게 전달된다. 그렇다. 시루카페의 스폰서는 좋은 인재를 선발하기 위해 혈안이 되어있는 기업이다. 기업은 커피값을 대신 내주는 대가로 학생들의 이메일과 전공 정보를 얻을 수 있다.

시루카페를 창업한 일본 스타트업 엔리슨(Enrission)은 일본의 수많은 커피전문점 사이에서 살아남기 위해 카페에서 공부하는 학생들을 관찰했다. 카페에서 오랫동안 공부하고 싶지만 카페 주인의 눈치가 보이고, 그렇다고 커피를 계속 주문하자니 돈이 너무 많이 들었다. 게다가 콘센트가 있고 조명이 밝은 자리를 찾는 것도 쉽지는 않았다. 이들이 얻고자하는 것은 오직 하나, 취업이었다. 여기에 주목한 시루카페는 고객의 불편함을 해소하려면 고객 자체를 바꿔야 한다는 결론을 내렸다. 즉 학생들이 고객이 아니라면 학생들은 불편함을 느끼지 않고 카페를 이용할 수 있는 것이다. 이를 위해 커피를 마시는 학생 대신 이들을 필요로 하는 기업을 대상으로 돈을 받기로 했다. 일본은 구인난이 심각했고 기업은 일할 사람을 찾지 못해 아우성이었다.

시루카페는 신입사원을 채용할 계획이 있는 기업을 찾아갔다. 그리고 연간 1,500만 원을 회비로 내는 대신 명문 대학 학생들의 정보를 제공하고 이들을 상대로 채용 행사나 제품 출시 이벤트를 진행하도록 했다. 대신 좋은 인재를 구해야 하니 상위권 대학 앞에서 카페를 운영했다. 24시간 영업에 커피와 케이크를 공짜로 제공한다는 광고 덕분에 학생들이 몰려들었다. 시루카페의 바리스타들은 학생들에게 커피를 건네면서 특정 전공자를 채용하고 싶어 하는 기업의 정보를 주기도 하고 매장 내 모니터나 컵홀더에 채용 광고를 넣기도 했다. 그곳에서 채용 설명회를 수시로 개최해 현장에서 인재 채용이 이루어지기도 했다.

도쿄에서 11개 지점으로 시작한 시루카페는 17개로 지점을 늘렸고, 인도의 6개 대학, 미국 브라운 대학교, 하버드 대학교, 예일 대학교에서도 영업을 시작할 예정이다. MS, 닛산, 소프트뱅크, 닛케이 등 50여 개 기업을 스폰서로 확보했다. 기업이 한 명의 신입사원을 채용하는 데는 연간 200만 원 정도의 비용이 든다. 하지만 하나의 매장에 상위권 대학의 인재가 매년 9만 명 정도 방문하는 시루카페를 이용하면 인당 167원에 기업을 노출하고 구인 활동을 진행할 수 있다. 세상에 없던 카페는 매장당 연평균 5억 원가량의 매출을 내고 있으며 1억 원 정도의 수익이 발생한다고 한다. 무료라는 매력적인 가격은 임대료가 비싼 곳에 자리 잡지 않아도 학생들이 저절로 찾아오게 만들고, 커피맛에 대한 학생들의 기대치도 낮아 품질 개선이나 신제품 개발비용도 다른 카페와 비교해 부담이 덜한 덕분이다. 커피를 공짜로 팔고 돈을 버는 현대판 봉이 김선달이 고객 여정 지도에서 탄생한 것이다.

3

아이디어는
혼자 만드는 게 아니다

디자인 씽킹의 핵심은 창의적 아이디어를 만드는 것이다. 그렇다면 아이디어란 무엇일까? 갑자기 떠오르는 생각, 생각의 결과, 돈이 되는 것? 아이디어의 사전적 의미는 발상, 어떤 일에 대한 구상이다. 하지만 아이디어가 절실한 사람에겐 끊임없는 밤샘의 연속, 처절한 시간 싸움 끝에 겨우 마주하는 것이기도 하다. 실제로 많은 사람들이 어떻게 하면 아이디어를 잘 낼 수 있을지를 고민한다. 특히 젊은 사람들에겐 상대적으로 나이가 어리다는 이유로 반짝반짝하고 참신한 생각을 내놓으라는 강요 내지는 아이디어 고문을 하기도 한다. 이는 완전히 잘못된 생각이다. 나이와 아이디어의 상관관계는 오히려 비례한다고 보는 게 맞다. 나이만큼 자신의 분야에서 쌓아온 전문성이 담보되어야 가치 있는 아이디어를 만들 수 있기 때문이다. 노벨상 수상자의 평균 나이가 55세~60세라는 사실도 이를 증명한다.

이제 아이디어라는 개념은 경영에서 가장 자주 쓰인다. 이는 아이디어가 개인의 창의성에 의해서만 발현되는 것이 아니라 집단 사고의 결과물이라는 의미다. 기업은 서로 다른 영역의 사람들이 모여 협업을 하는 곳이다. 그리고 아이디어는 실행 가능하고 가치 창출로 이어졌을 때 의미 있는 것이다. 기업이 가치 있는 아이디어를 만들기 위해서는 개인이 아닌 집단이 철저한 프로세스로 움직여야 한다. 그러므로 자신이 창의적인 인재가 아니라고 체념할 필요는 없다. 아이디어를 생각해낼 자신이 없다고 두려워하지도 마라. 지금부터 집단 속에서 창의적인 아이디어를 만들어가는 창의적 문제해결 방법을 알아보도록 하겠다.

유레카의 순간,
뇌에서 어떤 일이 일어날까?

창의성이 발현되는 순간, 뇌에서는 어떤 일이 벌어질까? 오래전부터 많은 학자들은 그 해답을 찾고 싶어 했다. 인류 역사상 최고의 천재라 불리는 아인슈타인이 죽은 뒤 여러 과학자들이 그의 뇌에서 창의성의 비밀을 찾고자 했다. 하지만 아인슈타인의 뇌는 보통 사람의 뇌와 매우 유사했다. 오히려 뇌의 부피가 작은 편이었고 뇌세포와 뇌의 주름도 많지 않았다고 한다. 결국 아인슈타인의 뇌 구조 연구로는 창의성의 근원을 찾아낼 수 없다는 결론을 내렸다.

그런데 1994년 fMRI(기능적 자기공명영상) 기법을 이용한 뇌 연구를 통해 창의성의 근원을 밝힐 수 있게 되었다. 2011년 캘리포니아 주립대학교 버클리캠퍼스의 잭 갤런트 교수는 fMRI 장치에 누운 실험 참가자에게 짧은 영화를 보여주면서 뇌를 촬영했다. 그리고 뇌 활동만으로 참가자가 무슨 영화를 봤는지 재현하는 실험에 성공했다. 그는 이후 소설을 읽어주면서 어떤 단어를 들으면 뇌의 어느 곳이 반응하는지, 어떤 단어의 개념이 뇌의 어느 곳에 저장되는지 지도를 그려낼 수 있게 되었다. 이러한 연구는 창의성 연구로 이어져 '유레카'를 외칠 만큼 엄청난 발견이나 창의적인 깨달음을 얻었을 때 뇌의 어느 곳이 반응하는지를 살펴보았다. 실험 결과 귀 바로 위의 우측 대뇌 표면에 조그맣게 접혀 있는 상위측두이랑(anterior superior temporal gyrus) 부위가 통찰, 깨달음을 얻기 전 몇 초간 유난히 활성화되는 것을 알아냈다. 학자들은 이 순간을 '유레카 모먼트(Eureka moment)'라고 표현했다.

뇌의 이 부위는 산책할 때, 누워서 망상에 사로잡혀 있을 때, 아무 생각 없이 차 한 잔의 여유를 즐길 때, 재미있는 이야기를 나눌 때 등 전혀 심각하지 않은 상황에서 활성화되었다. 무언가에 집중하지 않고 다른 생각에 빠져 있는 마인드 원더링(mind wandering) 상태에서 상위측두이랑이 활성화된다는 것이다. 마인드 원더링은 우리말로 '멍 때리기'라고 할 수 있다. 많은 사람들이 창의성이 한 가지 생각에 집중하는 몰입에서 나온다고 생각한다. 하지만 목적 없는 사고, 즉 멍 때리는 상황에서 창의와 통찰을 담당하는 뇌의 부분이 활성화되는 유레카 모먼트가 일어난다. 창의성이 탄생하는 유레카 모먼트는 4B를 행할 때 가장 많이 나타난다고 한다. Bath, Bus, Bed, Bar. 목욕 중일 때, 무언가를 타고 이동할 때, 잠잘 때, 식사 중이거나 술을 한잔 마실 때라는 것이다. 한마디로 멍 때림에서 창의성이 만들어지는 것이다. 그렇다면 유레카 모먼트의 대표적 사례를 알아보자.

우리에게 익숙한 아이보리 비누와 포스트잇의 공통점은 무엇일까? 멍 때리는 상황에서 유레카 모먼트가 발생한 것이다. 많은 사람들은 두 제품이 실패로 인해 우연히 탄생한 것이라고 말한다. 하지만 그 이면을 들여다보면 우연한 발견이 아닌 그 분야의 전문가가 끊임없이 관찰하고 개선하려는 노력에 의해 탄생했음을 알 수 있다. 아이보리 비누의 시작은 비누의 재료를 끓이던 직원의 졸음이었다. 깜빡 조는 사이 너무 오랜 시간 끓인 탓에 밀도 높은 공기층이 생겨 비누가 물 위에 둥둥 떠다녔다. 완전히 실패한 비누가 만들어진 것이다. 망쳐버린 비누를 보며 아무 말 없이 생각에 잠긴 회사의 CEO 윌리엄 프록터는 물에 뜨는 비누를 신제품으로 개발해 판매하기로 했다. 목욕탕에서는 오히려 물에 뜨는 비누가 훨씬 사용하기 좋다는 생각이 떠오른 것이다.

그는 비누 개발을 위해 전 세계를 돌아다니며 사람들을 관찰해왔다. 그러던 어느 날 인도를 여행하던 중 강가에서 머리를 감는 사람들이 물속에 가라앉은 비누를 찾기 위해 더듬더듬 손을 휘젓는 모습을 보게 되었다. 그때 그는 재미있는 생각을 했다. '비누가 물에 뜨면 얼마나 좋을까? 물속에서 비누를 찾느라 고생하지 않을 텐데.' 그리고 얼마 후 유레카 모먼트가 터졌다. 아무 생각 없이 비누 생산 라인을 점검하던 그의 눈에 너무 오래 끓여 비누 재료가 둥둥 떠다니던 상황이 신제품 아이디어로 이어진 것이다. 물에 뜨는 부드럽고 가벼운 아이보리 비누의 탄생의 순간이었다.

포스트잇의 탄생도 비슷하다. 강력한 접착제를 만들려다가 재료를 잘못 섞어서 붙었다 떨어졌다 하는 액체를 우연히 발견했다. 실패 사례로 기록되었던 이 결과가 포스트잇이라는 제품으로 개발된 것은 7년이 지난 후였다. 한 연구원이 교회에서 찬송가를 부를 때마다 페이지를 찾는 것이 불편해 살짝 붙였다가 떼어낼 수 있는 스티커를 만들고 싶다는 생각을 했고 그 바람이 실패 사례와 결합해 포스트잇이라는 혁신제품이 세상에 나왔다. 별생각 없이 옛날 자료들을 들척이다 접착식 메모지라는 유레카 모먼트가 터진 셈이다.

이렇듯 위대한 아이디어는 그 분야의 전문성을 가지고 끊임없이 탐구하고 고민하고 노력하는 과정에서 만들어진다. 그리고 서로 다른 영역이 만날 때 더 멋진 아이디어가 탄생된다. 그렇다면 유레카 모먼트를 만들어 내기 위해서는 무엇이 필요할까?

첫째, 아이디어의 원천이 되는 '마중물'이 필요하다. 지하에 아무리 많은 물이 저장되어 있어도 메마른 펌프에 마중물을 넣지 않으면 결코 물을 퍼올릴 수 없다. 마찬가지로 좋은 아이디어를 얻기 위해서는 마중물이 될 수 있는 다양한 경험과 관찰, 그리고 많은 고민이 있어야 한다.

둘째, '충분한 리소스'가 필요하다. 한 병의 참기름을 짜내기 위해 몇 배가 되는 참깨를 넣어야 하는 것처럼 양질의 아이디어를 만들어 내기 위해서는 몇 배에 달하는 영감(Inspiration)이 투입되어야 한다. 실제로 천재라 불리던 사람들은 한 가지 좋은 아이디어를 만들기 위해 수많은 시도를 했다. 에디슨은 1,093개의 발명품을 개발했고, 프로이트는 650편의 논문을 썼다. 바흐는 하루에 한 편 꼴로 작곡을 하고, 피카소는 2만 점이 넘는 스케치를 했다. 이 중에서 그들을 천재라고 칭할 수 있는 결과물은 고작 몇 십 개에 불과하다. 투자 대비 성과가 그리 좋은 건 아닌 셈이다. 그러나 그들이 수많은 시도 끝에 만들어낸 결과물은 값으로는 매길 수 없는 가치를 가지고 있다.

결국 좋은 아이디어를 얻는 최상의 방법은 끊임없이 엄청나게 많은 투입을 하는 것이다. 처음부터 빅 아이디어(big idea)를 만들어낼 수는 없다. 작고 성숙하지 않은 아이디어들이 쌓이고 연결되도록 숙성의 과정을 거쳐야 빅 아이디어로 발전시킬 수 있다.

셋째, 다양한 구성원과 다양한 상황이 필요하다. 최근 뇌과학자들이 뇌 단층촬영을 통해 재미있는 실험을 했다. 창의적인 생각을 할 때 뇌의 반응을 본 것이다. 결과는 놀라웠다. 평소와 달리 서로 다른 영역의 뉴런들이 결합을 하면서 창의적인 생각이 만들어진 것이다. 이를 확장시켜보면 좋은 아이디어는 서로 다른 환경에서 살아온 사람들이 소통과 공감을 통해 만들어지는 것이다. KAIST의 정재승 교수는 학생들과의 창의성 워크숍을 통해 평소에 잘 쓰지 않는 뇌 영역을 연구했다. 그는 학생들을 두 그룹으로 나누고 '16세 정도의 소년이 길을 걷고 있는 45세 중년 여성의 가방을 낚아채 달아나는 상황'을 제시했다. 그러고는 한 시간 전에 무슨 일이 있었는지 이야기를 만들어보라는 과제를 제시했다. 이때 한 그룹은 조용한 곳에서 집중하며 이야기를 만들게 했고, 나머지 한 그룹은 아무 책이나 고른 뒤 두 개의 문장을 뽑아낸 후 그 내용이 들어가도록 이야기를 만들게 했다. 결과는 무작위로 관계없는 두 개의 문장을 활용한 이야기가 훨씬 혁신적이고 창의적이었다고 한다. 결국 아이디어는 다양한 네트워크를 통해 발현되고 진화하며 서로 다른 집단이나 문화가 창의성을 촉발시킨다는 것이다.

좋은 아이디어는 널려 있다, 정확한 문제를 찾지 못했을 뿐이다

기업에서의 아이디어 창출은 철저하게 프로세스에 기반하며 집단의 창의성이 담보될 때 실행이 가능하고 가치를 지닌다고 말한다. 개인의 반짝이는 생각이 아닌 서로 다른 영역의 사람들이 협업을 통해 만들어가는 집단 지성이 발현되는 것이다. 아이디어는 소수의 창의적인 사람들의 소유물이 아니다. 집단 내에서의 프로세스를 따른다면 창의적이지 않아도 누구나 좋은 아이디어를 만들 수 있다.

"과학자들은 항상 더 좋은 아이디어를 찾으려 노력하는데, 좋은 아이디어는 널려 있다. 다만 정확한 문제를 찾지 못했을 뿐이다."

벨 연구소의 초대 소장인 프랭크 주잇의 말이다. 이는 아이디어를 만들지 못하는 것은 제대로 문제를 정의하지 못했다는 뜻이기도 하다. 문제 정의는 문제를 해결하는 출발점이므로 아이디어를 생각해 낼 때 꼭 필요한 과정이다. 만약 당신에게 지구를 구할 한 시간이 주어진다면 문제 정의와 해결에 각각 얼마의 시간을 쓰겠는가? 대부분의 사람들은 문제해결에 더 많은 시간을 할애한다고 말한다. 그러나 아인슈타인은 달랐다. 문제를 정의하는 데 59분을 사용할 것이며, 나머지 1분을 해결책 찾기에 쓴다고 말했다. 그만큼 문제를 제대로 정의하는 것이 중요하다는 것이다.

1869년 수에즈 운하를 건설해 영웅이 된 프랑스 외교관 페르디낭 드 레셉스는 1881년 파나마 운하에 도전했다. 그런데 열대우림 지역인 파나마에서의 건설이 시작되자 황열병과 말라리아가 극성을 부려 건설 인력들이 병에 걸리기 시작했다. 레셉스는 이 질병의 원인이 당시 사람들을 괴롭혔던 개미라고 판단했다. 질병을 막기 위해 개미 퇴치라는 문제 정의를 한 것이다. 다음으로 문제해결을 위해 개미가 침대 위로 올라오지 못하도록 침대 다리를 모두 물그릇에 담가놓는 조치를 취했다. 그럼에도 말라리아는 더욱 심해졌고 2만 명이 넘는 희생자가 발생했다. 끝내 운하는 완공하지 못했다.

뒤늦게 안 사실은 말라리아의 원인이 개미가 아닌 모기라는 것이다. 침대 다리 밑 물그릇은 오히려 모기의 왕성한 번식만 도왔다. 결국 문제 정의를 제대로 하지 못해 운하 건설은 실패로 돌아갔다. 레셉스는 어떻게 문제를 정의해야 했을까? 많은 사람들은 건설 인력이 병에 걸리는 것이 문제라고 생각한다. 하지만 더 정확한 문제는 '모기'다. 레셉스에게는 운하를 건설하지 못하는 것이 문제였다. 그 원인을 찾아가니 건설 인력들이 질병에 걸려 일을 못했고, 그 질병은 모기 때문이었다. 결국 모기를 없애면 문제가 해결되는 것이었다. 그러므로 명확한 문제 정의는 '질병의 원인이 되는 모기를 어떻게 없앨 것인가?'였다. 이렇듯 문제해결을 위한 문제 정의 과정에는 질문이 반드시 병행되어야 한다. 그렇다면 좋은 아이디어를 만들어내기 위해서는 무엇이 필요할까?

아이디어가 나오는 4단계

아이디어는 한 번에 나오지 않는다. 4단계의 과정을 거쳐 문제를 해결하는 좋은 아이디어가 탄생한다. 1단계는 발상이다. 이 단계는 새롭고 창의적인 아이디어의 재료를 끊임없이 만들어내는 과정이다. 다양한 아이디어를 낼 수 있도록 씨앗을 뿌리고 문제해결을 위한 핵심 아이디어를 상상해내는 것이다. 주변의 모든 것과 영감을 주고받고 수많은 경험과 다양한 시각을 준비하는 단계이기도 하다. 여기에는 두 가지 과제가 있다. 우선 핵심 아이디어를 이끌어낼 질문을 만들어야 한다. 그 다음에는 브레인스토밍을 통해 확산적 사고를 늘려나간다.

먼저 아이디어 질문에 관해 알아보자. 창의적인 문제해결 방식은 명확히 정의된 문제를 질문으로 만들어가는 것이다. 왜 질문인가? 질문에는 어떤 의미가 있는가? 해답은 어느 노벨상 수상자에게서 찾을 수 있다. 먼저 세계에서 가장 교육열이 높은 두 나라를 선정하라면 어느 나라가 생각나는가? 그렇다. 대한민국과 이스라엘이다. 그런데 대한민국은 단 한 명도 노벨상 수상자를 배출하지 못했고, 이스라엘 민족인 유태인들은 노벨상 수상자의 23%를 차지하며 휩쓸다시피 했다. 그뿐 아니라 미국 아이비리그 학생의 25%, 세계 억만장자의 40%, 유명 대학의 교수 중 22%가 유태인 출신이라고 한다. 교육열은 비슷한데 그 결과물은 완전히 다른 이유는 무엇일까?

비밀은 질문 방식에 있다. 초등학교에 처음 입학한 아이를 둔 부모의 마음은 같다. 아이가 학교에서 돌아오면 부모들은 궁금한 것을 묻는다. 우리나라 부모들이 가장 많이 하는 질문은 "오늘은 학교에서 무엇을 배웠니?"다. 그런데 유태인 부모들은 "오늘은 학교에서 무엇을 질문했니?"라고 묻는다. 두 질문의 가장 큰 차이점은 무엇일까? 우리나라의 질문은 단순히 학교에서 배운 것을 외워서 부모에게 전달하면 끝난다. 하지만 유태인의 질문은 먼저 학교에서 배운 내용을 완벽하게 이해해야 대답할 수 있다. 질문을 통해 자신의 사고를 확장시킬 수 있는 계기를 만들어준다. 이처럼 질문의 힘은 위대하다.

아이디어 발상을 잘할 수 있는 또 하나의 방법은 모든 구성원을 참여시키는 것이다. 여기 재미있는 실험이 있다. 어느 기업이 20명의 구성원에게 '두 시간 안에 신제품의 이름을 생각해내라'는 과제를 주었다. A 그룹은 20명이 두 시간 동안 같이 과제를 진행했고, B 그룹은

20명을 4개 조로 나누어 30분마다 조를 교체하는 방식으로 과제를 논의했다. 결과는 B 그룹의 승리였다. 똑같이 주어진 시간 동안 4번에 걸쳐 구성원을 바꾼 B 그룹의 아이디어가 무려 세 배 이상 많았던 것이다. 어느 조직이든 목소리가 큰 사람, 즉 빅 마우스가 존재한다. 늘 그렇듯 빅 마우스가 회의를 주도하게 되어 있다. 그리고 이를 반박하는 비판자, 중도 순응자, 무관심자가 생기게 마련이다. 30분마다 조를 바꾼 B 그룹은 4번에 걸쳐 구성원의 역할이 바뀌었다. 첫 번째 조에서 빅 마우스였던 사람이 두 번째 조에서는 중도 순응자가 되기도 하고, 마지막 조에서는 무관심자가 되기도 했다. 그러면서 모든 사람이 최소 한 번씩은 적극적으로 과제에 참여하게 되었고 아이디어의 양도 많아졌다.

이렇게 다양한 브레인스토밍을 활용해 앞에서 만든 질문에 대한 아이디어를 만들어낸다. 이것이 핵심 아이디어가 된다. 이때는 포스트잇을 활용해 핵심 아이디어를 모두가 볼 수 있도록 전시한다. 이 과정을 반복하면서 확산적 사고의 근원인 다양한 핵심 아이디어를 최대한 많이 만든다.

창의성에 족쇄를 채워라

2단계는 디자인이다. 앞에서 다양한 아이디어의 재료를 만들어냈다면 디자인 단계에서는 좀 더 구체적인 아이디어를 만들어낸다. 이

때는 다양한 사람들의 수많은 아이디어를 모아 집단 창조성을 발휘해 빅 아이디어로 발전시키는 과정이라 할 수 있다.

가장 먼저 해야 할 일은 구체적인 질문을 만드는 것이다. 이것을 '빅 퀘스천(big question)'이라고 부르기도 한다. 쉽게 설명하면 여러 가지 제약이 있는 질문이라고 할 수 있다. 왜 이런 질문을 만들어야 할까? 미국 켈로그 경영대학원의 앤드류 라제기 교수는 의외로 제약이 창의적 통찰력을 키우는 방법이 될 수 있다고 말한다. 틀을 만들어 주면 구체적이고 실행 가능한 아이디어가 나온다는 것이다. 예를 들어보자. 만약 당신에게 "사회공헌 활동을 위한 아이디어를 만들어 보라"는 질문을 한다면 어떨까? 어떻게 접근해야 할지 감이 오지 않아 머릿속이 복잡해질 것이다. 그런데 "재미있고 자발적으로 참여할 수 있는 사회공헌 활동 아이디어를 만들어 보라"고 질문하면 조금 명확해진다. 재미라는 요소와 자발적 참여라는 제약이 들어갔기 때문이다. 마지막으로 "재미있고 자발적으로 참여할 수 있는 사회공헌 활동 게임 어플리케이션 아이디어를 만들어 보라"는 질문을 한다면 조금만 고민해도 다양한 아이디어가 나올 것이다.

이렇듯 일반적인 생각과 달리 제약이 주어졌을 때 오히려 창의성은 촉발된다. 많은 사람들은 제약이 창의성에 걸림돌이 될 것이라고 생각하지만 적절한 제약은 아이디어에 방향성을 제시하면서 새로운 자극을 주는 촉매제가 되는 것이다. 그래서 창의성에는 족쇄가 필요하다.

이제 집단 창의성의 강력함을 체험할 차례다. 구체적인 제약이 주어진 질문에 대한 아이디어를 내놓는 아이디어 마켓(idea market)이다. 규칙은 간단하다. 구체적인 질문을 만들 때 관여했던 사람은 아이디어를 낼 수 없다. 전혀 상관없는 사람만이 질문에 대한 아이디어를 내놓을 수 있는 것이다. 우리 두뇌는 종합적 사고를 하도록 되어 있어 질문을 만들 때 그에 대한 적당한 답을 함께 찾는다. 이를 생각의 패턴이라고 한다. 질문을 만든 사람에게는 이미 정답에 대한 패턴이 만들어졌고 여기에서 벗어나기는 쉽지 않다. 그러므로 구체적 질문은 이전 질문과는 관계없는 사람이 참여해야 한다. 그래야 패턴에 갇히지 않은 더 좋은 아이디어를 만날 수 있다. 더 나아가 서로 다른 패턴을 가진 아이디어가 결합해 보다 나은 문제해결 방식에 가까워진다. 이것이 협업의 힘이다. 아이디어 마켓을 진행할 때는 다양한 프로모션으로 더 좋은 아이디어를 제공할 수 있는 동기부여를 해주는 것도 좋다.

3단계는 실행이다. 우선 아이디어 마켓으로 모인 아이디어 중 실행 가능성이 큰 것을 선정한다. 그 다음에는 아이디어를 숙성시키는 인큐베이팅(incubating)과 효율적 의사소통을 위한 프로토타입을 거친다. 인큐베이팅은 다양한 아이디어의 장점을 결합해 새로운 아이디어로 키우는 과정이다. 이렇게 나온 아이디어는 프로토타이핑을 통해 개선되고 구체화되며, 실행 가능성을 점점 높여가는 과정을 거친다.

프로토타입이란 일반적으로 양산에 앞서 제작해보는 원형을 말한다. 개발자와 사용자 사이의 의사소통을 원활하게 하기 위한 과정이다. 가장 대표적인 사례가 아파트의 모델하우스다. 인큐베이팅으로 아이디어를 구체화시켰다고 하지만 글로 표현된 아이디어는 잘 이해가 되지 않는 부분도 많고 설득력이 떨어지는 부분도 있을 것이다. 이를 구체적으로 실행 가능할 때까지 계속해서 보완하고 개선해나가는 과정이 프로토타이핑이다. 이처럼 프로토타입은 아이디어의 미완성 버전 혹은 중요한 기능만 포함되어 있는 최종 아이디어의 초기 버전이라고 볼 수 있다.

프로토타이핑은 그 목적에 따라 실험적 프로토타입과 진화적 프로토타입으로 나뉜다. 실험적 프로토타입은 실제 개발될 제품군을 직접 개발해 요구사항을 검증하는 모델로 일반적으로 제조업체에서 많이 사용한다. 3D 프린팅을 이용해 직접 제품을 양산하는 것이 여기에 속한다. 진화적 프로토타입은 아이디어를 지속 발전시켜 최종 제품을 개발하는 모델로 아이디어를 프로토타이핑하는 데 적합하다. 이러한 프로토타이핑의 장점은 강력한 쌍방향 커뮤니케이션을 통해 아이디어를 개선하고 다양한 사람의 참여와 영감을 불러일으킬 수 있다는 것이다. 특히 실행에서 나타날 수 있는 오류나 리스크를 최소화한다. 덕분에 사용자의 만족도 증가는 물론이고 사전에 참여 환경을 활성화해서 사용자의 기대를 충족시킬 수 있다.

인큐베이팅과 프로토타이핑을 통해 아이디어를 구체화하는 과정을 반복하다 보면 말이나 글로 표현했을 때 보이지 않던 것들이 드러난다. 이는 실행 가능성이 큰 아이디어를 만들어내는 데 결정적인 역할을 한다.

4단계는 적용이다. 실행할 최종 아이디어를 선택하고 우선순위에 따라 실행 계획을 세우는 과정이다. 철저한 시장 진입을 준비하는 것이 적용 단계의 핵심이다. 또한 실행은 끝이 아니라 또 다른 시작이므로 실행된 아이디어를 냉철하게 분석하고 끊임없는 모방을 만들어 내는 단계이기도 하다.

이를 위해서는 프로토타입을 싸고(cheap), 빠르게(fast), 시각화(visualization) 하여 사용자에게 적용하고, 문제가 발생하면 빠르게 개선(refine)하는 애자일 방식을 반복하는 과정이기도 하다. 애자일 방식에 관해서는 4부에서 좀 더 자세하게 다루도록 하겠다. 결국 아이디어란 이 4단계의 주기를 가급적 짧게 가져가면서 반복하는 과정에서 다양한 개체와의 유레카 모먼트를 만들어가는 것이라 하겠다.

"구슬이 서 말이라도 꿰어야 보배"라는 말이 있다. 아이디어가 아이디어로 남으면 쓰레기가 되지만, 실제로 적용하면 보배가 된다는 말이다. 이는 아이디어를 실행할 수 있는 가장 중요한 원천이 어디에 있는지 파악하는 것부터 시작된다. 디지털 트랜스포메이션 시대에 아이디어의 시작은 사용자의 니즈에서 출발하지만, 아이디어를 실행하는 데 화룡정점이 되는 영역은 기술이다. 기술은 디지털 네이티브인 MZ 세대에게 특별한 경험 가치를 제공하기 때문이다.

4

기술은 최우선이 아니다

직장인이 매일 고민하는 양대 산맥은 '오늘 뭐 먹지?'와 '오늘 뭐 입지?'다. 특히 그날의 날씨와 업무 일정에 알맞은 옷을 고르는 일은 생각보다 힘들다. 누구나 출근 준비를 하면서 거울 앞에 서서 어떤 옷을 입을지 고민한 경험이 있을 것이다.

이들의 고민을 한 방에 날려준 것이 아마존의 스타일 비서 에코룩(Echo Look)이다. 에코룩은 아마존의 인공지능 비서 알렉사를 기반으로 한 기술이다. 기존 AI 스피커에 LED 조명과 깊이를 인지하는 심도 감지(depth sensing) 카메라를 장착했다. 에코룩 앞에 서서 "알렉사 사진 찍어줘"라고 말하면 전신을 촬영한다. 6초짜리 비디오 촬영과 360도 회전하는 옷차림의 확인도 가능하다.

아마존은 에코룩과 개인 SNS인 인스타그램, 핀터레스트 등을 연동해 세 가지 서비스를 제공한다. 첫 번째는 스타일 체크 기능이다. 머신러닝 알고리즘과 패션 전문가의 조언을 바탕으로 핏(fit), 색깔, 스타일링, 현재 트렌드 등을 조합해 몇 가지 옷차림 중 어떤 옷이 더 잘 어울리는지 조언해준다. AI가 사용자의 SNS 계정 데이터를 분석해 취향을 파악하고 신체 사이즈, 피부색을 반영해 최근 트렌드에 가장 잘 어울리는 옷을 찾아주는 원리다. 두 번째로 데일리 룩 기능은 에코룩으로 촬영한 사진을 SNS 계정에 업로드한 뒤 일자별로 관리해주는 것이다. 언제 어떤 옷을 입었는지 늘 궁금해하는 직장인에게는 매우 유용한 기능이다. 마지막 컬렉션 기능은 데일리 룩의 콘텐츠를 기반으로 외출, 출근, 소개팅, 여행 등 옷장의 옷을 자신만의 카테고리로 분류해서 관리하는 것이다.

에코룩은 여기서 멈추지 않았다. 머신러닝 알고리즘은 최근 유행하는 트렌드를 정확하게 파악하고 학습하며, 사용자의 SNS 계정에 등록한 옷을 분석하고 분류한다. 그리고 사용자가 옷을 사기 위해 아마존 사이트에 접속하면 가장 잘 어울리는 옷을 배치해 빠른 결정을 내릴 수 있게 도와준다. 여기에 직접 사용자의 옷을 디자인해주고, AR(증강현실) 기술을 접목해 가상의류 체험을 제공할 예정이라고 한다.

이러한 기술은 온라인 의류 쇼핑에서 구매자와 판매자가 겪는 불편을 줄이고 구매 실패 가능성을 낮춰 판매자에게 비용 감소 효과까지 가져다 줄 것으로 기대된다. 매일 출근할 때마다 무얼 입어야 할지 고민하는 직장인에게는 최고의 경험 가치를, 의류 판매자에게는 비즈니스 리스크 감소라는 가치를 제공해 주는 셈이다. 그렇다면 사용자에게 최고의 경험 가치를 제공하기 위해서는 무엇을 해야 할까? 기술에 대한 기능 혁신(functional innovation)이 필요하다.

기술은 그저 활용하면 그만이다

우리는 늘 기술 지향적인 사고를 해왔다. 파괴적 혁신을 불러오기 위해서는 파괴적 기술이 필요하다고 생각해왔던 것이다. 그만큼 혁신은 어려웠다. 하지만 디지털 트랜스포메이션 시대에서는 기술보다 비즈니스 모델이 더 중요하다. 기술은 그저 기능적으로 활용하면 그만인 것이다. 대표적 사례가 강남 아줌마들의 일상이 되어버린 신선식품 전문 온라인 쇼핑몰 마켓컬리다. 샛별배송이라는 애칭이 따라다니는 마켓컬리의 성장 비결은 소비자의 요구(wants)와 욕구(needs)를 정확하게 파악하고 충족시켜준 것처럼 보인다. 하지만 좀 더 자세히 들여다보면 예측 주문 시스템의 핵심인 AI 기술이 자리하고 있다.

마켓컬리의 성장 비결은 신선식품은 온라인으로 주문하지 않는다는 주부들의 소비 패턴에서 시작되었다. 그런데 주부들은 마트에 가서도 늘 걱정이었다. 유통구조가 투명하지 않고 맛이 있는지, 품질이 확실한지 보장되지 않아 제품을 선택하기 전에 늘 망설였다. 이 사실을 간파한 마켓컬리는 문제해결을 위해 매주 금요일 300여 개의 음식을 직접 먹어보고 평가하는 '상품위원회'를 개최했다. 절반 정도만이

1차를 통과할 정도로 깐깐하게 심사하기로 유명한 상품위원회는 마켓컬리의 업무 중 가장 중요한 부분이다. 팔팔 끓는 부대찌개, 조리한 차돌박이, 간편식 떡볶이, 살아 있는 전복으로 만든 전복죽 등 다양한 상품을 CEO를 포함해 영업팀, 상품전략팀, 마케팅팀, 구매팀이 모여 시식한 후 만장일치로 통과해야 판매할 수 있다. 고객이 주문한 제품이 맛이 없어 실패할 확률을 최소화한 것이다.

다음 성장 비결은 다른 온라인 쇼핑몰에서는 주문할 수 없는 애장 식품을 판매한다는 점이다. 워커힐 명월관의 갈비탕부터 고급 수입 식재료, 유기농 제품 등 쉽게 구입 할 수 없는 제품을 빠르고 손쉽게 주문할 수 있다. 특히 완도산 양식 전복처럼 수확 후 24시간이 지나면 신선도가 확 떨어지는 해산물을 여름철에도 살아있는 상태로 받을 수 있는 것은 소비자들의 큰 호응을 얻었다. 이러한 배송이 가능한 것이 바로 마지막 성공 비결인 철저한 수요예측 시스템 '멍멍이'다.

마켓컬리는 생산지에서 고객의 식탁 위까지 18시간 안에 식품을 배송한다. 이를 위해서는 미리 주문을 해서 마켓컬리의 물류센터에 가져다 놓아야 한다. 멍멍이는 AI를 활용한 수요예측 시스템이다. 데이터 전문가 20여 명이 운영하는 이 시스템은 실시간 매출, 주문 건수, 재고량 등의 데이터를 30분 단위로 직원들에게 전송한다. 이를 토대로 900여 개의 거래처에 얼마나 주문할지, 오늘 몇 시에 어떤 제품을 할인할지, 오늘 물류센터에 몇 명의 아르바이트생이 필요할지, 배송기사를 어디에 배치할지 등을 결정한다. 놀랍게도 마켓걸리의 신선식품 폐기율은 1% 미만이다. 엄청난 기술이 접목되어 있을 것 같지만 멍멍이는 구글의 AI 플랫폼을 활용한 것이다. 공개되어 있는 다양한 AI 알고리즘을 불러다가 적용한 게 전부다.

앞으로 기업이 해야 할 일은 새롭고 파괴적인 기술을 개발하기 위해 고군분투하는 미련함을 버리고, 기술을 하나의 기능으로 활용하도록 생각을 바꾸는 것이다. 이렇듯 고객에게 특별한 경험 가치를 제공하기 위해서 기능 혁신은 디지털 트랜스포메이션 시대에 필수가 되었다. 특히 사용자의 행동을 이해하기 위한 데이터 기반 사회에서 AI는 없어서는 안 되는 요소 기술이 되었고, 코로나로 인한 비대면 사회에서 신뢰를 바탕으로 진행되는 다양한 거래에는 블록체인 기술이 기본 설정값이 되어 버렸다.

AI의 능력은 어디까지일까?

최근 교육부가 2021년도 신입생부터 고등학교 보통 교과의 진로선택 과목으로 '인공지능 기초', '인공지능 수학'을 적용하는 내용을 담은 개정안을 진행한다는 뉴스가 나왔다. 대체 AI가 뭐기에 공교육 과정에 도입될 만큼 중요하게 여기는 걸까?

사실 AI의 패권 전쟁은 이미 오래 전에 시작됐다. 중국은 2016년부터 차세대 AI 개발계획을 발표하면서 본격적인 행보를 해왔다. 유럽연합(EU) 역시 2018년 '인공지능 협력선언'을 통해 회원국들의 AI역량 극대화에 들어갔다고 한다. 미국은 2019년 2월 'AI 분야에서 미국의 리더십 유지하기'라는 행정명령에 서명하면서 본격적으로 정부가 나서기 시작했다. 우리나라 역시 2019년 10월 '인공지능 기본구상'을 선포하면서 AI 국가전략을 발표했고, 3대 분야 9개 추진전략을 수립 했다. 이처럼 국가 차원에서 AI 정책을 세우는 이유는 학습을 통한 무한 가능성과 다른 기술에 지능을 더해 상상을 뛰어넘는 결과물을 만들어낼 수 있기 때문이다. 그렇다면 사용자에게 최고의 경험 가치 를 제공하기 위해 AI의 작동 원리와 알고리즘을 알아보자.

인공지능은 크게 머신러닝(machine learning)과 딥러닝(deep learning) 으로 구분할 수 있다. 1956년 다트머스 컨퍼런스에서 AI의 개념을 처음 제시한 이후 기나긴 암흑기를 거쳐 지금의 AI 기술을 일반인 에게 선보인 것은 2016년 3월 펼쳐진 세기의 대결이다. 당시 알파고 (AlphaGo)라는 바둑용 인공지능이 바둑 세계 랭킹 1위인 이세돌에게 도전장을 던졌다. 세기의 관심이 집중된 이 게임은 알파고의 4승 1패 로 끝났다. 인간의 대패에 인류는 충격에 빠졌다. 이세돌의 승리를 예견했던 사람들은 그래도 인간의 직관력과 감각이 AI보다 뛰어날 것이고, 인간만이 할 수 있는 변칙 공격을 AI가 따라오지 못할 것이 라 장담했다.

하지만 결과는 냉혹했다. 철저하게 유린당했다고 표현할 정도로 게 임은 알파고의 일방적인 승리로 진행되었다. 그런데 1년 뒤 더욱 놀 라운 뉴스가 나왔다. 이세돌을 이긴 알파고 리(AlphaGo Lee)를 새로 운 방식으로 업그레이드한 알파고 제로(AlphaGo Zero)가 100전 100 승을 했다는 것이다. 두 달 뒤에는 다른 방식을 적용한 알파제로

(AlphaZero)가 4시간 만에 체스를 섭렵하고 하루 만에 바둑계를 평정했다는 소식이 들렸다.

대체 AI의 능력은 어디까지일까? 이제 그들의 능력은 더 이상 가늠할 수 없다고 한다. 스스로 학습이 가능하기 때문이다. AI는 세 가지 방식으로 학습을 진행한다. 첫 번째는 지도 학습(supervised learning)이라고 불리는 방식으로, 문제와 정답을 알려주면서 학습하는 것이다. 우리가 학교에서 공부하는 방식과 비슷하다. 이 방식을 사용한 AI가 이세돌을 이긴 알파고 리다. 그리고 지도 학습보다 뛰어난 능력을 갖춘 것이 비지도 학습(unsupervised learning)이다. 이 방식은 문제와 정답을 같이 알려 주지 않는다. 문제를 주고 스스로 정답을 찾게 한다. 스스로 학습하기 때문에 연산을 통해 경우의 수를 도출하지 않고 가장 적절한 답을 빠른 시간 안에 이끌어낸다. 이 방식의 AI가 알파고 리를 이긴 알파고 제로다. 마지막 방식은 강화 학습(reinforcement learning)으로 보상을 통해 상은 최대화하고 벌은 최소화하는 방향으로 행위를 강화하는 학습 방식이다. 이 방식을 사용한 AI가 모든 게임을 섭렵한 알파제로다.

머신러닝은 2000년대 초부터 두각을 나타내기 시작했다. 하지만 최근 인간의 뉴런과 비슷한 인공신경망 방식으로 정보를 처리하는 딥러닝 기술이 급격히 발전하면서 그 활용도는 무궁무진해지고 있다. 그렇다면 실제로 활용되고 있는 딥러닝의 대표적인 알고리즘에 대해 알아보자.

딥러닝의 대표적 알고리즘

CNN, RNN, GAN은 딥러닝의 대표적 알고리즘이다.

사람의 후두엽에 해당하는 CNN(Convolution Neural Network: 합성 곱 신경망)은 이미지 인식 알고리즘이다. 특정 부분을 확대하거나 단순화 혹은 반복해 데이터를 분류하는 방식이다. 앞에서 이야기한 아마존의 에코룩은 CNN 알고리즘을 활용한 대표적 딥러닝이다. 사용자가 옷을 입고 사진을 촬영하면 핏(fit), 색깔, 스타일링, 현재 트렌드를 반영해 옷을 추천해준다. 무인 편의점 아마존 고 역시 대표적인 사례다. 고객이 QR코드를 찍고 마트에 들어오면 천장의 카메라가 그 고객을 감지해 어떤 상품을 골랐는지, 다시 제자리에 두었는지를 이미지로 판단한다. 이 원리는 자율주행 자동차의 오토파일럿 기능에서도 중요한 역할을 한다. 카메라로 이미지를 분석하고 어떻게 의사결정을 내릴지 판단할 때 많이 사용된다.

RNN(Recurrent Neural Network: 순환 신경망)은 시계열 데이터를 실시간 인식하고 기억하는 알고리즘이다. 사람의 두뇌로 따지면 측두엽에 해당하는데 대표적인 것이 마켓컬리의 수요예측 시스템 멍멍이와 AI 스피커다. 방대한 데이터를 분석하고 예측하는 데 활용되는 이 알고리즘은 실시간 불량 파악이나 실시간 수요예측이 가능하다. 온라인 상거래의 대표주자 아마존은 이 알고리즘을 활용해 한층 진화한 배송 서비스를 준비 중이다. 아마존의 물류센터에는 자동 재고관리 시스템의 핵심인 사람과 협업하는 로봇 '키바'와 주문에서 배송까지

13분밖에 걸리지 않는 드론 '프라임 에어'가 있다. 이들의 핵심은 AI로 음성 인식과 카메라, 그리고 자율주행 모두 CNN과 RNN이 담당한다. 특히 2014년 특허를 낸 항공배송센터(AFC: Airborne Fulfillment Center)의 핵심 기술은 RNN 알고리즘의 수요예측이다. 유통의 가장 큰 애로사항이 배송 시간인데 넓은 면적의 미국뿐만 아니라 전 세계 어느 곳에서 주문해도 2~3시간 안에 배송을 마무리하기 위해서는 수요예측이 절대적으로 중요하다. 이에 아마존은 지난 20년간 고객의 행동과 경험 등에 관한 수백억 개의 스마트 데이터를 구축해왔다. 그리고 RNN 알고리즘의 사전 수요예측을 통해 엄청난 크기의 비행선 안에 물건과 키바 로봇, 드론을 탑재해 고객 주문과 동시에 해당 지역의 상공에서 드론이 배송해주는 시스템을 구현해냈다. AI 딥러닝 기술이 없었다면 상상만으로 끝났을 것들이다.

마지막으로 GAN(Generative Adversarial Network: 생성적 대립 신경망)은 대립쌍 구조를 생성해 특허나 저작권 침해가 되지 않는 모델을 생성해내는 알고리즘이다. 대표적인 사례가 AI 디자이너와 AI 작곡가다. 디자인이나 작곡은 늘 저작권 문제로 몸살을 앓고 있는 영역이다. 그런데 최근 연구개발 영역에서 GAN 알고리즘이 기존의 모델을 분류해 새로운 생성 모델을 만들어내고 있다. AI 디자이너는 전 세계수많은 옷을 분석하고 트렌드를 반영해 저작권에 침해되지 않는 옷을 디자인하고 있으며, AI 작곡가는 수많은 곡과 작곡가의 스타일을 분석해 비슷한 것 같지만 전혀 다른 음원을 만들어낸다. 실제로 제너레이티드 포토(Generated Photos)는 200만 개가 넘는 AI 모델 사진을 생성해 초상권과 전혀 상관없는 이미지를 판매하고 있다, 인공지능 작곡 플랫폼 에이바(AIVA)는 모든 장르의 음악을 단 1분이면 표절 없이 작곡할 수 있다고 한다. 에이바의 창업자 피에르 바로는 이렇게 말한다.

"맞춤형 음악이 앞으로의 음악 소비와 창작에 가장 큰 변화가 될 것이다. 게임 콘텐츠는 몇 백 시간의 상호작용을 통해 그 가치가 존재하는데 음악은 수백 번 돌려서 다시 듣지만 상호작용을 통한 맞춤형은 존재하지 않는다. 우리가 베토벤을 부활시켜서 여러분의 옆자리에 앉아 여러분의 개성과 삶을 곡으로 표현해준다면 어떨까?"

월마트가 블록체인에 투자하고 있다

세계 최고의 유통사 월마트의 최근 행보가 심상치 않다. 오프라인의 최강자였던 월마트는 아마존이라는 온라인 최강자를 만나 고전을 면치 못했다. 2016년에는 35년 만에 최악의 실적을 기록하면서 26%나 성장한 아마존과 달리 속절없이 무너지고 있다는 평가를 받았다. 하지만 월마트는 아마존을 신경 쓰지 않았다. 그보다 그들이 가장 잘하는 오프라인의 실력으로 고객에게 최고의 경험을 주겠다는 전략을 세우는 데 집중했다.

월마트가 가장 먼저 변화를 시도한 것은 신선식품 판매였다. 고객들은 온라인으로 결제하는 것을 선호했다. 편리하고 쉽기 때문이다. 하지만 신선식품은 직접 보고 구매해야 안심할 수 있어 온라인 결제를 꺼려했다. 또한 배송 과정에서 문제가 생길 경우 반품 절차가 복잡해 구매를 망설였다. 이를 간파한 월마트는 옴니채널 전략을 펼쳤다. 온라인에서 주문한 후 오프라인 매장을 방문해 드라이브 스루 방식으로 물건을 확인하고 가져가게 한 것이다. 이러한 클릭 앤드 컬렉트(Click & Collect) 방식의 도입은 월마트의 성공 전략으로 꼽히고 있다.

이들은 여기서 멈추지 않았다. 발 빠르게 온라인 부문을 강화하기 위해 '아마존 킬러', '온라인계의 코스트코'라고 불리는 제트닷컴(Jet. com)을 인수한 것이다. 인수 직후인 2017년부터 월마트의 온라인 판매 성장률은 60%까지 급등했다. 월마트 CEO 더그 맥밀런은 온라인의 적극적 공략과 더불어 슈퍼센터(supercenter) 전략을 발표했다. 오프라인의 노하우를 최대한 활용해 의료, 송금, 미용 등 일상생활에 필요한 서비스를 한 곳에서 모두 해결할 수 있도록 한 것이다. 한마디로 고객의 경험 가치를 극대화한 전략이다. 2020년에는 식료품 배달 구독 서비스도 시작했다. 연간 98달러, 월 12.95달러만 내면 식료품을 무제한으로 배송해주는 서비스다. 이 서비스는 자주 주문할수록 이득을 보는 구조다. 한두 개의 식재료를 필요할 때마다 주문한다면 늘 신선한 제품을 받을 수 있다는 데서 착안한 것이다.

월마트는 여기에 고객의 고민 한 가지를 더 고려했다. 바로 내가 주문한 신선식품이 안전한 곳에서 재배되어 믿을 수 있는 유통 시스템을 거쳐서, 얼마의 기간 안에 오는지를 블록체인 시스템을 통해 구현하기 시작한 것이다. 만약 당신이 망고를 주문한다면 어떤 생각이 들까? '혹시 재배할 때 농약을 많이 뿌리지 않았을까? 유통 과정에서 방부제를 넣지 않았을까? 신선해 보이기 위해 유해물질을 주입하지 않았을까?' 등 많은 걱정을 하면서 주문할 것이다. 블록체인 기반의 추적 시스템은 이러한 걱정을 단 2.2초 만에 해결해준다. 먼저 망고를 재배하는 농가에는 곳곳에 IoT 센서가 부착되어 있다. 망고가 재배된 곳의 평균 온도, 강수량, 살포된 농약의 종류, 살포 횟수 등 재배환경과 재배방식이 블록체인에 실시간 자동으로 저장된다. 그리고 수확 날짜와 누가, 언제, 어떤 방식으로 저장했는지 등의 보관정보와 보관 과정도 자세하게 블록체인에 저장한다. 모든 운송 과정을 기록한 망고가 마트에 도착하면 판매업체가 센서에 판매 환경을 입력한다. 소비자는 제품에 부착되어있는 QR 코드로 모든 유통과정을 확인할 수 있다. 블록체인의 스마트 콘트랙트 기능과 분산원장 기술이 이 모든 것을 가능하게 만들었다. 월마트는 언제, 어디서든지 안심하고 먹을 수 있는 사회를 만들기 위해 자신이 판매하는 모든 제품의 전체 유통 과정을 추적해 고객에게 신뢰라는 최고의 경험을 제공하고자 했다.

이러한 움직임은 물류, 유통, 제조 등 다양한 분야의 모든 과정에 적용되는 추세다. 특히 제품의 진위 여부를 가리기 어렵고 가품의 유통이 많은 하이엔드 제품군에서 추진하고 있다. 2015년 설립한 영국의 스타트업 에버레저(Everledger)는 다이아몬드 특성 정보, 감정서, 소유권 상태 등의 정보를 블록체인에 저장하고 관리하는 서비스를 제공 중이다. 명품 패션브랜드 루이비통 모에헤네시(LVMH) 그룹은 블록체인 기반 상품 이력관리 및 추적 플랫폼을 개발하고 있다. 개발이 완료되면 진품 여부를 가리기 위해 제품 원산지부터 판매 시점까지 전체 유통 과정의 추적이 가능하고, 지적재산권 관리, 고객 맞춤형 상품 제안, 고객 이벤트 관리 등 부가 서비스 제공도 가능하다.

이 모든 것은 블록체인이 인터넷과 같은 플랫폼을 만들기 위한 기반 기술이며, 탈중앙화, 보안성, 투명성, 확장성이라는 4가지 특징을 가지고 있기 때문이다. 탈중앙화는 정부, 은행 등 중개 기관 없이 거래가 가능하게 만들었고, 거래 정보를 다수가 공통으로 소유하며 관리한다는 보안성을 갖고 있다. 또한 모든 거래 기록이 공개되어 쉽게 접근할 수 있다는 투명성과, 거래정보 원장을 기반으로 본인 인증, 상품이력 추적, 지급 결제 등 다양한 서비스로 연결 및 확장이 가능하다.

AI 때문에 발칵 뒤집힌 실리콘 밸리

"이건 공상과학 소설이 아닌 현실이다." "비트코인 이후 가장 강력한 파괴력을 지닌 도구다." "프로그램 개발에서 다른 영역으로 커리어 전환을 고민해야 할 때다." 실리콘 밸리의 프로그램 개발자들이 내뱉은 자조 섞인 목소리다. 첨단기술의 집대성 실리콘 밸리에서 가장 주목받는 직업군인 프로그래머들은 왜 이런 말을 했을까? 범인은 바로 최근 전 세계 소프트웨어 개발자들을 깜짝 놀라게 한 AI 모델 GTP-3(Generative Pre-Training 3)다. 언어 생성기라 불리는 이 AI 모델은 일론 머스크가 2015년 설립한 Open AI라는 인공지능 연구소에서 개발되었다. 자연어 처리(NLP) 모델로 분류되는 GTP-3는 뉴스 기사, 시, 소설 등을 창작해낼 수 있는데 그 성능이 가히 파괴적이어서 현존하는 최고 AI로 불린다. 실제 한 논문에서 GTP-3와 인간이 쓴 기사를 구별해내는 실험을 했는데 절반이나 실패했다고 한다. 샌프란시스코의 한 창업가는 GTP-3를 테스트한 후 "미래를 보는 느낌이다"라고 평가했고, 가히 충격적일 만큼 훌륭하다고 덧붙였다. 그만큼 엄청난 잠재력을 가졌으며 특히 프로그램 개발자가 위기감을 느낄 정도의 기술이라고 한다.

코딩이라는 영역에서 다양한 언어들은 0과 1만을 인식하는 컴퓨터와 소통하는 도구다. 인간만이 이 로직을 이해하고 컴퓨터와 소통한다고 생각했지만, 이제는 AI도 자연어 이해와 생성 능력으로 프로그램 언어의 정확한 구문까지 생성할 수 있게 되었다. 이는 간단한 코딩은 개발자보다 더 훌륭히 소화해낸다는 의미다. GTP-3로 인해 사람의 코딩 없이 자연어를 이용해 앱을 개발하고 간단한 제품을 만들 수 있는 시대가 온 것이다. 곧 프로그램 개발자가 사라지고, 기자, 변호사, 금융업 종사자들이 AI로 대체될 것이라는 말이 사실이 되어버린 셈이다.

정말로 AI가 사람을 대체할 수 있을까? 그렇다면 우리는 무엇을 해야 할까? 여기서 우리가 간과해서는 안 되는 것이 있다. AI는 스스로 소비자에 최고의 경험을 제공하지 못한다는 사실이다. 인간이 아니기에 인간의 근본적인 욕구와 욕망을 이해하지 못하기 때문이다. 실리콘 밸리에서 탄생한 피자 만드는 로봇인 줌피자(Zume Pizza)는 최근 직원 80%를 해고하고 피자 배달사업을 접는 등 위기에 처했다. 그런데 그 이유가 너무도 어처구니없다. 피자가 맛이 없다는, 인간의 근본적인 욕구를 충족시켜주지 못한 결과다. 로봇 바리스타를 도입한 카페 X(cafe X)의 실패 또한 인간과의 상호작용에서 나오는 카페의 따뜻함이 없었기 때문이라고 한다. 지나치게 앞서간 탓에 카페의 본질을 간과하고 소비자의 욕망을 충족시켜주지 못한 것이다. 기술은 기술일 뿐이다. 기술이 본질이 되어서는 성공을 확신할 수 없다. 어떻게 하면 사용자들에게 최고의 경험 가치를 제공할 수 있을지 충분히 고민하면서 기술을 보조적으로 활용하는 기능적 혁신이 필요한 때다.

4부

룰 브레이커
Rule Breaker

완전히 새로운 판을 짜라

AI, 핀테크, IoT, 빅데이터 등의 발전과 빠른 변화의 속도, 그리고 코로나19와 함께 일상이 되어버린 언택트 문화 등으로 빅블러(big blur) 현상이 산업 전반에 자리 잡았다. 빅 블러는 기존 고유 영역과 법칙이 무뎌지고 경계가 흐려지는 현상을 뜻한다. 디지털 기술의 진화는 산업 간, 업종 간 경계를 허물어버리고 있다. 새로운 업종이 탄생하고 허물어지는 상황이 끊임없이 반복되면서 시장에서 살아남기 위해서는 차별화를 넘어 기존의 법칙을 깨는 룰 브레이커가 돼야 한다. 지금껏 유지해온 고정관념이나 인식 체계에서 벗어나 수시로 변화하는 소비자의 니즈를 명확히 파악하고, 새로운 비즈니스 모델을 개발해 실행하는 역량이 요구된다.

1

애자일하게 일하고,
애자일하게 생각하라

2019년 국내 기업의 경영 화두는 '애자일(agile)'이었다. 각 산업을 대표하는 기업들은 신년사에서 애자일을 직간접적으로 언급했다. 롯데그룹은 '빠른 실패를 독려하는 조직'을 강조, 현대차그룹은 '스마트한 업무 방식의 일상화'를 역설, SK그룹은 '대규모 조직 개편과 애자일 확대 적용'을 검토한다고 밝혔다. 애자일은 민첩하다는 의미의 단어다. 이를 강조한다는 것은 이제껏 기업이 변화에 빠르게 대응하지못했다는 것을 방증한다. 또한 디지털 트랜스포메이션 시대를 맞이해조직과 경영이 민첩하게 일하고 생각해야 살아남을 수 있다는 시장의상황을 보여주는 것이다.

애자일은 소프트웨어 개발 분야에서의 생존 철학이다. 급변하는시장에서 성공적인 소프트웨어를 개발하려면 무엇보다 빠르고 민첩한 방법론이 필요하다. 치밀하고 완성도 높은 계획을 가지고 프로그램을 만들다 보면 어느새 시장의 수요가 바뀌어 있고 기술도 발전해 버리기 때문이다. 때문에 재빨리 프로토타입을 만들어 시장의 반응을 살펴보고 부족한 부분은 보완하고 뜯어고쳐 다시 시장에 내놓는다. 이 과정을 짧은 시간 안에 끊임없이 반복해 하나의 소프트웨어를 거대한 플랫폼으로 진화시키는 것이 애자일의 본질이다. 미국을 움직이는 5대 IT 기업 'FAANG(페이스북·아마존·애플·넷플릭스·구글)' 역시 애자일 방식을 기반으로 성공한 것으로 알려졌다.

애자일은 최근 기업 경영의 새로운 패러다임으로 주목받고 있다. 패러다임을 바꾸는 데 있어 가장 중요한 것은 조직 문화다. 즉 급격하게 변화하는 시장에 발 빠르게 대응하는 민첩한 조직으로 바꾸기 위해서는 자유롭고 창의적인 조직 문화를 만들어야 한다. 신속한 의사 결정과 조직 전환, 즉각적인 수정과 업데이트, 고객과의 지속적이고 빠른 의사소통 등이 가능하게 만드는 것이다. 결국 애자일 혁신은 기업이 일하는 방식, 생각하는 방식의 변화에 따라 가능하다.

기업의 애자일 경영 전략은 일하는 방식의 변화이지만 이는 워라밸, 행복 경영과 같은 사회적 이슈로 확대된다. 얼마 전 대한상공회의소와 글로벌 컨설팅 기업 매킨지가 국내 100대 기업에서 근무하는 4만 명의 직장인을 대상으로 한 설문조사에 의하면 77%가 국내 기업의 잦은 야근, 비효율적 회의와 보고, 구시대적 업무 형태 등을 문제로 지적했다. 그리고 이를 해결하기 위해 애자일 전환이 시급하다고 결론 내렸다. 이제 기업에게 애자일은 선택이 아니다. 디지털 트랜스포메이션 시대에 조직이 살아남기 위해 필수적으로 받아들여야 하는 핵심 철학이자 문화다.

레고는 어떻게 애자일한 조직이 되었을까?

"언젠가 하겠다는 사람은 결국 안 하겠다는 것과 같다. 지금 바로 할 것인지, 아니면 평생 안 할 것인지 둘 중의 하나를 결정하라."

일본 청소업체 CEO이자 매출의 신이라 불리는 고야마 노보루의 말이다. 그는 빠르게 행동하고, 빠르게 후회하며, 빠르게 배우는 애자일형 리더십을 강조했다. 조금이라도 하는 편이 낫다면 주저 없이 실행에 옮기라고 말한다. 만약 도중에 아니라는 생각이 들면 그만두면 된다는 것이다. 지금처럼 급변하는 경영 환경에서는 정확한 판단을 내리는 사람보다 당장 결정하고, 당장 잘못을 알아채고, 당장 계획을 변경하는 신속함과 민첩함이 더욱 필요하다. 그렇다면 애자일이 추구하는 가치를 명확하게 달성하려면 어떻게 조직을 운영해야 할까? 크게 세 가지로 분류할 수 있다.

첫 번째는 사용자 중심의 조직 운영이다. 여기서 언급하는 사용자는 그 범위가 넓다. 나와 함께 일하는 상사, 동료, 팀원이 될 수도 있다. 내가 속한 회사의 CEO역시 나의 사용자다. 하지만 가장 중요한 사용자는 소비자다. 애자일은 사용자를 협상이나 계약의 대상으로

만 취급하지 않는다. 결과보다 과정이 더욱 의미 있으므로 사용자들과 함께 성장하는 과정이라고 볼 수 있다.

애자일의 가장 큰 성공 사례는 전 세계 어린이와 키덜트가 사랑하는 기업인 레고(LEGO)다. 1932년 덴마크에서 시작한 레고의 브랜드 가치는 8조 6천억 원 정도로 장난감 브랜드 중 독보적 1위를 차지한다. 레고가 오랜 시간 지속적으로 성장하며 정상의 자리를 지킨 비결은 디지털 트랜스포메이션을 위한 애자일 전환이었다. 가장 성공적인 애자일 전환 기업이라는 칭송을 얻은 레고는 먼저 공급자 중심에서 사용자 중심으로 조직 구조를 변화시켰다. 레고를 포함한 대부분의 조직은 하향식(top-down)으로 의사소통이 진행된다. 리더가 중심이 되어 지시를 내리면 구성원들이 따르는 방식이다. 하지만 레고는 애자일 원칙을 철저히 준수하여 팀원들이 스스로 결정할 수 있는 권한을 주었다. 조직 구성원이 변화 전략 수립과 실행에 적극적으로 참여하는 '오픈 소스 변화(Opne Source Change)' 방식을 과감히 채택한 것이다. 오픈 소스는 소프트웨어의 소스 코드를 공개해 누구나 이것을 활용할 수 있고, 2차 가공물을 개발하고, 수정하고, 배포할 수 있는 권한을 주는 것을 말한다. 즉 모든 사람의 소통과 참여가 핵심이며 그 과정에서 다양한 관점과 융합이 형성돼 끊임없는 개선과 업데이트가 이루어진다.

레고는 리더의 주도에 따라 결정을 내리고 구성원들에게 변화의 필요성과 당위성을 설득하거나 통보하는 방식에서 오픈 소스 변화를 도입해 조직 구성원 개개인의 참여와 소통에 따라 결정을 내리는 방식으로 바뀌었다. 이로 인해 모든 조직 구성원이 변화의 필요성을 소통과 참여로 인지하게 되었다. 여기서 주목할 것은 레고가 변화의 방향을 제시하지 않았다는 사실이다. 그저 구성원들이 자유롭게 이야기하고 서로 정보를 주고받을 수 있는 환경을 만드는 데 집중했다.

두 번째는 효율적인 결과 중심의 조직 운영이다. 보고와 서류 작업은 최소화하고 미흡한 결과물이라도 정해진 시간 안에 출시해 실제 사용자들과 커뮤니케이션하고, 피드백을 받으며, 수정 사항을 최대한 빠르게 보완해나가는 것이다. 절차나 형식으로 인한 시간낭비를 없애야 한다.

이를 위해 레고는 〈하버드 비즈니스 리뷰〉에서 소개한 애자일 전환에 필요한 5가지 변화를 활용했다. 조직 구조, 권한, 예산 프로세스, 성과 측정, 배포 프로세스가 그것이다. 기존에는 사업부서와 기능 조직이 혼합된 형태였으나 애자일 전환을 위해 조직 구조를 제품을 기반으로 한 다기능 팀으로 개편했다. 그러다 보니 의사결정 권한과 예산 실행이 자연스레 중간관리자에서 제품 중심의 팀으로 이관되었고, 성과 보상 역시 프로세스 중심의 KPI나 개인 성과에 따른 보상이 아닌 제품의 가치에 따라 점진적으로 배분하게 되었다. 업무 진행도 순차적으로 개발하는 폭포수(waterfall) 방식에서 재빨리 개발하고 피드백 받는 과정을 계속 반복하며 개발을 진행하는 지속적 반복(iteration) 방식으로 바뀌었다. 레고는 조직, 권한, 예산, 성과 측정, 일의 배포라는 5가지 방식을 변화시키면서 효율적인 결과를 만들어낼 수 있었다.

세 번째는 투명한 정보의 공유와 자율성을 기반으로 한 권한을 가진 조직이다. 팀 단위의 수직적 조직은 애자일에 적합하지 않다. 또한 정해진 프로세스와 틀 안에서만 움직이고 절차를 중시하는 위계적 조직문화에서는 애자일 방식이 정착할 수 없다.

레고는 다양한 정보가 투명하게 공유되고, 자율성에 바탕을 둔 권한을 갖춘 조직을 만들기 위해 애자일 전환에 충분한 시간을 두고 진행했다. 먼저 애자일 전환 계획을 발표해 구성원들에게 방향을 이해시켰다. 그리고 제품 중심의 팀으로 개편한 조직도를 공유했고, 전세계 애자일 리더를 대상으로 워크숍을 진행했다. 운영 방식과 애자일 전환에 대한 경험, 지식, 궁금증, 우려 등에 관해 충분히 소통하고 공감하는 시간을 가졌다. 레고는 조직원에게 변화를 강요하지 않았다. 그보다는 애자일을 실행할 수 있는 환경을 마련하는 것에 초점을 두었다. 애자일 전환은 단지 방법론을 배우는 것이 아니라 그 철학과 원리를 도입하는 것이었기 때문이다. 그래서 특정 방법론(스크럼, 카반 등)을 강요하지 않았고, 특별한 업무 프로세스를 도입하지도 않았다. 대신 조직 구성원들이 자연스럽게 서로 소통하고, 참여하며, 교육과 같은 지원을 통해 스스로 변화하길 기다려주었다. 조직 내의 다양한 정보를 투명하게 공유하고 팀과 팀원이 변화를 수용하고 주도해나갈 수 있도록 자율성에 기반한 권한을 주는 것으로 애자일이 시작된 것이다.

창조적 모방가가 돼라

기업이라는 조직에는 늘 고질적인 지병이 존재한다. 바로 성과다. 과연 애자일하게 일한다고 성과가 좋아질까? 그럴 수도 있고 아닐 수도 있다. 그러므로 시류에 휩쓸려 무턱대고 애자일 방식을 도입해서는 안 된다. 애자일 방식이 제대로 뿌리내릴 수 있는 업무는 따로 있기 때문이다.

애자일은 절차를 무시하고 짧은 주기 안에 해낼 수 있는 양만큼만 집중하는 업무 방식이다. 빠른 실천은 실수와 실패를 동반하기에 장애와 오류에 비교적 덜 민감한 업무에 적용하는 게 좋다. 그래서 문제해결과 같은 완벽함이 필요한 업무보다 새로운 것에 대한 빠른 실천과 창의성이 중요한 신제품 개발 업무에 더 효율적이다. 실제로 기업들은 애자일을 정형화된 프로세스가 중요한 생산 관리도구나 인프라 중심의 산업보다 변화가 심한 현장에 도입한다. 기존의 업무 방식을 바꿈으로써 보다 창의적이고 혁신적인 결과물을 만들어내는 현장에서 더욱 빛을 발하기 때문이다. 따라서 애자일은 기존의 업무 방식과 공존하면서 이루어져야 한다. 그렇다면 당장 실천해볼 수 있는 애자일 방식이 있을까? 전문가들은 공동의 목표를 설정하고 일을 쪼개서 함께 하는 방법을 권장한다. 기존의 업무 방식에 변화를 줌으로써 혁신 저항을 최소화할 수 있는 방법론이다.

"내가 한 대부분은 남이 한 일을 모방한 것이었다."

세계적인 유통 기업 월마트의 창시자 샘 월튼의 말이다. 《카피캣》

의 저자이자 미국 오하이오 주립대학 교수인 오데드 센카는 산업의 경계가 무너지는 상황에서는 모방하되 혁신을 통해 차별화된 경쟁력을 확보해야 살아남을 수 있다고 말한다. 그는 기업이 모방가(imitator)와 혁신가(innovator)의 합성어인 '창조적 모방가(imovator)'가 되어야 한다며 월마트를 최고의 창조적 모방가로 일컬었다. 오늘날 점진적 혁신의 대명사로 평가받는 창조적 모방가는 오스트리아 경제학자 조지프 슘페터의 '창조적 파괴'나 하버드 경영대학교 클레이튼 크리스텐슨 교수의 '파괴적 혁신'과도 맥을 같이 한다. 더불어 최근 포스트 코로나 시대를 맞이해 변화무쌍하고 불확실성이 모든 것을 지배하는 경영 환경에서 꼭 필요한 전략이 되었다.

그렇다면 창조적 모방의 핵심 전략은 무엇일까? '가져와 수정하기(steal and tweak)'다. 유연성과 민첩성을 요구하는 애자일의 핵심 전략과도 일치한다. 최근 가장 주목받고 있는 애자일 전략이 기업에서 제대로 성공하지 못하는 결정적인 이유는 모방, 즉 가져오기만 할 뿐 수정이라는 혁신을 하지 않은 데 있다. '다른 기업이 성공했으니 우리도 성공할 거야' 혹은 '저 기업이 성공한 방법을 그대로 적용하면 문제없을 거야'라는 근거 없는 자신감은 애자일 전략을 한낱 유행처럼 스쳐가는 일회성으로 전락시키고 있다. 따라서 조직에 애자일을 성공적으로 도입하고 싶다면 가져와 수정하기를 철저히 적용해야 한다. 이를 위해 먼저 다른 기업의 성공 사례를 최대한 수집하고, 프로토타입 전략인 싸고, 빠르게, 시각화해 반복적 실험을 거쳐 우리 조직에 적합한 방법을 찾아가야 한다. 이것이 바로 애자일의 철학이 성공적으로 뿌리내릴 수 있는 전략적 접근법이다.

시간을 지배하는 애자일의
5가지 조건

그렇다면 혁신 저항을 최소화하기 위해 애자일 팀을 꾸리고 공동의 목표를 설정해서 함께 창의적이고 혁신적인 결과물을 만들어낼 수 있도록 몇 가지 시도를 해보자.

첫째, 일의 결과물을 도출해내는 주기를 조정한다. 만약 회사에서 1년짜리 프로젝트를 진행한다고 하자. 일반적으로 우리는 1년 동안의 계획을 단계적으로 세세히 수립하는 것부터 시작한다. 그러고는 그 계획에 맞춰 프로젝트를 진행하고 정해진 기간이 끝나갈 무렵 고객이나 이해관계자들에게 결과물을 발표해왔다. 1년 동안 심혈을 기울여 진행한 프로젝트인 만큼 자부심도 크고 기대하는 바도 클 것이다. 하지만 결과는 어떠했는가? 어느 누구도 고생한 성과를 알아주지 않는 것이 일반적이다. 오히려 지적과 비판만 있을 뿐이다. 심지어는 우리가 원하는 결과물은 이게 아니라는 청천벽력 같은 평가를 받기도 했다. 무엇이 문제였을까?

고객이나 이해관계자에게 지난 1년간 프로젝트가 어떻게 진행되고 있는지 공유하지 않아 피드백을 듣지 못한 것이 문제다. 이런 방식으로 진행하는 프로젝트의 성공률은 20%를 넘기지 못한다.

그래서 애자일에서는 반복 주기(iteration)를 정해놓고 프로젝트를 시작할 것을 권한다. 만약 프로젝트 기간이 1년이라면 매우 짧은 초반의 '비전과 계획'과 후반의 '마무리'를 제외한 나머지 시간을 짧게는 1주에서 길게는 4주로 나눠 마치 1년짜리 프로젝트를 진행하듯 같은 단계를 반복하는 것이다. 이 반복 주기 동안 계획을 수립하고, 실행하고, 고객의 피드백을 받아 계획을 다시 조정하는 것이다. 이러한 반복 주기는 고객과 자주 소통하는 과정에서 개선의 기회를 가져다 준다. 이 과정이 쌓이면 고객과 이해관계자가 원하는 바람직한 결과를 창출할 가능성이 높아진다.

둘째, 팀이 원하는 결과를 얻기 위해 해야 할 활동을 목록으로 작성하는 백로그(backlog)를 활용한다. 이때는 해야 할 일을 높은 우선순위(high priority)와 낮은 우선순위(low priority)로 구분한다. 그 다음에는 최우선 순위부터 순서대로 수일(days), 수주(weeks), 수개월(months)의 단위로 작업에 필요한 기간을 구분한다. 그러면 모든 백로그에는 저마다의 실행 우선순위가 생긴다. 이때 같은 우선순위를 가진 백로그는 존재하지 않는다.

이때 백로그는 단순히 할 일을 정리한 것이어서는 안 된다. 좋은 아이디어가 있다면 누구나 언제든지 쉽게 백로그에 항목을 추가할 수 있는 차별화를 가져야 한다. 백로그를 관리하는 담당자를 PO(Product Owner)라고 하는데 이들은 백로그의 우선순위를 조정할 수 있고 추가나 삭제할 수 있는 권한도 있다. 중요한 건 모든 백로그가 무조건 실행되어야 하는 것은 아니며, 그때그때 팀에서 결정한다.

셋째, 모든 반복 주기 마지막에는 반드시 회고의 시간을 갖는다. 이는 애자일을 애자일 답게 만드는 가장 중요한 단계이자 자신들의 일하는 방식이 어떠한지, 무엇을 개선해야 하는지 논의하는 자리다. 애자일의 모든 단계 중 가장 많은 시간을 필요로 하며 준비도 철저히 해야 한다. 회고의 핵심은 논쟁이나 불평이 아닌 사실을 논의하고 솔직한 대화와 건설적인 실행 과제를 만드는 자리라는 것이다. 애자일 구성원들이 자신의 이야기를 솔직히 해야 하므로 심리적 안정감과 신뢰가 가장 중요하며, 구성원들의 생각을 듣고 공감하거나 자극을 줌으로써 문제를 해결할 수 있도록 돕는 애자일 코치(agile coach)의 역할도 크다. 회고를 통해 만들어진 실행 과제는 너무 많지도 너무 적지도 않아야 하며, 어떻게 변화되고 있는지 투명한 정보 공유를 통해 회고의 중요성을 알려주어야 한다.

넷째, 매일 회의를 연다. 이때 우리가 알아야 할 것은 팀의 리더에게 나의 업무를 보고하는 자리가 아니라는 사실이다. 따라서 매일 15분 정도의 시간을 정해놓고 하는 것이 좋다. 모든 팀원이 매일 같은 시간, 같은 장소에서 자신의 업무 진행사항을 간략하게 공유하는 것이면 충분하다. 회의는 스탠딩 방식으로 진행해 짧은 시간 집중적인 분위기를 만들고 회의가 길어지면 개별 미팅으로 넘긴다. 이렇게 하다 보면 최신 정보나 중요한 사실을 서로 공유할 수 있고, 꼭 해야 할 일을 누락하는 실수를 막을 수 있다.

그런데 여기에도 원칙이 있다. 먼저 회의는 일 대 다수의 방식이 아니라 일대일의 업무 내용을 공유한다. 비평이나 지시의 자리가 아니기 때문이다. 그리고 정해진 시간을 절대 초과하지 않는다. 15분 안에 서로의 업무를 공유하고 그 이상의 논의는 개별적으로 진행한다. 이 회의는 누군가가 주도할 필요가 없다. 회의를 하자는 공지도, 각자 의견을 내보라는 진행도 없어야 한다. 그냥 정해진 시간에 정해진 장소에서 자연스럽게 모여 자신의 하루 업무를 공유하는 자리라면 충분하다. 마지막으로 자신의 업무에 문제가 있을 경우 이를 토로하는 것보다 서로 협업할 수 있는 자율적인 분위기를 만든다. 리더부터 자신의 어려움을 말하고 도움을 청해보는 것도 좋다.

다섯째, 작업현황판(task board)을 만들고 이를 적용한다. 사무실의 벽면을 '해야 할 일(to-do), 진행 중인 일(doing), 완료된 일(done)'로 나누고 각 영역에 백로그(해야 할 일)를 포스트잇으로 작성해 붙여놓는 방식이다. 이 작업현황판은 반복 주기가 종료되면 리셋된다. 앞서 이야기한 매일 회의를 이 앞에 서서 진행한다. 애자일 팀이 하고 있는 일이 한눈에 들어오고 누가 무슨 일을 하고 있는지 쉽고 빠르게 파악할 수 있다. 또한 모든 팀원에게 투명하게 정보를 제공해준다.

중요한 것은 작업현황판을 마치 영업실적을 비교하듯 서로의 업무를 누가 잘하고 못하는지를 비교하는 용도로 활용해서는 절대 안 된다는 것이다. 조금 지연되는 일이 있으면 서로 협업해서 도와주고, 백로그의 우선순위가 잘 정해졌는지, 일이 효율적으로 배분되고 있는지를 파악하는 용도로 활용해야 한다. 때에 따라서 진행 중인 업무의 개수를 제한해 반복 주기 안에 프로젝트가 종료될 수 있도록 컨트롤하는 역할도 한다.

지금까지 이야기한 애자일 실천법 5가지를 조직에 도입한다고 해서 애자일이 성공적으로 정착한다는 보장은 할 수 없다. 여기에는 더 큰 전제조건이 필요하다. 애자일 전환에 대한 마인드셋도 함께 바뀌어야 한다. 이는 결국 원점으로 돌아와 생각하는 방식과 일하는 방식을 바꾸는 것이다. 다시 말해 애자일 실천법을 팀에 적용해 반복을 통한 실패를 거듭하면서 개선하는 과정에서 생각하는 방식이 바뀌고, 일하는 방식이 차츰차츰 바뀔 때 애자일 마인드셋도 바뀐다는 것을 명심해야 한다. 그리고 어느 조직이든 모든 혁신에는 혁신 저항이라는 큰 장애물이 기다리고 있으므로 욕심을 부려서는 안 된다. 모든 것을 한 번에 바꾸려 하는 것은 아무것도 바꾸지 않겠다는 것과 같다.

인사관리에 부는 애자일 바람

IT 기업의 소프트웨어 방법론으로 시작한 애자일은 제품 개발, 제조, 마케팅 등 기능 조직으로 퍼져나가면서 인재 채용, 개발, 관리의 영역으로 확산되고 있다. 덕분에 다양한 사례를 바탕으로 성과관리, 인재 평가, 핵심역량의 채용과 보상, 학습 등 조직 내 다른 부서의 변화를 반영하고 지원하기 위해 인사관리(HR: Human Resources)에도 애자일을 적용하기 시작했다.

지금까지의 대부분의 기업은 신입사원을 채용해 역량을 키우기 위해 교육과 순환 근무를 시키고, 핵심인재를 양성하는 전략을 세워왔다. 이에 대한 평가 결과로 승진과 급여를 결정했다. 이러한 전략은 짧게는 5년에서 길게는 20년까지 계획을 세워야 한다. 그런데 2000년대에 들어서면서 인적자원의 유연성이 강조되기 시작했다. 신입을 교육해 인재로 만들던 방식이 역량을 갖춘 경력직을 채용해 활용하고, 직급과 승진, 단순 연봉제의 개념이 사라지게 된 것이다. 여기에 각 조직 및 현장의 일하는 방식이 변화하면서 지속적으로 HR의 변화를 요구했다. 지금은 애자일을 기반으로 HR에도 다양한 방법을 시도하고 있다.

먼저 평가 부분이다. 기존 인사평가의 핵심은 KPI 설정이다. 기업이 1년의 전략을 수립하면 사업부, 팀, 파트에서 각 영역의 전략을 수립하고 개인에게 1년 동안의 KPI를 부여했다. 이는 전형적인 폭포수(waterfall) 방식이다. 하지만 애자일 전환은 1년 동안의 계획을 쓸모없게 만들었다. 단기 프로젝트 방식의 애자일은 직원마다 일정이 다르고 팀 중심의 프로젝트로 움직이기에 평가의 일정과 주기가 정해져 있지 않다. 프로젝트 팀에 대부분의 권한을 위임하고 수시 평가와 수시 피드백으로 전환하고 있다.

애자일은 HR의 코칭을 이용한 인재관리에도 적용할 수 있다. 수시 평가와 수시 피드백 시스템의 핵심은 리더의 코칭 기술에 달려 있기 때문이다. 애자일로 성공한 기업의 대부분이 리더를 위한 코칭 훈련 프로그램을 운영하며, 매주 동영상 강의를 시청한다. 이렇게 배운 기술을 학습 스프린트를 통해 적용해보고 아이디어와 전략을 공유한다. 스프린트는 팀이 보유한 사람과 지식, 도구에 의지해 진행하는 프로세스로 중요한 문제를 신속히 해결하고, 새로운 아이디어를 테스트해 가시적인 결과를 얻는 과정이다. 대부분의 기업이 코칭 부문 개선으로 모든 직급에서 효과를 보았다고 한다.

다음은 보상체계의 변화다. 지금까지는 평가나 승진에 의한 상승분 혹은 성과에 따른 경영성과급(PI, PS) 정도가 보상 수준이었다. 하지만 횟수가 정해져 있고, 유연성도 떨어졌다. 애자일을 도입한 기업들은 성과가 발생할 때마다 횟수와 기간에 상관없이 스폿 보너스(spot bonus)를 지급하기 시작했다. 즉각적인 보상은 즉각적인 피드백을 강화하고 동기부여를 극대화하기 때문이다. 평가와 승진에 따른 임금 인상제도를 없애고 시장의 시세 변동률을 적용하거나, 일의 난이도에 따른 임금 인상률을 적용하는 기업도 늘어나고 있다.

채용 방식에도 변화가 찾아왔다. 역량의 다변화와 경력 채용이 늘어나면서 구인과 채용은 더 복잡하고, 어렵고, 더 많은 시간이 소요되는 방향으로 가고 있다. 이를 위해 GE는 모든 채용 요청을 처리할 '교차 기능팀'을 만들고 직원을 채용해야 하는 조직의 관리자들이 이곳에서 비정기적 순환근무를 한다. 다양하고 많은 인원을 채용해야 하니 순환근무를 진행하는 조직의 채용 관리자들이 각각의 채용에 우선순위를 매기고 최우선 순위 채용을 완료하는 데 집중하는 것이다. 이들은 결원 충원에 걸리는 사이클 타임을 추적하고, 속도를 내기 위해 칸반 보드(kanban board: 업무 설계 게시판)를 활용해 모든 채용 요청을 모니터링 한다. 또한 AI와 빅데이터를 활용해 더 빨리 후보자를 찾기 위한 다양한 시도를 하고 있다.

마지막 변화는 학습과 개발이다. 애자일 시대의 가장 중요한 역량은 신기술을 빠르게 도입하는 것이다. 이를 위해 학습과 개발 방식도 바뀌어야 한다. 지금까지 대다수의 기업은 언제든지 이용할 수 있는 온라인 콘텐츠를 모두에게 제공하는 데 그쳤다. 하지만 이런 방식은 직원들에게 도움이 되지 않는다. 특정 업무와 승진에 필요한 기술을 파악하고, 개별 직원의 경력과 흥미를 고려해 받아야 할 훈련과 적당한 업무를 제안해줄 수 있는 빅데이터 분석방법을 사용하면 개인별로 필요하고 유익한 학습과 개발이 가능해질 것이다.

2

디지털 트랜스포메이션 리더십

"생각을 멈추고 행동하라. 생각만으로는 아무것도 바꿀 수 없다. 한 가지 업무에 집중하면 전문가가 되는 게 아니라 그 일밖에 못하는 바보가 된다."

경영학계의 오스카상으로 불리는 '싱커스 50(Thinkers 50)'에서 9위에 이름을 올렸던 조직행동론의 대가 허미니아 아이바라 교수의 말이다. 그녀는 조직 내 리더로서 더 큰 역할을 맡으려면 생각만으로 배울 수 없다고 주장한다. 유일한 방법은 직접 부딪혀서 그 일을 하는 것이라고 말한다.

대부분의 전통적인 리더십 훈련이나 교육은 생각하는 방법을 바꾸는 것을 목표로 한다. 때문에 자기성찰과 반성이 리더십 개발 분야의 성배가 된 지 오래다. 세계적인 경영 사상가 리처드 파스칼 역시

"성인은 생각을 통해서 새로운 행동방식을 얻는 것이 아니라 행동을 통해서 새로운 사고방식을 얻는다"라고 말했다. 결국 리더처럼 행동한 뒤에야 리더처럼 생각할 수 있다는 것이다. 아이바라 교수는 일반적인 논리로는 생각한 뒤 행동하는 것이 옳다고 여기지만 성인의 학습방법에 대한 수많은 연구 결과는 더 나은 리더로 성장하기 위해서는 이러한 순서가 뒤바뀌어야 한다고 말한다. 즉 우리는 새로운 것을 시도한 후 그 경험을 통해 배운 것을 내면화하는 과정에서 성장한다는 것이다. 결국 리더처럼 행동해야 리더처럼 생각할 수 있다.

고정된 사고에 익숙한 사람을 변화시키는 것은 어려운 일이다. 인간은 패턴 상자(pattern box), 경험 상자(experience box), 부정적 생각 상자(negative box)에 갇혀 있기 때문이다. 결국 생각을 달리하기 위해서는 평소에 하지 않았던 전혀 다른 일들을 겪어야 한다. 새로운 행동을 하지 않으면 패턴적 사고나 경험적 사고가 전혀 변하지 않기 때문이다. 아이바라 교수는 상자에서 탈출하기 위해 자신이 하고 있는 일을 재정의하는 것부터 시작하라고 말한다.

잡 크래프팅,
내 일을 다시 정의하라!

"새 술은 새 부대에 담아라"라는 문구가 있다. 성경에서 유래한 이 말의 참된 의미를 아는 사람은 드물다. 옛날에는 포도주가 잘 숙성됐는지 확인하는 기술이 부족해 감각으로 이를 판단했다고 한다. 이때 사용했던 가죽 부대(자루)에 숙성이 덜된 포도주를 담으면 다시 발효가 진행돼 탄산가스가 발생하고 이미 딱딱해진 가죽 부대가 터지는 일이 빈번했다고 한다. 하지만 새 가죽 부대는 부드럽고 신축성이 좋아 발효에 의해 발생하는 탄산가스를 수용할 수 있어 안전하게 포도주를 만들 수 있었다.

디지털 트랜스포메이션 시대의 우리 업무도 가죽 부대와 같다. 일하는 방식이 달라졌음에도 기존의 방식만 고집한다면 조만간 번아웃(burnout)이 발생할지도 모른다. 낡은 부대가 터지는 것처럼 말이다. 그래서 자신의 일을 재정의해보는 잡 크래프팅(job crafting: 직무 재창조)이 필요하다. 잡 크래프팅이란 미국의 조직심리학자인 에이미 프제스니에프스키가 2001년 논문에서 처음 제시한 개념이다. 자신에게 주어진 업무, 직장 내 인간관계, 일에 대한 생각 등을 적극적으로 변화시켜 자신의 일을 더욱 의미 있고 재미있게 만들고 일에 대한 관점을 바꿔 내면을 변화시키고 잠재력을 발휘해야 한다는 것이다.

에이미 박사는 성공적인 잡 크래프팅을 위해 우리가 해야 할 세 가지를 제시한다.

첫 번째는 인지적 변화 만들기(cognitive crafting)다. 이는 일의 결과가 미치는 영향력을 보다 의미 있게 재해석해 목적 중심에서 과정 중심으로 생각해보는 것이다. 자신의 일을 깨닫는 방식에 변화를 주어 일의 소중함을 발견하고 의미와 가치를 확인하는 과정으로 동양의 채석공 우화에 잘 나타나 있다.

한 나그네가 길을 가고 있었다. 그는 더운 여름날 땀을 뻘뻘 흘리며 무엇인가를 만들고 있는 세 명의 채석공을 우연히 보게 되었다. 그들은 더운 날씨와 힘든 노동으로 지쳐 있었다. 무엇을 만들고 있는지 궁금해진 나그네는 첫 번째 채석공에게 질문했다. "지금 무엇을 하고 계시는 겁니까?" 그러자 채석공은 짜증난 목소리로 이렇게 말했다. "보면 모르슈? 돌을 쪼고 있지 않습니까?" 잠시 당황한 나그네는 두 번째 채석공에게 같은 질문을 했다. 그러자 그는 귀찮다는 듯이 이렇게 대답했다. "뭐하는 것처럼 보이슈? 돈을 벌고 있잖아요." 다소 퉁명스러운 목소리였다. 그런데 세 번째 채석공은 표정이 남달랐다. 왠지 밝고 즐거워 보였던 것이다. 같은 질문에 그는 일손을 잠시 멈추고 이렇게 대답했다. "저는 지금 저 거대한 성전을 짓는 데 필요한 기둥을 만들고 있습니다." 그는 자신의 일에 대해 뿌듯한 자부심을 갖고 있는 듯했다.

같은 일을 하더라도 자신의 일에 어떤 의미를 부여하고, 가치 있게 만드느냐에 따라 일을 대하는 태도와 방식이 달라진다. 우리가 깨어 있는 동안 일에 쏟아붓는 시간은 70%가 넘는다. 그렇게 많은 시간을 할애하면서 자신이 하는 일에 중요성을 느끼지 못한다면 너무도 끔찍한 삶일 것이다. 이를 위해서 스스로 자신의 미래에 대한 비전을 세우고 명확한 목표를 정하는 것은 일에 대한 열정을 만들어내는 중요한 요소가 된다.

잡 크래프팅을 위해 우리가 다음으로 해야 할 것은 과업 만들기(task crafting)다. 이는 업무 난이도와 범위를 조정하거나 과업을 진행하는 방식을 다시 정의해보는 등의 노력과 더불어 업무 이외에 흥미를 갖고 있는 분야에 지속적으로 도전해 업무를 개선하고 스스로 범위를 확장시키는 것이다. 스탠포드 대학교의 제임스 마치 교수는 이를 실천하기 위해서는 활용(exploitation)과 탐험(exploration)을 균형 있게 적용해야 한다고 말한다.

활용은 기존의 것을 가지고 일을 처리하는 방식으로 빠르고 효율적이며 예상 가능한 수준의 결과를 만들어낸다. 그러나 새로운 혁신을 만들기는 어렵다. 반면 탐험은 새로운 아이디어를 통해 일을 처리하는 방법이다. 변화, 위험 감수, 발견 등을 동반해야 한다. 제임스 교수는 이 두 가지가 병행되어야 하며 상황에 따라 다르지만 탐험과 활용의 비율을 20:80 정도로 가져가는 게 적당하다고 말한다. 가장 대표적인 사례가 구글의 20% 타임제다.

창조경영의 핵심 엔진으로 자리매김한 이 제도는 구글의 모든 직원이 자신이 원하는 창의적인 프로젝트에 업무 시간의 20%를 사용할 수 있도록 한 것이다. 기존의 업무방식이 활용이라면 20% 타임제는 탐험이라고 볼 수 있다. 이 방식의 핵심은 20%의 탐험을 활용해 내놓은 아이디어가 정식으로 구글에서 서비스된다는 데 있다. 이를 통해 수많은 별자리와 수억 개의 성운을 고해상도로 볼 수 있는 구글 스카이, 전 세계를 사진으로 직접 볼 수 있는 구글 맵스 등 굵직한 성과가 탄생했다. 구글과 관련한 아이템이면 무엇이든 상관없다. 자신의 아이디어를 정기 미팅에 발표하고, 게시판을 통해 동참할 동료를 모집하면 된다. 동료들에게 인정받으면 회사는 필요한 인력과 장비를 지원해준다고 하니 창조경영을 꿈꾸는 기업은 시도해볼 만한 제도다. 구글 매출의 80% 정도가 기존 사업군인 광고에서 나오고 나머지 20%의 매출은 혁신이라 불리는 첨단 서비스에서 나오는 것을 보면 구글의 비즈니스 모델 자체가 이와 일맥상통한다고 할 수 있겠다.

성공적인 잡 크래프팅을 위해 우리가 해야 할 마지막은 관계 만들기(relational crafting)다. 작게는 직장의 상사와 동료와의 관계를 재설정해보는 것이며, 크게는 인맥을 넓혀나가는 것이다. 나이 들수록 새로운 사람을 만나 교류하는 일이 줄어든다. 나와 생각이 비슷한, 소위 잘 맞는 사람들하고만 어울리기 쉽다. 새로운 사람들을 만나 새로운 이야기를 나누는 것은 잡 크래프팅에 많은 도움을 준다. 구체적으로 관심 분야의 공동체를 만들어보자. 사내외 동호회를 만들거나 다양한 활동을 하면서 행사를 조직하고 참여하는 방법들 말이다.

미시건 주립대학교 연구진에 의하면 노벨상 수상자들과 그 밖의 과학자들이 예술 활동을 하는 비율을 비교한 결과 악기 연주, 작곡, 지휘 등의 취미를 지닌 과학자들이 그렇지 않은 과학자들보다 노벨상 수상 확률이 두 배가 높았다고 한다. 스케치, 유화, 판화, 조각 등의 미술은 7배가 높았고 목공, 기계, 전기, 유리 등의 공예는 7.5배가 높았다. 시, 희곡, 소설, 에세이, 대중서 등의 글쓰기는 12배가, 무용, 마술, 연극 등의 공연은 무려 22배나 높은 비율로 노벨상을 수상했다고 한다. 미국 성인을 대상으로 한 연구 결과에서도 비슷한 결과가 나왔다. 창업을 하거나 특허 출원을 많이 한 사람들은 스케치, 유화, 건축, 조각, 문학 등과 관련한 취미를 가지고 있었다는 것이다. 결국 이러한 사람들과의 관계가 심층적 경험과 폭넓은 경험이라는 독특한 조합을 만들어내 창의력을 향상시킨다.

독단적 리더보다
불완전한 리더가 낫다

MIT 슬론의 데보라 안코나 교수는 완벽한 리더십은 환상에 불과하며 진정한 리더십은 오히려 리더 개인의 불완전성을 인정하고 다른 사람과 협력함으로써 약점을 보완하는 불완전한 리더십에서 출발해야 한다고 말한다. 시시각각 변화하는 경영 환경에서 완벽한 리더십은 있을 수 없고, 리더의 독단이 오히려 화를 불러 올 수 있다는 것이다. 결국 조직 내부뿐 아니라 외부와도 협력해 책임과 임무를 공유하는 분산 리더십(distributed leadership)이 필요하며, 기업의 낯선 상황을 지도화(mapping)해서 미래에 대한 불안감을 떨쳐내는 것이 리더십이다. 이 과정에서 필요한 것은 팀원 모두가 데이터를 수집하고, 소통하고, 경험함으로써 더 포괄적인 그림을 그려낼 수 있도록 밖에서 벌어지는 일에 대한 공통의 정보와 데이터를 공유하고 협력하는 것이다. 또한 주변 상황을 다양한 관점에서 해석하고 행동하면서 지도를 수정하고, 이를 통해 상황에 대한 이해도를 넓혀가야 한다.

불완전한 리더십은 무능한 리더십과 전혀 다른 개념이다. 불완전한 리더는 자신이 잘하는 것과 잘하지 못하는 것에 대해 정확하게 파악하고, 타인과의 협력을 통해 자신의 강점을 활용하고 약점을 보완할 방법을 잘 찾아내고 실천하는 사람이다. 데보라 교수는 리더 한 사람에 의존하는 조직이 아닌 팀원들과 공유하는 분산 리더십을 갖춘 조직이 되기 위해서는 4가지 역량이 필요하다고 말한다. 센스메이킹, 관계 맺기, 비전 제시하기, 새로운 것 발명하기다. 여기서 중요한 것은 리더 개인은 불완전하기 때문에 조직 내 구성원들이 정보를 함께 공유하고, 소통하고, 행동해나가는 것이다. 대표적인 사례가 최근 10년의 암흑기를 거쳐 다시 부활에 성공한 MS의 CEO 사티아 나델라다.

나델라는 1992년 MS에 합류했다. 2008년 창립자 빌 게이츠가 떠나고 스티브 발머가 CEO로 올라섰지만, 2014년까지 그렇다할 성과를 내지 못했다. 시대의 변화를 감지 못한 스티브 발머는 윈도우 판매에만 의존했고 결국 모바일 시장에 적응하지 못한 채 경영 악화로 자리에서 물러났다. 2014년 MS의 세 번째 CEO에 오른 나델라는 20여 년간 MS에 몸담았다는 이유로 MS를 구원하기에는 역부족이라는 평을 받았다. 하지만 내부 사정을 잘 알고 있는 그의 이력은 오히려 변화의 촉매제가 되었다.

그 첫 번째가 센스메이킹이다. 나델라는 일찍이 클라우드 서비스의 영향력을 내다보았다. 그는 워드, 엑셀, 파워포인트 등 MS 오피스 문서를 인터넷을 통해 언제 어디서든 접속해서 편집할 수 있는 클라우드 서비스 '오피스 365'를 출시했다. 그의 안목은 정확했다. 자신의 생각이 옳다는 것을 확인한 나델라는 MS 윈도우 전용 클라우드였던 윈도우 애저(Window Azure)를 모든 운영체제 기반의 퍼블릭 클라우드인 애저(Azure)로 전환시켰다. 그 결과 클라우드 서비스가 윈도우 사업보다 더 많은 매출을 기록하면서 MS는 활기를 찾기 시작했다.

두 번째로 그는 과감한 비전을 제시했다. "클라우드 퍼스트, 모바일 퍼스트"를 외치며 클라우드와 모바일 산업에 모든 역량을 집중한 것이다. 당연히 MS 내부에서는 이미 아마존웹서비스(AWS)가 선점하고 있는 클라우드 시장에 모든 전략을 집중하는 것에 회의적이었다.

그래서 그는 세 번째 역량인 관계 맺기를 몸소 실천해나갔다. 나델라는 MS가 모바일 시장을 선점하지 못한 것보다 더 심각한 문제는 사내정치와 불필요한 불화라고 생각했다. 지금껏 늘 1위만 해왔던 최고의 기업이다 보니 자존심이 높았다. 서로 다른 부서와는 담을 쌓고 자신들의 이익만 추구하는 사일로 효과(organizational silos effect)도 만연했다. 나델라는 원만한 소통과 협력을 강조하며 회사 분위기를 바꿔나가기 시작했다. 소프트웨어를 개발해서 판매하던 시절의 공급자 중심 사고에서 소비자의 니즈를 정확히 반영해야 하는 클라우드 서비스에 맞춰 사용자 중심 사고로의 전환을 시도했다. 특히 부서 간 이기주의를 없애기 위해 상대 평가를 폐지하고 직원들과 많은 시간을 보내며 직원들이 행복하지 않은 이유를 이해하려고 노력했다. 그리고 클라우드 분야에 먼저 진출한 기업의 CEO, 새로운 트렌드에 밝은 소비자, 조직에서 학습문화를 만드는 방법을 고민하는 연구자들과 지속적으로 소통했다. 회사 구성원뿐 아니라 고객, 전문가들과도 기술 트렌드를 공유하면서 MS의 존재 이유를 끊임없이 질문해나갔다. 이러한 나델라의 노력은 2002년 이후 16년 만에 MS를 세계 시총 1위로 끌어올려주었다.

MS를 다시 춤추게 한 나델라 리더십의 핵심은 불완전함이다. 완전하지 않기 때문에 모든 것을 구성원들과 공유하는 분산 리더십으로 조직을 이끌었다. 그는 자신의 저서 《히트 리프레시》에서 자신의 리더십 원칙 세 가지를 말한다. 첫 번째는 불확실하고 위협적인 상황에서도 열정적이고 씩씩하게 경쟁해야 한다는 것이고, 두 번째는 자신에 대한 확신이나 평판보다는 팀을 우선시해야 한다는 것이며, 세 번째는 공감 능력은 리더의 가장 중요한 덕목이며 그것은 자신이 이끄는 구성원들의 자신감을 키워준다는 것이다.

전체는 부분의 합보다 더 크다, 분산 리더십

한때 우리나라의 기업에는 수평적 조직 문화 바람이 불었다. CJ, SK, 삼성, 현대차, LG 등 굴지의 대기업에서 직급을 줄이고 부장, 과장 등의 호칭을 파괴한 것이다. 디지털 전환 시대에 기업문화를 개선하고 수평적 조직 문화를 만들어 창의적이고 혁신적인 기업으로 거듭나겠다는 취지였다. 국내 기업은 창의적 조직 문화의 시작을 수평적 관계라고 판단했다. 기존의 연공서열 중심의 수직적 기업 문화는 구성원을 압박해 창의성을 저해한다는 것이다. 그래서 연공 대신 업무 전문성을 중심으로 조직을 개편하고 직급 축소, 복장 자율화 등을 도입해 의사결정 속도를 높이고 업무 효율성을 강화하고자 했다. 그러나 이 같은 변화는 책임자가 명확하지 않아 오히려 효율이 떨어지거나 승진에 대한 동기부여가 사라져 일할 맛이 나지 않고, 일하는 방식과 업무 체계는 그대로인데 구조만 바뀌어 혼선만 가중된다는 부작용을 가져왔다.

　하버드 비즈니스스쿨의 에이미 에드먼슨 교수는 수평적 조직 문화를 만들고 싶다면 외부적인 체계를 바꿀 것이 아니라 기업 내부의 환경 변화가 필요하다고 말한다. 직원들이 업무와 관련해 어떠한 말을 하더라도 벌을 받지 않을 것이라고 생각할 수 있는 환경을 만들어 주는 것이다. 이를 가리켜 심리적 안정감(Psychological Safety)이라고 한다. 심리적 안정감이란 대인관계를 맺을 때 위험을 감수할 수 있는 환경을 의미한다. 단순히 편안함과는 다른 개념이다. 조직 구성원들이 서로를 마냥 칭찬하고 친절함을 베푸는 환경이 아니라, 서로의 아이디어가 자유롭게 공유될 수 있는 분위기를 말한다. 에이미 교수는 사람들은 심리적 안정을 느끼는 환경에서 다른 사람이 자신의 목소리를 반긴다고 느끼며, 업무와 관련해 어떤 말을 하더라도 비난받지 않을 것이라 생각한다고 말한다. 도움을 요청하거나 실수를 인정하는 말일지라도 처벌받지 않을 것이라 믿는다는 것이다.

　그녀는 심리적 안정감의 효과를 확인하기 위해 한 병원의 두 병동에서 근무하는 간호사 팀을 연구했다. A팀은 심리적 안정감이 확보된 팀이고, B팀은 심리적 안정감이 낮은 일반적인 조직의 환경이었다.

연구 결과 A팀은 사소한 의료 실수를 자유롭게 보고하고 서로 공유하면서 더 큰 실수를 막는 학습된 조직의 모습을 보였다. 하지만 B팀은 자신의 잦은 실수를 숨기고 공유하기를 꺼렸으며, 결국 치명적인 의료사고로 이어지는 사태를 맞이했다.

불완전한 리더십 상황에서는 업무 진행 시 발생하는 다양한 불확실성이 원활한 소통과 공유로 이어졌을 때 학습의 기회로 발전할 수 있다. 이때 결정적인 역할을 하는 것이 조직 구성원들의 심리적 안정감이다. 이러한 사례는 구글에서도 찾아볼 수 있다. 이 회사는 지난 몇 년 동안 일하기 좋은 회사로 손꼽힌다. 구글은 자신들의 성장 비결 중 하나를 사내 조직문화와 팀워크라고 판단했다. 그리고 더 나은 조직문화를 위해 "전체는 부분의 합보다 더 크다"라고 말한 아리스토텔레스의 이름을 딴 아리스토텔레스 프로젝트를 진행했다. 조직 심리학자, 사회학자, 엔지니어, 통계학자로 이뤄진 전문가들이 모여 왜 어떤 팀은 다른 팀보다 월등한 성과를 올리는지, 또 반대로 어떤 팀은 왜 다른 팀보다 유독 성과가 떨어지는지에 대한 궁금증을 연구했다. 무엇이 팀의 성과를 이끌어내는지를 알아보기 위한 연구 결과는 그들의 예상을 빗나갔다. 성공하는 조직의 조건은 팀원의 능력이 아니라 심리적 안정감이었던 것이다. 어떤 의견이든 자유롭게 내놓아도 이상하게 여기지 않을 거라는 믿음이 팀 전체의 생산성을 올리는 가장 큰 비결이었다. 그렇다면 심리적 안정감을 갖춘 조직의 리더에게 요구되는 리더십은 무엇일까?

리더, 코치가 되다
: 학습 조직의 탄생

바야흐로 뷰카(VUCA) 시대다. 뷰카란 Volatility(변동성), Uncertainty (불확실성), Complexity(복잡성), Ambiguity(모호함)의 앞 글자를 딴 말로 기업에 있어서는 현재의 불확실한 상황과 리스크를 묘사할 때 사용한다. 뷰카 시대의 가장 큰 특징은 과거의 경험으로는 새로운 문제를 해결할 수 없고 미래를 예측할 수도 없다는 것이다. 과거 기업의 리더들은 직원들에게 일하는 방법을 알려준 뒤 확실한 정답이 있는 일을 지시한 다음 성과를 평가했다. 정답을 알고 있기에 명령과 통제를 기반으로 조직을 관리한 것이다. 그러나 빠르게 변화하는 지금의 경영 환경에서 리더는 모든 문제의 정답을 알지 못한다. 조직에 필요한 건 명령과 통제가 아니라 빠르고 지속적이며 파괴적인 변화다. 급변하는 경영 환경 속에서 승자로 살아남기 위해서는 학습을 통해 스스로 진화하는 특성을 가진 집단이 되어야 한다. 환경 변화에 빠르게 적응할 수 있는 학습 조직이 되는 것이다. 기업은 이러한 현실에 대응하기 위해 명령과 통제 문화를 벗어던져야 한다. 그리고 리더에게 구성원을 돕고 더 나은 해결책을 찾을 수 있도록 안내하며 끊임없이 변화하는 환경에 적응하는 법을 가르쳐주어야 한다. 즉 리더에게 코치가 될 것을 요구해야 한다.

기업이 리더에게 코치의 역할을 맡긴 데는 몇 가지 목적이 있다. 먼저 리더가 정답을 말해주거나 구체적인 행동 지침을 말해주는 대신 맥락을 파악하게 하고 구성원이 스스로 선택할 수 있도록 돕기 위함이다. 적극적인 지원과 격려로 구성원의 변화와 성장을 이끌어내는 것이다. 두 번째 목적은 권위적이고 지시적인 만남이 아니라 같은 배에 탔다는 느낌을 주고 서로에게 헌신적인 파트너십을 기반으로 상대를 행복하게 해주는 관계를 만드는 것이다. 마지막 목적은 조직 구성원의 상황을 이해하고 그들의 이야기를 경청하며 정확하고 진솔한 피드백을 제공해 바람직한 행동을 유도하기 위함이다. 결국 리더의 코칭 행동은 '지시하고 납득시키는 것이 아니라, 질문하고 듣는 것'이 핵심이다.

그렇다면 어떻게 하면 코칭을 잘할 수 있을까? 질문하고 듣는 게 중요하다는 건 알지만 이를 실행하는 것은 완전히 다른 문제다. 프랑스 인시아드 경영대학원의 허미니아 아이바라 교수는 디지털 트랜스포메이션 환경에서 취할 수 있는 리더의 4가지 코칭 방식에 관해 이야기했다.

첫 번째는 지시적 코칭(directive coaching)이다. 멘토링에 해당되는 이 코칭 방법은 리더가 자신의 경험을 바탕으로 조직원에게 지식과 업무 방식을 전승해주는 것이다. 팀원은 가능한 많은 것을 얻고자 하지만 일방적으로 한쪽에서만 전달하기 때문에 코칭을 받는 사람의 에너지는 활성화되지 못한다. 특히 자신이 잘해왔던 것을 그대로 하도록 강요하기 때문에 복잡하고 끊임없이 변화는 경영 환경에서는 팀원의 능력을 키우는 데 좋지 않다. 또한 모든 팀원이 생산적으로 일을 잘하고 있다면 오히려 조직의 능력이 성장하는 것을 방해할 수도 있다. 이럴 때는 가만히 놔두는 것이 최선의 방법이다. 이것이 바로 두 번째 코칭에 해당하는 자유방임(laissez faire)이다. 세 번째 코칭은 코칭을 받는 사람의 지혜와 통찰력, 창의력을 이끌어내고 스스로 문제해결에 도전해 대처할 수 있도록 돕는 비지시적 코칭(nondirective coaching)이다. 팀원의 의견을 듣고, 다시 물어보면서 스스로 답을 찾을 수 있도록 안내한다. 리더가 직접 상황을 판단하거나 해결하지 않는 것에 기반한다. 이 방식은 코칭을 받는 사람들에게 큰 활력을 줄 수 있지만 지시 모드에 익숙한 대부분의 조직 구성원에게는 쉽지 않은 일이다. 마지막으로 상황적 코칭(situational coaching)은 학습조직에 속한 모든 리더가 지향해야 하는 영역이다. 특정 순간 구체적인 필요에 따라 지식적 코칭과 비지시적 코칭 사이에서 미세한 균형을 유지하는 것을 말한다. 각각의 상황에 가장 적절한 코칭 기법을 사용하기 위해서는 무엇보다 비지시적 코칭 자체가 몸에 밸 정도로 반복하고 연습해야 한다. 여기에 조직원의 능력 강화에 도움을 주는 지시적 코칭을 주기적으로 더해서 균형을 이루어야 한다.

아이바라 교수는 진정한 학습 조직으로 변화하기 위해서는 조직의 리더가 좋은 코치가 될 수 있도록 가르치는 것만으로 부족하다고 말한다. 코칭을 기업 문화와 분리할 수 없도록 조직 역량의 일부로 만들어야 한다는 것이다. 단순히 관리 차원의 코칭이 아닌 조직 역량을 위한 코칭을 만들어 문화적 변화를 일으켜야 한다고 말이다.

3

비즈니스모델을 재점검하라

2018년 6월 아마존은 10억 달러(약 1조 1,200억 원)에 작은 스타트업 인수를 발표했다. 전 세계 최고의 유통회사이자 최첨단 IT 기업인 아마존은 가장 많은 특허 출원으로도 유명하다. 이제껏 특별한 기술을 보유한 기업들과의 M&A를 추진한 것도 그 때문이다. 그런데 이번에 인수한 스타트업은 특별한 기술이 없다. 게다가 누구나 생각해낼 수 있는 O2O 서비스를 제공하는 회사다. 대체 왜 아마존은 이런 기업에 어마어마한 돈을 투자한 걸까?

궁금증의 주인공은 온라인으로 약을 배송하는 회사 필팩(PillPack)이다. 이런 기업이라면 아마존이 직접 만들어도 될 텐데 굳이 1조 원이 넘는 돈을 투자한 이유가 궁금하다. 우선 미국은 의료법과 약사법이 엄격한 나라다. 또한 주마다 법이 다르기 때문에 각 주에서 온라인으로 약을 유통시킬 수 있는 면허를 취득하는 것은 여간 까다로운 일이 아니다. 미국 12개 주에서 약국 면허를 취득한 아마존이 50개 주에서 약의 유통면허를 가지고 있는 필팩을 인수한 것은 너무도 당연한 선택이었다. 미래의 의료, 헬스케어 사업에서 신의 한수가 될 수 있는 조건이기 때문이다. 이게 바로 비즈니스 모델링(business modeling)의 힘이다.

필팩은 2014년 티제이 파커가 미국에서 창업한 스타트업으로 의약품을 지정한 날짜에 주기적으로 배달해주는 구독경제 서비스를 제공한다. 구독경제는 오래 전부터 우리에게 익숙한 서비스다. 신문, 우유, 야쿠르트 등이 매일 혹은 매달 배송되던 서비스가 식품, 생활용품, 의류 등의 분야로 확대되어 그 활용이 다양해지고 있다. 파커는 약학대학을 다니면서 부모님이 운영하던 약국에서 아르바이트를 하던 중 창업 아이디어를 얻었다고 한다. 그가 일한 약국에는 약을 받으려는 환자들이 긴 줄을 서고 있을 때가 많았다. 미국은 성인 4천만 명이 매일 5개 이상의 처방전을 복용할 정도로 약을 먹는 사람들이 많다. 특히 고혈압, 당뇨, 고지혈증 등은 정기적으로 약을 복용해야 하는데 2주에 한 번씩 의사에게 처방을 받고 약을 받아가야 한다. 이런 환자들은 약국에서 다양한 종류의 약을 받아가면서 약사에게 매번 언제 먹어야 하는지, 부작용은 없는지와 같은 질문을 항상 반복했다.

가까이에서 약품 유통 시스템의 불편함을 목격한 그는 '생활용품처럼 약도 정기적으로 배송해주면 편할 텐데'라는 생각을 했다. 그러고는 온라인 약국 필팩을 창업한다. 필팩의 주요 고객층은 만성질환을 앓고 있는 환자들이다. 오랜 기간 정기적으로 약을 복용해야 하지만 처방을 받으러 오는 것이 귀찮고 약을 처방받기 위해 줄을 서는 것도 힘든 환자들이다. 필팩은 월 20달러의 서비스 이용료를 내고, 자주 이용하는 약국과 병원을 등록하면 대신 처방을 받아 약을 배송해 준다. 독창적인 시장 전략으로 필팩은 창업 2년 만에 100만 명의 고객을 확보했고 연간 1억 달러의 매출을 올리게 되었다.

필팩이 짧은 기간에 급격히 성장한 비결은 첨단기술을 적용한 자동화 시스템과 사용자 기반 맞춤형 서비스다. 필팩은 주문부터 배달까지 자체 운영 시스템인 파머시 OS(PharmacyOS)를 이용한다. 이는 필팩이 만든 환자 맞춤형 정보 관리 플랫폼으로 사용자에게 필요한 정량의 약을 맞춤형으로 관리할 수 있도록 도와준다. 본사에는 로봇을 설치해 고객의 의료 데이터에 따라 자동으로 약을 분류해주고 처방전을 확인하는 업무를 수행한다. 또한 AI의 딥러닝 기술을 활용해 100만 명에 달하는 고객의 약이 필요한 시점과 배송을 자동으로 관리한다. 필팩의 대시보드는 고객이 복용하는 약의 모든 정보를 알려주고, 장기 복용 환자에게는 주치의와 상의한 뒤 자동으로 약을 배송한다. 또한 24시간 300여 명의 약사들이 고객의 궁금증을 상담해준다. 시장 변화와 고객들의 니즈를 정확하게 간파하고 반영한 것이 필팩의 가장 큰 가치였던 셈이다.

성공하는 비즈니스 모델의 조건

늘 반짝이는 아이디어를 내는 사람이 있다. 그러나 그 아이디어가 실행으로 이어지는 일은 어렵다. 실행이란 마음만으로 되는 것이 아니기 때문이다. 구슬이 서 말이라도 꿰는 법을 모르면 영원히 보배를 만들 수 없듯이 디지털 트랜스포메이션에는 아이디어 실행을 위한 전략과 도구가 필요하다. 특히 체계적인 아이디어 실행을 위해서는 수많은 리스크를 이겨낼 체계적인 방법론이 절실하다.

비즈니스를 성공시키는 데 가장 중요한 역할을 하는 것은 무엇일까? 아이디어, 첨단기술, 마케팅, 디자인, 수익구조 등 수많은 요소들이 떠오를 것이다. 하지만 아무리 뛰어난 기술과 생각이라도 비즈니스 모델이 시장의 변화와 고객의 니즈를 정확하게 반영하지 못한다면 반드시 실패한다. 이때는 새로운 기술도 아무런 쓸모가 없다. 우리는 산업의 혁신을 새로운 기술과 연관시켜 생각한다. 허나 기술은 혁신의 일부분일 뿐 전부가 아니다. 그것만으로는 혁신이 불가능하다. 산업의 혁신을 가능하게 만드는 것은 새로운 기술을 시장에 끌어낸 고객의 니즈다. 그리고 이를 연결시켜주는 것이 비즈니스 모델이다. 디지털 트랜스포메이션 시대의 비즈니스 모델은 기술로 구현이 가능한 지점과 시장의 니즈가 만나는 곳에서 시작한다.

케임브리지 경영대학원의 스텔리오스 카바디아스 교수는 새로운 비즈니스 모델을 적용한 40개 기업을 심층 분석했다. 그리고 비즈니스 모델이 성공하기 위한 6가지 조건을 정리했다. 첫 번째는 맞춤형 제품과 서비스다. 개별 고객의 니즈에 특화된 제품과 서비스를 제공할수록, 그리고 새로운 기술을 활용해 경쟁력 있는 가격에 제공할수록 성공 가능성이 높다. 대표적인 사례가 앞에서 언급한 필팩이다. 이들은 일반적인 제품이 아닌 의약품이라는 특화된 제품을 서비스한다. 또한 장기 복용하는 환자들이 약국에서 줄을 서거나 2주에 한 번씩 처방전을 받으러 병원에 가야 하는 불편함을 없애주었다. 최첨단 기술을 활용해 약에 대한 모든 정보 제공과 24시간 상담, 원스톱 배송 서비스까지 모든 것을 월 20달러라는 경쟁력 있는 가격에 제공했다. 이것이 이미 식상한 구독경제 비즈니스 모델을 성공으로 만든 비결이다.

두 번째는 폐쇄 반복 프로세스(the closed loop process)다. 일반적인 비즈니스 모델의 소비 과정은 제조-사용-폐기의 단편적인 구조다. 그러나 폐쇄 반복 프로세스는 제조-사용-재활용으로 이어져 비용 절감에 도움이 된다. 대표적인 사례가 넷플릭스다. 세계 최대 주문형 콘텐츠 서비스 기업인 넷플릭스의 터닝 포인트는 독자적으로 제작한 콘텐츠 유통이었다. 기성 콘텐츠들은 다양한 플랫폼에서도 서비스되어 차별화를 갖기 힘들지만, 자체 제작 콘텐츠는 넷플릭스라는 폐쇄된 플랫폼에서 얼마든지 재활용이 가능하다. 다른 곳에서는 사용할 수 없지만 넷플릭스에서 만큼은 얼마든지 재사용할 수 있는 차별화를 어필했고 성공했다.

세 번째 비즈니스 성공 모델은 자산 공유다. 에어비앤비는 여행객에게 자신의 집을 공유하고, 우버는 주변의 이동하고 싶은 사람에게 자동차를 공유한다. 이러한 행위는 온라인 플랫폼을 통해 양쪽 모두의 가치를 증대시킬 수 있을 때 실행으로 이어진다. 집주인은 남을 방을 빌려주고 돈을 벌 용의가 있고, 고객은 더 저렴하고 쾌적한 곳을 찾을 때 비즈니스 모델은 현실이 된다. 앞에서 언급했던 여행객을 위한 트렁크 보관 서비스인 시티스테이셔 역시 여기에 해당한다. 에어비앤비를 이용하는 젊은 여행객들은 대부분 저가항공을 이용한다. 그런데 저가항공은 보통 늦은 밤이나 새벽에 출발하는 경우가 많다. 그래서 여행지에 도착한 직후에는 에어비앤비에 트렁크를 보관하기 어렵다. 시티스테이셔는 관광지 주변이나 교통의 요지에 위치한 상점 주인들의 자투리 공간에 여행객들의 가방을 맡아주는 플랫폼을 온라인에 만들었다.

네 번째는 사용량 기준 과금이다. 이 비즈니스 모델은 고객이 제품이나 서비스를 구매할 때가 아니라, 실제 사용할 때만 요금을 납부하도록 한다. 고객은 실제 가치를 창출하는 기간에만 비용을 부담하게 되어 좋고, 기업은 고객 수를 늘릴 수 있어 이득이 된다. 우버와 같은 이동용 모빌리티가 대표적인 예다. 도심을 돌아다니는 전동킥보드나 자전거 등도 사용한 만큼만 비용을 지불한다.

다섯 번째는 상생의 생태계를 만드는 것이다. 마켓컬리의 신선식품 배송 서비스는 AI를 활용한 주문 예측 시스템을 통해 현지의 농산물 생산자의 상품을 직매입하고 식품 폐기라는 리스크를 분산시켜 비용 절감과 재고 부담을 줄인다. 생산자는 품질에만 집중할 수 있으며 고객은 신선식품을 현지에서 바로 공급받는다는 신뢰와 경험 가치를 얻을 수 있다.

여섯 번째는 민첩하고 조정이 쉬운 조직구조를 만드는 것이다. 전통적 조직의 위계적인 의사결정 구조를 탈피하고 시장의 수요를 더 잘 반영해 실시간으로 수요 변화에 대응하기 위해 새로운 기술을 활용하는 것이다.

이들 여섯 가지 특징은 기존 비즈니스 모델과 무엇이 다를까? 기술과 고객의 수요가 장기적으로 맞닿아 있다는 것이다. 센서 기술의 발달은 더 많은 데이터를 더 저렴한 비용으로 수집할 수 있게 해주었고, 이렇게 수집된 엄청난 양의 빅데이터를 인공지능의 머신러닝, 딥러닝 기술을 통해 실시간으로 분석하고 체계화시켜 의사결정에 활용할 수 있다. 그리고 IoT, IoB(생체인터넷) 등 서로 연결된 기기들과 클라우드 기술로 분산되어 있던 데이터를 처리해 블록체인 기술을 적용하면 신뢰를 기반으로 한 새로운 플랫폼을 만들 수 있다. 마지막으로 VR, AR 기술로 제조 공정의 효율화가 가능해졌으며, 나노 기술과 3D 프린팅 등 제조 기술의 발달로 장소에 구애받지 않는 다품종 소량 생산이 가능해 졌다. 이 모든 것은 좀 더 편하게, 재미있게, 쉽게, 간편하게 제품과 서비스를 경험하고 싶다는 소비자의 니즈와 연결된다. 성공적인 비즈니스 모델은 이렇게 탄생한다.

스텔리오스 카바디아스 교수는 디지털 트랜스포메이션 시대에 성공하기 위한 비즈니스 모델은 기업이 이 6가지 특징을 얼마나 경쟁력 있게 확보했느냐에 따라 결정된다고 말한다. 어떠한 측면에서도 경쟁사보다 압도적이지 않다면 성공 확률은 희박하며, 적어도 세 가지 이상의 특징을 현재의 비즈니스 모델과 차별화할 수 있다면 과감히 시작해보라고 말한다.

포스트 코로나 시대,
언택트 비즈니스 모델

코로나 쇼크로 반사이익을 거둔 수혜 산업은 단연 식품이라고 하겠다. 식품의 생산과 판매 업종 모두 지속적인 호황을 누리고 있다. 문제는 식품 시장의 소비 트렌드다. 어떻게 달라지고 있고, 어떤 방식으로 성장을 주도하고 있는지를 파악하고 비즈니스 모델에 적용해야 살아남을 수 있다. 디지털 트랜스포메이션 시장에서 성공을 위한 여섯 가지 특징을 반영하는 것이다.

코로나 시대 쇼핑에 대한 소비자의 가치관은 경험 지향적인 행위에서 단순 목적 활동으로 빠르게 변화하고 있다. 더 이상 오프라인 쇼핑에서 재미와 즐거움을 누리지 못하는 소비자들은 집에서 가까운 매장을 즐겨 찾거나 언택트 환경에서 또 다른 경험 가치를 찾는다. 그 대표적인 사례가 세계 최초 이동 슈퍼마켓 그로서리 네이버(Grocery Neighbour)다. 초대형 트레일러를 개조한 이 슈퍼마켓은 언택트 시대에 쇼핑을 줄인 소비자를 잡기 위해 빠르고 간편한 소비 트렌드를 반영해 만들었다.

고기와 음료를 위한 냉동·냉장 설비는 물론 채소·과일 전용 저장고까지 갖췄다. 특히 현지에서 재배해 당일 배송한 신선 농산물부터 유제품, 고기, 빵, 음료, 스낵, 냉동식품, 커피메이커까지 총 20m길이의 트레일러에 빼곡히 진열되어 있다. 물건을 구매하는 방식도 독특하다. 고객은 트레일러 뒷문으로 입장해 선반을 따라 진열된 제품을 순서대로 쇼핑하면 된다. 그리고 맨 앞쪽 계산대에서 결제하는 일종의 서킷 쇼핑(circuit shopping)이다. 코로나 상황을 감안해 고객 간 거리는 2m로 유지하며 바닥 레일을 따라 쇼핑카트가 배치되어 있다. 이 카트는 레일 끝에 오면 자동으로 접히면서 출입구 쪽으로 이동한다. 그로서리 네이버는 소비자 전용 앱을 통해 차량의 위치를 실시간으로 확인할 수 있고, 인근에 도착하면 자동으로 알림 메시지도 보내준다. 그로서리 네이버는 맞춤형 제품과 서비스, 상생의 생태계, 민첩함에 기반한 비즈니스 모델이라 할 수 있다.

중고 거래 시장에서도 새로운 비즈니스 모델이 등장했다. 세계 경제가 저성장으로 치닫던 2008년 이후 중고 거래 시장은 비약적으로 커졌다. 하지만 거래 방식은 발전하지 않았다. 온라인 사이트에서 물건을 보고 안전거래를 하거나 직거래로 진행됐다. 아무래도 사기성 거래가 아닌지 의심하게 되고 제품 상태를 직접 확인하고 거래를 하려는 사람이 많기 때문이다. 직거래를 하려면 직접 판매자나 구매자를 만나야 하는데 코로나 시대에 낯선 사람을 만난다는 것이 마냥 달갑지 만은 않았다. 이러한 소비자의 불편함을 해소하기 위한 비즈니스 모델이 중고품 거래자판기 '파라바라'다. 투명한 물품보관함처럼 생긴 이 자판기에는 다양한 물건이 들어 있다. 구매자는 해당 상품과 가격을 확인하고 결제 후 물건을 가지고 가면 된다. 마치 자판기에서 음료를 뽑아먹는 것과 같다. 제품 거래를 위해 판매자는 파라바라 자판기의 빈 보관함의 번호를 누르고 물건을 넣는다. 그리고 본인 확인과 연락처, 입금계좌를 입력한 뒤 가격을 설정해놓으면 끝이다. 물건이 팔리면 자동으로 판매 메시지가 전송되고 수수료를 제외한 금액이 3일 후에 입금된다. 파라바라 비즈니스 모델 역시 맞춤형 제품과 서비스, 생산-유통-재활용이라는 폐쇄 반복 서비스와 민첩성을 기반으로 생성되었다. 여기에 IoT 기술과 블록체인 기반의 플랫폼 그리고 빅데이터를 기반으로 한 인공지능 기술이 원천인 셈이다.

코로나 시대의
비즈니스 모델 캔버스

매일 쏟아지는 수많은 아이디어를 실행에 옮기려 할 때 비즈니스 모델을 파악할 수 있는가에 따라 그 결과는 크게 달라진다. 실행하지 못하는 아이디어는 쓰레기와 같고, 실행해도 성과를 얻을 수 없는 아이디어는 무용지물이기 때문이다. 지금부터 아이디어의 실행뿐 아니라 성과 창출을 예견할 수 있는 방법론인 비즈니스 모델 캔버스(business model canvas)에 관해 말하려 한다. 비즈니스의 4대 영역인 고객, 주문, 인프라, 사업 타당성 분석을 포괄하고 있는 이 캔버스는 아이디어를 실행시키기 위해 활용할 9가지 핵심 구성요소로 이루어져 있다. 이를 나인 빌딩 블록(nine building block)이라고 부른다.

디지털 트랜스포메이션 시대는 모든 비즈니스 모델에 기술과 소비자의 니즈를 반드시 반영해야 한다. 그러므로 기존의 구성요소만으로는 실행이 어렵다. 따라서 디지털 트랜스포메이션 시대에 맞춰 두 가지 핵심요소를 추가하고자 한다. 핵심기술(key technology)과 소비자 트렌드(customer insight)다. 그렇다면 지금부터 아이디어를 실행시키기 위해 활용할 수 있는 비즈니스의 11가지 핵심 구성요소인 일레븐 빌딩블록(eleven building block)에 대해 알아보자.

① 가치제안(value proposition)

고객에게 어떤 가치를 제공해야 할지 고민해야 한다. 그것이 상품이든 서비스든 혹은 전혀 다른 무형(리스크, 디자인, 가격, 트렌드, 편리함, 재미, 독특함 등)의 것이든 고객의 니즈를 충족시켜야 하고 이를 통해 다시 우리를 찾아오게 만들어야 한다. 그 특정한 가치가 무엇인지 고민하고 찾아야 우리만의 비즈니스를 특화시킬 가치가 될 것이다.

②고객 세그먼트(customer segments)

어떤 비즈니스 모델이든 고객이 없다면 비즈니스가 성립될 수 없다. 그렇다고 모든 고객을 상대할 수도 없다. 그렇기 때문에 다양한 고객의 니즈를 충족시키기 위해 명확한 타깃팅이 필요하다. 공급하는 가치와 시장 상황을 보고 핵심이 되는 고객을 선정하는 것이 중요하다. 일반적으로 비즈니스에 의해 고객이 정해지지만, 선택된 고객에 의해 비즈니스가 새롭게 만들어질 수도 있다.

③소비자 인사이트(customer insight)

시대의 흐름에 따라 소비자의 취향은 다변화 되고 있다. 이는 경제 상황, 인구변화, 기술의 변화에 영향을 받으며 최근 코로나 팬데믹 현상으로 더욱 급변하고 있다. 이처럼 시대의 변화를 정확히 파악해 반영하지 못하면 아무리 좋은 비즈니스 모델이라도 실패할 가능성이 커진다. 따라서 소비자의 행동을 변화시키는 트렌드의 이해를 높이기 위한 소비자 인사이트가 더욱 중요해지고 있다.

④채널(channels)

고객과 기업이 제공하는 가치가 만나는 접점을 말한다. 서로의 커뮤니케이션을 위해 온라인, 리테일, 모바일 등 다양한 방법이 동원된다. 고객과 가장 적합한 채널이 무엇인지 선택하고 효과적으로 전달될 수 있도록 고민해야 한다. 물론 비용적인 측면도 무시할 수 없는 부분이다. 최근 기술의 진보로 생각지 못한 다양한 채널들이 생겼다. 이를 위해 테크 센싱도 주요한 요소가 되고 있다.

⑤고객 관계(customer relationships)

주요 고객과 어떤 관계를 유지할지 고민하는 것이다. 고객의 확보와 유지를 위해 다양한 채널을 활용하거나 고객관계관리(CRM: Customer Relationships Management)와 같은 시스템을 활용하기도 한다. 최근 SNS의 발달로 고객 유지를 위한 다양한 방법이 활용되고 있다. 중요한 건 관계가 아니라, 어떤 관계를 맺고 어떻게 유지해야 하는가다.

⑥핵심활동(key activities)

어떤 활동이 비즈니스를 영속하는 데 필요한지 생각해봐야 한다. 일반적인 경영 활동뿐만 아니라 앞에서 언급한 고객 확보, 수익 증대, 채널 다양화, 핵심자원 확보, 가치 증대 등 나인 빌딩블록 요소들을 효율적으로 진행하기 위한 활동이 무엇인지 정의해야 한다. 비즈니스의 성패를 좌우할 전략이라고 볼 수 있다.

⑦핵심자원(key resource)

비즈니스의 윤활유 같은 작용을 한다. 비즈니스 모델을 원활히 이끌어 나가기 위해 꼭 필요한 요소다. 제조, 유통, 판매, 연구개발 등 업종에 따라 어떤 자원이 필요한지 분석해야 한다. 기본적으로 재무·인적·지적·물적 자원으로 나뉜다. 하지만 전혀 생각지 못했던 자원이 투입되는 경우도 있다. 각각의 비즈니스에 필요한 핵심자원을 파악하고 어떻게 확보해야 할지 검토해야 한다.

⑧핵심기술(key technology)

이제 고객에게 최고의 경험 가치를 제공하기 위해 기술은 비즈니스 모델에서 핵심적인 역할을 하게 되었다. 다양한 경로로 발생하는 데이터는 고객의 행동을 예측할 수 있고, 판매에 영향을 미치며, 비즈니스 모델의 성공에 결정적인 영향을 미친다. 과거에는 핵심자원에 포함되어 있었지만 그 중요성이 커지면서 핵심기술을 분리하게 되었다. 특히 포스트 코로나 시대 핵심기술이 포함되지 않은 비즈니스 모델은 상상하기 어렵다.

⑨ 핵심 파트너(key partners)

비즈니스를 효율적으로 운영하기 위해서는 리스크를 최소화하고 자신의 강점을 더욱 개발해야 한다. 모든 걸 다 잘할 수는 없으므로 비즈니스 영역을 확대하거나 경쟁자와의 차별화를 위해 핵심 파트너를 찾고 전략적 동맹을 맺는 것이 중요하다. 이것은 안정화된 비즈니스를 지속시킬 수 있는 최대한의 방법이다. 모든 분야의 최고가 되겠다는 것은 아무것도 하지 않겠다는 것과 같기 때문이다.

⑩ 수익원(revenue streams)

어찌 보면 가장 중요한 요소다. 수익이 나지 않는 비즈니스는 안 하는 것보다 못하기 때문이다. 우리가 생각하는 비즈니스 모델이 어떤 방식으로 수익을 만들어내는지 분석해봐야 한다. 가장 기본적인 제품 판매부터 가입비, 대여료, 광고, 수수료 등 다양한 방식의 수익구조가 나타난다. 다른 비즈니스와 차별화된 수익구조를 만드는 것도 경쟁력이 될 수 있다.

⑪비용구조(cost structure)

한마디로 이 비즈니스를 수행하는 데 얼마의 돈이 들지 미리 계산 해보는 것이다. 앞에서 언급한 10개의 빌딩블록을 운영하는 데 들어 가는 비용을 취합하면 된다. 특히 핵심자원, 핵심활동, 핵심 파트너 의 비용구조를 먼저 파악하면 전체 비용구조를 파악하기가 쉬워진 다. 모든 비즈니스가 그렇지만 최소의 비용을 들여 최대한의 효과를 노리는 것을 목표로 한다.

일레븐 빌딩블록을 파악했다면 이제 우리 조직은 무엇을 해야 할 까? 우선 기존 비즈니스 모델을 재점검해야 한다. 덴마크 코펜하겐 경영대학원의 토마스 리터 교수는 비즈니스 모델의 4가지 핵심요소 부터 재점검해야 한다고 주장한다.

첫 번째는 고객 수요다. 소비 패턴의 변화, 새로운 유통 채널 등으 로 신규 고객이 생겨날 가능성을 찾는 것이다. 경영 컨설팅 기업 베인 앤드 컴퍼니(Bain & Company)는 소비재와 유통 산업이라면 강력한 옴 니채널 사업 모델을 구축하라고 조언한다. 최근 언택트 트렌드로 인 해 디지털 채널을 이용하던 기존 고객의 충성도가 강화되었고, 오프 라인 고객들까지 대거 신규 유입되었기 때문이다. 따라서 디지털 채 널의 확대와 O2O(Online to Offline) 서비스, 그리고 온디맨드 서비스 에 대한 고객의 니즈는 폭발적으로 늘어날 것이며, 오프라인 채널을 재정의하는 것도 필요하다.

두 번째는 가치 제안이다. 최근 코로나의 확대로 고등교육 시장은 셧다운 상태다. 학교에 가고 싶어도 가지 못하는 상황이 된 것이다. 하지만 수업을 듣고 싶은 학생들의 열망은 그대로이기에 오프라인 수업이 불가능한 상황에서 온라인 수업이라는 새로운 가치를 제안해야 한다. 수업 품질의 문제로 등록금 반환 소송이 제기되고 있는 현실에서 우리가 제공하는 상품의 가치가 어느 정도인지 인지하고 차별화된 가치를 제공할 수 있도록 고심할 필요가 있다.

세 번째는 가치 입증이다. 지금까지는 우리의 상품 가치를 입증하기 위해 다양한 경로를 통해 판매와 마케팅을 진행해왔다. 하지만 고객과의 미팅이나 대규모 박람회를 통한 가치 입증이 불가능해진 이 시점에 새로운 채널을 마련해야 한다. 과연 어떤 방법이 우리의 상품이나 서비스의 가치를 제대로 입증시켜 줄 수 있을지 심사숙고해보자.

마지막으로 기업의 역량이다. 코로나로 인한 디지털 전환의 가속화는 기업의 많은 부분을 바꿔놓고 있다. 전략, 커뮤니케이션, 조직 문화, 프로세스, 비즈니스 모델 등 기업의 모든 것을 근본적으로 변화시키는 것이다. 이를 위해 일하는 방식과 생각하는 방식을 애자일하게 바꾸고, 다양한 기술의 학습을 통해 기술 지향적 사고를 키워야 한다. 또한 스마트 워크 플레이스를 구축하고 업무 효율화를 이끌어내 급변하는 경영 환경에서 민첩하게 대처할 수 있는 환경을 만들어야 한다.

4

철저히 모방하고
빠르게 연결하기

삼성전자, 월마트, 알리바바, 텐센트, 샤오미, 그리고 라파엘로. 이들의 공통점은 무엇일까? 최고의 혁신가이며 모방에 능하다는 것이다. 이들의 시작은 모방이었으나 단순한 베끼기는 아니었다. 차별화를 내세워 경쟁력을 갖추고 완전히 새로운 혁신에 성공했다. 《카피캣》의 저자 오데드 센카는 이들을 가리켜 창조적 모방가(imovator)라고 부른다. 그가 최고의 창조적 모방가라고 말하는 월마트의 브랜드 중 하나인 하이퍼마트(Hypermart)는 1987년 브라질의 까르푸를 모방해 만든 것이다. 당시 유럽에서는 이미 식품과 일반 제품들을 한데 모아놓고 파는 하이퍼마켓(대형 할인매장) 형태가 성공을 거두고 있었다. 월마트의 창업자 샘 월튼은 브라질의 까르푸에서 영감을 얻었고, 백화점과 슈퍼마켓을 결합한 형태로 재창조해 월마트만의 하이퍼마켓으로 탄생시켰다.

우리는 혁신이라고 하면 '창조적 파괴'나 '파괴적 혁신' 같은 급진적 혁신을 먼저 떠올리지만 이는 더 이상 기업에서 찾아보기 어렵다. 실제로 대부분의 혁신은 점진적이다. 창조적 모방은 점진적 혁신의 대명사라고 할 수 있다. 최고를 찾아 그들을 철저히 모방하고, 남들과 차별화된 자신의 장점과 결합시켜 또 다른 창조를 만들어내기 때문이다.

창조적 모방과
콜라보레이션의 힘

모방 하면 떠오르는 중국의 대표적인 기업이 있다. 대륙의 실수라고 불리는 샤오미(Xiaomi)다. 샤오미가 처음 스마트폰을 선보였을 때 많은 한국 기업이 애플의 짝퉁이라며 비웃었다. 하지만 샤오미는 2014년 4분기에 애플을 누르고 중국 스마트폰 시장에서 1위를 차지했다. 삼성은 5위권 밖으로 밀려 체면을 구겼다. 놀림받던 샤오미에 날개를 달아준 것은 창조적 모방이었다.

샤오미는 애플의 모방가였다. 그들은 중국의 애플로 불리고 CEO 레이쥔은 중국판 스티브 잡스로 통한다. 실제로도 레이쥔은 잡스의 경영 스타일을 철저히 연구한 전문가로 알려져 있다. 특히 신제품 소개 행사 때마다 잡스의 프레젠테이션 방식을 그대로 따라 하는 것으로 유명하다. 청바지에 검은 터틀넥을 입고 등장해 말하는 방식, 질문을 받는 방식, 심지어는 걸음걸이까지 모방했다. 샤오미의 스마트폰 역시 아이폰의 디자인과 운영체계를 모방했다. 하지만 레이쥔은 짝퉁 애플이라는 비난을 전혀 개의치 않았다. 오히려 샤오미는 애플의 창조적 모방이라고 자신 있게 대답했다. 그는 중국 중앙방송과의 인터뷰에서 애플과의 유사성을 묻는 질문에 "샤오미는 전복(顚覆)형 이노베이션의 결과"라고 대답했다. 타인의 생각과 관점을 긍정적으로 적용해 기성제품을 뒤집는 것이 샤오미의 힘이라는 것이다.

하지만 샤오미가 항상 잘나갔던 것은 아니다. 2015년 스마트폰 매출이 크게 떨어지면서 샤오미의 시대는 갔다는 부정적 전망이 나오기 시작한 것이다. 화웨이(Huawei), 오포(OPPO) 등 중국 내 신규 스마트폰 제조업체가 등장하면서 중국 내수시장의 출혈 경쟁이 치열해졌기 때문이다. 이는 창조적 모방의 역습이었다. 2010년 창업해 4년 만에 일궈낸 샤오미의 성공 신화가 흔들리는 순간이었다. 그러나 샤오미는 쉽게 무너지지 않았다. 그들의 주요 전략은 파괴적 혁신을 기반으로 한 창조적 모방이었다. 스마트폰 내수시장의 경쟁이 치열해지자 인도, 유럽, 동남아시아 등 해외시장을 공략해 나갔다. 덕분에 2019년 상반기 글로벌 시장의 매출 비중이 40%까지 상승했다. 그리고 다양한 스타트업과 콜라보레이션을 진행했다. 스마트폰이라는 제품군을 벗어나 보조배터리, 공기청정기, 로봇 청소기, TV 등의 제품을 출시했다. 이때 파괴적 가격을 전략으로 내세웠다. 어마어마한 가격 경쟁력으로 전 세계 가전시장에 충격을 주었다. 이후 샤오미는

1,600종이 넘는 생활가전 및 기기를 만들었고 이 분야의 매출 비중은 33%까지 증가했다. 이제는 스마트폰 제조기업이라는 말보다 전자제품 제조기업이라는 말이 어울리게 되었다.

최근에는 스타트업과의 협업을 넘어 직접 투자해 인큐베이팅하고 샤오미 플랫폼으로 유통하는 샤오미 생태계(Eco System)를 구축했다. 제품의 성능은 높이고 가격은 낮춘 파괴적 효율성을 극대화한 것이다. 스타트업 입장에서는 엄청난 규모의 디자인팀과 기획팀의 도움을 받아 품질과 디자인, 가격 경쟁력을 갖춘 제품을 만들 수 있으니 협업을 마다할 이유가 없다. 게다가 샤오미는 전 세계 최대 규모의 제조기업인 폭스콘의 최대 고객이다. 샤오미의 공급망을 활용해 좋은 품질의 제품을 저렴한 가격에 납품할 수 있다. 또한 전 세계에 제품을 공급하는 샤오미의 브랜드를 활용해 글로벌 시장을 확보할 수도 있다. 이것이 바로 창조적 모방과 협업의 힘이다.

소유의 시대에서
연결의 시대로

1995년 콜롬비아 대학의 한 연구팀이 재미있는 실험을 했다. 60마리의 실험용 쥐를 두 개의 그룹으로 나눠 A 그룹은 칸막이 없는 넓은 공간에 놀잇감을 넣어주었고, B 그룹은 30개의 칸막이에 각각의 쥐를 넣어 혼자 지내게 한 것이다. 두 달 후 쥐의 뇌를 해부해보니 놀라운 변화가 있었다. A 그룹 쥐의 뉴런이 촘촘히 연결되어 있는 것과 달리 B 그룹의 쥐는 정반대의 모양이었다. 이 결과는 놀이가 뇌를 발달시키고 창의성을 키워준다는 연구와 맥을 같이 한다. 흥미롭게도 인간이 창의적인 생각을 할 때는 뇌의 전혀 다른 영역이 연결되어 반응한다고 한다. 정리해보면 창의적인 인재는 뉴런이 더 촘촘하게 연결되어 있고, 창의적인 활동을 할 때는 뇌의 다양한 영역들이 연결되어 반응한다는 것이다. 그렇다면 비즈니스의 세계에서는 어떻게 연결의 힘을 활용하고 있을까?

알리바바, 아마존, 페이스북, 카카오, 구글, 네이버 등 이름만 들어도 알만한 기업의 공통점은 제품을 생산하고 서비스를 제공하는 산업이 아니라는 것이다. 그저 사람들이 필요로 하는 제품이나 서비스를 서로 연결해줌으로써 엄청난 성공을 거둔 것이다. 다른 기업이 만든 것을 단순히 소비자에게 연결해주는 알리바바의 기업 평가액은 836조 원이다. 애플은 다른 업체에 제조를 맡기면서 삼성전자의 매출액을 앞서고 있고 시가총액은 무려 2,259조 원으로 세계 1, 2위를 다툰다. 이들에게 연결은 새로운 패러다임을 생산해내는 마법과 같다. 이제 부(富)는 물건을 만드는 자의 것이 아니라 연결하는 자의 것이 되었다. 공장이 없고 제품을 만들지 않아도 다른 기업이 오랜 시간과 노력을 들여 쌓은 것을 단숨에 뛰어넘을 수 있으니 말이다. 디지털 트랜스포메이션 시대는 존재와 소유의 시대가 아닌 연결과 통제의 시대라고 말한다. 변화에 발 빠르게 대응해 소비자가 필요로 하는 것을 연결해주어야 한다.

그렇다면 이들 연결 기업의 전략은 무엇일까? 첫 번째는 큐레이션(curation)이다. 다양한 정보를 수집하고 선별해 여기에 새로운 가치를 부여해 전파하는 것이다. 월간 조회 수 12억이 넘는 초대형 언론 사이트 〈허핑턴 포스트〉나 〈리더스 다이제스트〉의 성공 비결은 잘 골라내고 걸러내는 큐레이션에 있다. 네이버와 구글의 경쟁력은 검색엔진을 기반으로 한 잘 정돈된 엄청난 양의 정보라고 할 수 있다. 우리에게 전달되는 수많은 정보는 이들 기업이 선별하고 정리한 내용이다.

두 번째는 플랫폼 네트워크 효과다. 알리바바, 아마존, 옥션 등은 판매자와 구매자를 연결해준다. 상점은 점포와 고객을 연결해주고, SNS는 다양한 개인들을 연결시켜 교류나 거래를 돕는다. 혹자는 이들을 모빌라이저(mobilizer)라고 부른다. 모빌라이저는 어떤 목적을 달성하기 위해 사람이나 물건을 모으는 매개자를 일컫는 말이다. 온라인을 이용해 오프라인 상점에 고객을 연결하는 O2O(Online to Offline) 비즈니스 모델이 대표적이다. 배달 서비스, 세차 서비스, 중고차 판매, 차량 수리 등이 여기에 해당한다. 일단 판을 벌려놓으면 상품이 모이고 사람들이 모여 서로 엮이는 생태계가 만들어지는 셈이다. 구글, 애플, 페이스북, 아마존 등 세계 최고의 기업 역시 이러한 연결을 통해 성공했다.

세 번째는 독특한 아이디어로 승부하는 촉매기업이다. 미국 MIT 경영대학원의 리처드 슈말렌지 교수는 자신의 책 《카탈리스트 코드》에서 촉매기업이라는 단어를 처음 사용했다. 이 개념은 집단과 집단 사이를 연결하는 기업을 말한다. 서로가 서로를 필요로 하지만 직접 만나기 힘든 두 개의 전혀 다른 집단을 발견하고, 효과적으로 연결 시켜 돈을 버는 것이다. 대표적인 기업이 미국의 액티브 인터내셔널 (Active International)이라는 회사다. 이들의 유명한 거래 중 하나는 어느 TV 생산 기업의 재고를 처분해준 것이다. 당시 3D TV가 출시되면서 이 회사의 평면 TV가 재고로 쌓였다. 액티브 인터내셔널은 재고를 처분하기 위해 평면 TV를 필요로 하는 고객을 찾았다. 리노베이션 중이거나 계획 예정인 호텔들이었다. 이들은 굳이 가격이 비싸고 관리도 어려운 3D TV를 필요로 하지 않았다. 이를 간파한 액티브 인터내셔널은 대량의 평면 TV를 판매하면서 절반은 현금으로, 나머지 절반은 숙박권으로 받았다. 호텔 입장에서는 빈방을 내주는 것이기 때문에 절반의 현금만 내고 TV를 구매한 것 같은 효과를 느꼈다. TV 회사 입장에서는 헐값에 처분해야 했던 재고를 제대로 팔 수 있으니 이득이었다. 액티브 인터내셔널은 여기서 그치지 않았다. 호텔에서 받은 숙박권을 여행사에 연결해주어 또 다른 거래의 촉매 역할을 했다. 결국 이 거래에 참여한 전자제품 회사, 호텔, 여행사는 모두 이익을 얻었고 액티브 인터내셔널은 상당한 수수료를 챙겼으니 모두가 승자인 셈이다.

이처럼 연결은 창조의 시작이며, 연결이 세상을 바꾸는 시대가 왔다. 그런데 여기에 기술이라는 변수가 등장하면서 시장의 판도가 바뀌어버렸다. 이제껏 단순한 연결이 창의적인 아이디어를 만들었다면 이제는 기술이 성공 확률을 폭발적으로 증가시키고 있다.

어떤 기술과 손잡아야 할까?

　2019년 CES의 최대 관심사는 5G 기술이었다. 실시간 데이터를 경쟁력 강화에 활용해야 하는 경영환경에서 5G 기술은 데이터의 취합과 분석의 핵심 인프라가 되기 때문이다. MIT 테크놀로지 리뷰 인사이트가 전문가들을 대상으로 실시한 조사에 의하면 5G가 가져올 주요변화로 고객의 새로운 경험 증가, 더 빠르고 합리적인 의사결정, 운영의 민첩성, 고객관계 관리의 강화 등이 있다고 한다. 특히 기업은 5G 기술로 내부 협력 강화와 외부 파트너와의 협력 수준을 높이게 될 것이라고 예견했다. 5G 기술 기업은 기업에 다양한 통신 솔루션을 제공하고, 이를 받은 기업은 자사 서비스에 적합한 솔루션을 기반으로 새로운 서비스를 개발해 소비자에게 제공할 수 있기 때문이다. 결국 디지털 트랜스포메이션 시대 핵심 기술로 여겨지는 인공지능이나 블록체인 기술은 데이터의 취합과 분석이 핵심인데, 5G 기술은 빠른 의사결정을 도와줄 속도를 제공하므로 핵심 인프라가 된 것이다.

　5G 기술의 조절 효과는 다양한 분야에서 나타난다. 5G 기술을 적용했을 때 가장 큰 효과가 나타날 분야는 제조업이라고 한다. 자동차, 금융 서비스, 공공안전, 헬스케어, 미디어 및 엔터테인먼트, 리테일, 교통 및 물류 등이 그 뒤를 잇는다. 실제로 통신 서비스 사업자와 통신장비 업체, IT 서비스 기업이 5G와의 협업으로 다양한 시범 서비스를 제공하고 있다. 대표적인 것이 스마트 팩토리다. 스마트 팩토리의 핵심은 공장 내 설비들이 서로 연결되어 소통하는 것이다. IoT

로 공정 데이터를 실시간으로 수집하고 분석해 스스로 제어할 수 있게 만들기 위해서는 인공지능이 핵심 기술이다. 여기에 통신 속도가 빨라진다면 효율성은 폭발적으로 증가할 것이다. 5G가 스마트 팩토리에 적합한 이유는 수많은 센서를 수용할 수 있고, 데이터 취합 속도가 줄어 산업용 로봇의 제어가 빠르고 정확해진다는 데 있다. 이는 생산 효율성에도 결정적인 영향을 미친다. 독일의 대표 조명 제조기업 오스람은 독일 통신사인 도이치 텔레콤, 스웨덴 통신장비 제조사 에릭슨과 함께 5G 기반의 스마트 팩토리 상용화에 박차를 가하고 있다. 이들 기업은 공장의 생산 프로세스를 최적화할 수 있는 네트워크 솔루션을 개발하기로 협업했다.

헬스케어 산업도 5G와의 협업을 진행 중이다. 2020 CES의 핵심 키워드 중 하나가 디지털 헬스케어였던 것처럼 선진국은 고령자의 건강관리와 관련한 다양한 사업을 준비하고 있다. 하지만 대용량 영상자료의 전송이나 원격진료 과정에서 통신 속도가 문제를 발생시킬 수 있는데 5G 기술이 이를 해결해 줄 수 있는 대안으로 떠올랐다. 의료 서비스가 안정화된다면 로봇을 활용한 원격 수술도 가능하다는 것이다. 실제로 일본은 통신사와 대학병원, 국립병원이 적극적으로 협업해 의료 서비스를 개발하고 있다. 원격진료 테스트, 화상회의를 통한 환자 문진, 그리고 접사 카메라를 통해 상처 부위를 촬영해 전송하는 방식까지 진행되었다.

마지막 영역은 자율주행 시스템이다. 최근 테슬라의 오토파일럿 기능에 대한 갑론을박이 진행 중이다. 2020년 6월에 경기도 시흥 수

원-광명 고속도로에서 오토파일럿 실행 후 1차선으로 주행하던 테슬라 차량이 중앙 가드레일을 들이받는 사고가 발생했기 때문이다. 이는 오토파일럿 기능이 자율주행이 아니라는 사실을 자명하게 보여준 케이스다. 그렇다면 자율주행 시스템의 정의는 무엇일까? 전문가들은 사물과의 통신이 제대로 이뤄져야 진정한 자율주행 자동차라고 정의한다. 다양한 사물과 차량의 주행 흐름을 감지할 수 있는 라이다(LiDAR) 센서뿐만 아니라 차량과 사물 간 통신(V2X)이 가능해야 한다는 것이다. 또한 예상치 못한 재난재해로 통신 자체가 어려울 때 근거리 통신망을 활용해 위험 상황을 관계당국에 알릴 수 있는 시스템도 갖춰야 한다. 즉 실시간으로 차량에 데이터를 전송해줄 수 있고, 차량 자체에서 확보한 데이터를 서로 공유해야 하는데 5G 기술이 결정적인 역할을 해줄 수 있다. 이러한 자율주행 서비스를 위해 통신사와 IT 기업 간 협업이 적극적으로 이루어지고 있다. 5G 기술은 자율주행 서비스뿐만 아니라 스마트시티와 관련한 사항까지 협력을 확대해 나갈 것으로 기대된다.

창의성이란 연결하는 것이다

21세기의 가장 창의적 인재 스티브 잡스는 이렇게 말했다.

"창의성이란 연결하는 것이다."

서로 연관 없어 보이는 것들이 연결돼 새로운 것을 만들어내는 과정이 곧 변화와 창조의 시대에 필요한 창의성이라 할 수 있다. 그럼 무엇을 언제 어떻게 연결시켜야 할까? 미시간 주립대학교의 메리 지크 박사와 키스 홀리오크 박사는 실험을 실시했다. 대학생을 대상으로 문제를 출제하고 정답을 요구한 것이다. 문제는 다음과 같았다.

"위암을 가지고 있는 환자를 치료하고자 한다. 병원은 방사선을 이용해서 종양을 제거할 예정인데 종양의 크기가 너무 커서 한꺼번에 제거할 경우 방사선의 양이 많아 주변 장기의 손상이 예상되고, 일정 시간을 갖고 천천히 치료할 경우 다른 장기로 암이 전이될 가능성이 크다고 한다. 여러분들은 어떻게 하겠는가?"

A 그룹에는 바로 정답을 요구했고, B 그룹에는 정답과 전혀 상관없는 전쟁 이야기를 들려주고 정답을 요구했다. 결과는 어떠했을까? A 그룹은 정답을 맞춘 사람이 10%에 불과했지만 B 그룹은 75%가 정답에 근접했다. 전혀 연관성이 없는 것을 연결시키는 과정에서 창의성이 발휘된 결과다. B 그룹에 들려준 전쟁 이야기는 다음과 같다.

"한 나라가 적군의 성을 정복하기 위해 충분한 군사를 훈련시켰지만 문제가 있었다. 그 성으로 가는 길이 너무 협소해 한꺼번에 공격하는 게 불가능 했던 것이다. 따라서 기습적으로 성을 공격하기 위해서 여러 방향에서 협공해 공성전에서 승리했다."

B 그룹은 이 이야기를 방사선 치료와 연결시켰다. 하나의 강한 방사선을 사용하면 주위 장기가 손상을 입으니 몇 개의 약한 방사선을 동시에 여러 방향에서 사용하면 다른 장기의 손상을 막을 수 있고, 방사선이 한 점에 모여 강한 효과도 얻을 수 있다는 것이다.

많은 학생들이 전혀 상관없는 의학과 군사전략을 연결해 창의적인 해답을 찾아낸 것처럼 생각의 연결고리를 찾는다는 것은 보이지 않던 공통점을 만드는 것이다. 탁월한 아이디어는 천재들의 번뜩이는 영감뿐 아니라 다른 아이디어와 연결되는 과정에서 탄생한다는 것을 보여준다.

아르키메데스는 금의 순도를 측정하기 위한 문제해결 방법을 자신의 목욕물이 넘치는 것을 보고 알아냈다. 구텐베르크는 포도 축제에 갔다가 포도즙 짜는 기계를 보고 자신이 고민하던 인쇄기의 결정적인 아이디어를 얻었다. 헨리 포드는 돼지의 도축장 시스템을 보고 그것을 자동차 만드는 일에 연결시켜 컨베이어벨트 시스템을 만들었다. 우리는 인류를 바꾼 이러한 사건들을 세렌디피티(serendipity)라고 표현하기도 한다. 우연으로부터 얻게 되는 뜻밖의 발견을 의미하는 것이다. 틀렸다고 할 수는 없지만 정확한 표현은 아니다. 우연한 발견은 이미 가지고 있는 예감을 구체화 시켜주거나 가능성을 높여 마지막 퍼즐 조각을 맞추는 것과 같은 것이기 때문이다. 결국 다른 영역과의 연결이 결정적인 하나의 퍼즐 조각이 되는 것이다. 이렇듯 창의성은 남들이 발견하지 못하는 연결고리를 찾아내는 데서 시작한다.

창의와 혁신을 기반으로 하는 디지털 트랜스포메이션 시대의 핵심은 아직 발견하지 못한 숨은 가치를 남들보다 빠르게 찾는 것이다. 이를 위해서는 전혀 관련 없는 다양한 것을 연결해 새로운 것을 만들어내야 한다. 그 다음에 기술을 더했을 때 창의적인 아이템을 찾아낼 수 있다. 이것이 바로 콜라보레이션의 힘이다.

디지털 트랜스포메이션
뷰카 시대, 살아남는 기업의 비밀

초판 1쇄 발행 2020년 12월 7일
초판 3쇄 발행 2021년 11월 15일

지은이 오상진
발행인 안병현
총괄 이승은 기획관리 송기욱 편집장 박미영
기획편집 김혜영 정혜림 조화연 디자인 이선미 마케팅 신대섭

발행처 주식회사 교보문고
등록 제406-2008-000090호(2008년 12월 5일)
주소 경기도 파주시 문발로 249
전화 대표전화 1544-1900 주문 02)3156-3681 팩스 0502)987-5725

ISBN 979-11-5909-998-4 03320
책값은 표지에 있습니다.